中央高校基本科研
Fundamental Resea

监察制度改革与监察调查权的界限

郭华 著

本书总结了监察制度改革的经验，梳理了监察法制定过程中的热点、焦点、难点问题与争锋性的观点，界定了监察机关专司反腐职权的性质，探讨了监察机关调查权控制机制，架构了监察留置的基本程式，构建了监察制度与司法制度的程序衔接机制。

中国财经出版传媒集团
经济科学出版社
Economic Science Press

图书在版编目（CIP）数据

监察制度改革与监察调查权的界限/郭华著.—北京：经济科学出版社，2018.9
ISBN 978-7-5141-9945-1

Ⅰ.①监… Ⅱ.①郭… Ⅲ.①行政监察法-研究-中国②刑事诉讼法-研究-中国 Ⅳ.①D922.114.4②D925.204

中国版本图书馆CIP数据核字（2018）第265022号

责任编辑：王 娟　张立莉
责任校对：刘　昕
责任印制：邱　天

监察制度改革与监察调查权的界限
郭　华　著
经济科学出版社出版、发行　新华书店经销
社址：北京市海淀区阜成路甲28号　邮编：100142
总编部电话：010-88191217　发行部电话：010-88191522
网址：www.esp.com.cn
电子邮件：esp@esp.com.cn
天猫网店：经济科学出版社旗舰店
网址：http://jjkxcbs.tmall.com
北京季蜂印刷有限公司印装
710×1000　16开　14.75印张　280000字
2019年1月第1版　2019年1月第1次印刷
ISBN 978-7-5141-9945-1　定价：68.00元
（图书出现印装问题，本社负责调换。电话：010-88191510）
（版权所有　侵权必究　打击盗版　举报热线：010-88191661
QQ：2242791300　营销中心电话：010-88191537
电子邮箱：dbts@esp.com.cn）

目 录

导论 1

第一章 监察制度改革背景与试点评判 5

第一节 监察制度改革的背景、脉络 5
第二节 监察制度改革的意义 24
第三节 监察制度试点的考察与评述 25
第四节 监察制度改革与试点的评价 32

第二章 监察制度的变迁与体制改革 41

第一节 我国纪检监察体制变迁历史 42
第二节 检察机关反腐机构的历史发展 49
第三节 监察委员会作为国家机构的性质 53

第三章 监察制度改革与监察法争议述评 62

第一节 监察制度改革试点中的理论争议梳理 63
第二节 有关宪法修改与《监察法》关系的讨论 66
第三节 《监察法（草案）》征求意见的讨论与主要观点 73
第四节 监察委员会的监督问题 101

第四章 我国香港地区廉政公署考察与监察制度改革 105

第一节 香港廉政公署的成立背景与职权设置 106
第二节 廉政公署贪污贿赂案件调查机制 112
第三节 廉政公署调查权监督机制 118
第四节 廉政公署制度的评价与借鉴 122

1

第五章　监察调查权的界限与程序控制·········129
第一节　监察委员会调查权性质或者属性的争议·········130
第二节　监察委员会调查权限的探讨与论证·········134
第三节　监察机关调查权与检察机关侦查权、纪委监督执纪审查权·········144
第四节　监察委员会调查权的程序控制·········151

第六章　监察留置制度考察与程序架构·········164
第一节　留置措施的溯源与嬗变·········165
第二节　留置作为监察调查措施的立法争议及基本内容·········173
第三节　留置措施的程序控制·········178

第七章　监察制度与司法制度的程序衔接·········192
第一节　《监察法》与《刑事诉讼法》的衔接·········193
第二节　监察机关与其他机关在办案上的衔接·········200
第三节　完善监察机关与司法机关、执法部门的衔接机制的建议·········210
第四节　律师应否介入监察机关的调查程序·········215

结语·········224
参考文献·········227
后记·········232

导 论

国家监察体制改革作为中国的重大政治改革，对于构建党统一领导的中国特色反腐败工作体制，推进国家监察体制改革和创新监察制度建设，提高反腐能力具有特别重要的价值，对于实现国家治理能力和治理体系的现代化也具有特别重要的意义。我国的现代监察制度在党的监察机构建设经验和考察境外廉政公署制度的背景下，历经了一年多的北京市、浙江省和山西省"三省市"的试点与尝试，通过整合行政监察以及预防腐败和检察机关查处贪污贿赂、失职渎职及预防职务犯罪职能转隶，通过监察立法在全国推行监察制度改革试点。我国监察委员会实行党的纪律检察机关与监察机关合署办公模式，实现了党内监督和国家监督的有机统一，强化了党和国家监督效能和治理效能，实行了依规治党和依法治国的相互结合和相互促进，建立起了更加集中统一、高效权威的颇具中国特色的监察体制。

监察制度改革不仅需要政治和政策支持，也需要通过法律制度予以固定，通过立法将党的意志转化为国家意志，不断推进以法治思维和法治方式开展反腐败工作，从而实现依法反腐的治理国家目标。2016年11月7日，中共中央办公厅印发了《关于在北京市、山西省、浙江省开展国家监察体制改革试点方案》。2016年12月26日，十二届全国人大常委会第二十五次会议通过了《关于在北京市、山西省、浙江省开展国家监察体制改革试点工作的决定》。2017年6月，第十二届全国人大常委会第二十八次会议初次审议了《中华人民共和国监察法（草案）》（以下简称《监察法（草案）》）。2017年10月29日，中共中央办公厅印发了《关于在全国各地推开国家监察体制改革试点方案》。2017年11月4日，第十二届全国人民代表大会常务委员会第三十次会议通过了《关于在全国各地推开国家监察体制改革试点工作的决定》。2017年12月，第十二届全国人大常委会第三十一次会议第二次审议了《监察法（草案）》。2018年2月25日，中国共产党中央委员会提出了《关于修改宪法部分内容的建议》。2018年3月11日，第十三届全国人民代表大会通过了《宪法修正案》。《宪法修正案》在第三章

"国家机构"中增加第七节"监察委员会"（共五条）作为国家机构的规定。2018年3月，《监察法（草案）》提请第十三届全国人民代表大会一次会议进行第三次审议。同年3月20日，第十三届全国人民代表大会第一次会议通过了《中华人民共和国监察法》（以下简称《监察法》共九章六十九条）。监察制度改革历经了党的《方案》和人大常委会的《决定》再到"三省市"试点和全国试点，并通过修改宪法后制定了《监察法》。监察体制改革也由试点探索迈入依法反腐的新阶段，充分展示了监察法制定中党的领导作用和推进依法治国的决心。

我国监察制度建设通过将行政监察、预防腐败力量整合和检察机关查处贪污贿赂、失职渎职以及预防职务犯罪的反腐职能的转隶，实施了组织和制度的创新，建立了"党统一领导下的'国家反腐败工作机构'"，形成了党的纪律检查委员会和国家监察委员会合署办公的崭新反腐体制，并消除了党纪和国法之间的中间地带隔阂，实现了执纪与执法的无缝对接以及执纪审查和执法调查的相互贯通。我国的监察委员会不同于我国古代的监察御史和我国香港特别行政区的廉政公署，因古代的监察御史产生于封建官僚体制，而香港地区的廉政公署源于"三权分立"的权力结构，他们在生成的土壤、环境和权力性质上存在本质差异；也不同于原来行政监察和检察机关反腐机构，因监察委员会的调查反腐权整合了行政监察和侦查职务犯罪职能，携带了行政执法和刑事侦查的双重特性；还不同于由人民代表大会产生的其他国家机关，因监察委员会与党的纪律检查委员会合署办公而使得其监察权带有浓厚的政治成分。这种专司反腐职能的监察权在性质上不同于执政权、立法权、行政权和司法权，在国家权力系谱中拥有独具特色的党的监督和国家监督有机统一的特殊权力的属性。监察委员会在制度安排上需要接受党的领导；在查办案件上应与纪委相互衔接并保持相对的独立性；监察权尤其是腐败犯罪案件的调查应不低于刑事诉讼被追诉人的最低标准，在行使调查权中除接受党的领导或者纪委监督、人大监督、社会监督等之外，还应接受检察机关、审判机关和执法机关的制约与监督。《监察法》实施不仅需要完善监察制度，也需要完善监察程序，特别是监察机关对涉嫌职务违法犯罪的调查权应当纳入正当程序，保障被调查人以及涉案其他人员的合法权利和防止监察权力滥用而出现"灯下黑"等影响监察机关形象的问题。

我国监察制度改革最早是由中央提出方案，然后由全国人大常委会授权试点，属于落实中央决策部署。由于《中华人民共和国监察法（草案）》（以下简称《监察法（草案）》）征求意见先于宪法修正案，特别是监察制度改革实践的创新性，引发了学术界的极大兴趣和极高关注，对此讨论热烈并出现了不同观点，对《监察法（草案）》中有关监察委员会的不明确规定产生了不同的认识，特别是一些涉及宪法层面的问题，其探讨更富有一定的挑战性。学界对监察委员会试点中的授权主体、试点时间、试点决定的性质以及《监察法（草案）》规定的监察委员会的属性、地位、定位、职权以及与司法制度的衔接等重要问题展开充分的讨论，并提出了一些具有价值的建议和带有真知灼见的意见。学界的讨论与探索对《宪法》的修正、《监察法》的制定以及监察体制改革起到了积极的推进作用，也为《监察法》的实施提供了理论资源。可以说，学术界关于监察制度改革和《监察法》有关问题的讨论、探索和争论对我国监察制度的法治发展以及法治体系建设产生了较为深刻的影响，为监察制度的不断创新与深化提供了理论支撑。

随着我国《宪法》的修正与《监察法》的实施，中国特色国家监察体制已经形成，但不代表中国特色国家监察制度业已完成，在某些问题尤其是操作程序上仍存在需要进一步深化探讨的空间。如在实践中监察机关与纪检机关合署办公的体制，其监督职责与党纪监督职责并轨机制，执纪审查和监察调查在案件中一并适用程序等，继而产生在监察监督程序适用《监察法》时如何适用《中国共产党纪律检查机关监督执纪规则（试行）》（以下简称《监督执纪规则（试行）》）问题？如何认识与理解纪委工作人员和监察人员在工作中同一个人员而不同身份问题？如何对监察调查、处置工作的程序机制加以规范，尤其是在留置没有其他替代措施在补充调查中如何协调问题？监察机关在调查涉及违法犯罪案件过程中如何与刑事审判关于证据的要求和标准保持相一致问题？如何科学构建监察机关与司法执法机关相互衔接、监察程序与司法执法程序有序对接、监察机关与司法执法机关既相互配合又相互制约的有效机制等问题？这些问题不仅需要借助于理论研讨和实践尝试来不断梳理清楚，而且需要在促进中国特色监察制度从形成向完成迈进的过程中不断完善，以便在工作中充分体现《监察法》在反腐工作中的法治蕴涵和实现法治目标。同时，透过理论对监察制度改革以及《监察法》的深入探讨，也为准确理解、正确认识、科学把握监察体制改革意义以及《监察法》的基本内容具有重要的指导意义，希冀监察权能够依照《宪法》法律正确行使，能够与纪检机关依照党法党规行使纪检监督权力相得益彰，充分发挥监察制度在新时期应有的作用和监察改革在实践中体现出作为创新组织、创新制度以及创新模式的价值，而不再出现监督调查过程中标准把握不准、调查方法不当、工作程序欠妥的"走调""走偏"等影响党的形象和监察反腐权威的问题。① 由于监察制度改革是对我国政治体制、政治权力、政治关系的重大调整，② 在查处违纪、职

---

① 如中共湖南省津市委 2018 年 4 月 26 日对市纪委突击检查教育局办公用房的检查过程认为，存在标准把握不准、检查方法不当、工作程序欠妥的问题，并已责成津市纪委举一反三，认真吸取教训，进一步规范监督检查行为，确保中央、省委、市委的决策部署不走调、不偏向，以永远在路上的坚韧切实抓好作风建设，推进全面从严治党向纵深发展。参见黄筱菁：《常德通报"津市纪委突击检查"事件》，载《中国青年报》2018 年 5 月 2 日第 A06 版。

② 参见钟纪轩：《深化国家监察体制改革　健全党和国家监督体系》，载《求是》2018 年第 9 期。

务违法犯罪方面依托纪检、拓展监察、衔接司法时会暴露出一些需要解决的新问题。这些新问题还需要通过创新监察制度理论来解释，并借助于理论诠释的力量来获得制度建设合法性和程序运行上的正当性。由于纪委与监察委员会合署办公，在查办职务犯罪案件中是否立案、立案后是否查处以及查处后是否移送检察机关基本自主决定，极易在查办腐败案件程序将构成职务犯罪案件予以内部消化的断崖式处理，致使出现"选择性"移送现象，再加上不存在像公安机关是否立案的检察机关的监督制度，对其调查权的控制必然成为研究的重中之重。

第一章

监察制度改革背景与试点评判

国家监察体制改革是事关全局的重大政治改革,也是国家监察制度的顶层设计,更是推进国家治理体系和治理能力现代化的重要内容。我国监察制度改革是在党的领导下通过试点推进立法来完成的。在监察制度改革试点中,不仅中央下发了指导试点改革的纲领性文件,而且全国人大常委会对此作了特别授权,将北京市、山西省和浙江省作为试点省份进行了试点。国家监察体制改革作为中国共产党领导的全新政治实践,其试点不仅确定了机构名称、监察职责、监察职权、监察对象、监察程序等监察体制的核心内容,而且还践行不同于西方的分权原则的中国监察制度样本,实现了监察的组织创新、制度创新和机制创新,构建了颇具中国特色的监察制度。监察制度改革试点不仅存在较多的经验值得总结,而且需要理论对其改革进行理论评判、总结与提升,以便总结出可供复制的经验模式。对于监察制度的改革试点及实施进行科学的评价,有利于推动全面从严治党、全面依法治国以及全面深化改革提供成熟经验并发现需要关注、亟待解决的新问题。

第一节 监察制度改革的背景、脉络

我国监察体制改革抑或监察制度改革可归结为基于新时代反腐败体制和结构的需要。监察制度改革是我国政治体制改革中的重大变革,属于一项重大的政治改革。其改革不仅存在创造性,传承了我国古代监察制度的优良传统因素,也存在参考境外反腐有益经验的结构性因子,还存在对于我国监察制度改革创新一年试点实践经验予以固化。无论从传统还是国外参考抑或实践经验,均有必要对监察制度改革和试点情况进行梳理和分析,以便在推进我国监察制度改革中深刻认识其应有的价值。强力推进监察制度改革深化的动力,并通过推进监察制度改革与深化解决实践经验上的困惑,以便监察制度改革在全国试点实践中促进《监察法》得到科学合理的实施以及发挥其应有的规范功能。

一、我国监察制度改革的背景

自改革开放以来,我国的经济建设取得了举世瞩目的成就。然而,其成就的背后隐藏的一些复杂的社会问题不断凸显,并衍生出全社会特别关注的严重腐蚀党的肌体的腐败问题。这一问题不仅对党的执政地位构成威胁,也构成了对政府合法性的严重挑战。多项社会调查表明,腐败已经成为我国民众最为关心的焦点和议题之一。腐败严重侵蚀党群干群关系,严重损害党的形象,动摇党的执政基础。就实质而言,腐败损害的是老百姓的切身利益,啃食的是群众的"获得感",挥霍的是基层群众对党的信任。① 自改革开放以来,我国立案查处各类经济案件和贪污腐败案件已经超过一百万起,平均每年 3 万余起。② 为了实现预防腐败工作的法制化、规范化,加大预防腐败工作力度,适应开展反腐败国际合作的需要,2007 年 9 月 13 日,我国专门成立了国家预防腐败局。③ 同时,在此方面也出台了一系列防范腐败和惩戒腐败的制度、机制和措施,但是,腐败依然不断扩散、持续发生,并成为我国肌体上最为顽固的恶性肿瘤,以致成为我们党面临的四大危险之一。党的十八大以来至 2016 年,共立案的中管干部 240 人,给予纪律处分 223 人,是党的十七大期间的 3.6 倍;全国纪检机关共立案 116.2 万件,给予纪律处分 119.9 万人;被处分党员数占全体党员数从党的十七大期间的 1.8‰,上升到党的十八大期间的 4.3‰。④ 仅中央纪委机关就处理 38 人,其中,立案查处 17 人、组织调整 21 人,全国纪检监察系统共处分 7200 余人、谈话函询 4500 余人、组织处理 2100 余人。⑤ 2016 年,已办结的 77 件中管干部违纪案件中,按第二种和第三种形态处理的案件 57 件,占 74%,比 2015 年增长 90%;按第四种形态处理的案件 20 件,占 26%,比 2015 年减少 56.5%。"一升一降"反映出按照"四种形态"要求,案件处理出现结构性变化。⑥ 2018 年 1~9 月,全国纪检监察机关共接受信访举报 259.9 万件次,处置问题线索 117.6 万件,谈

---

① 参见段小申:《严查群众身边微腐败 厚植党的执政基础》,载《海南日报》2016 年 3 月 21 日。
② 参见何增科:《改革开放 30 年来我国权力监督的重要变化和进展》,载《社会科学研究》2008 年第 4 期。
③ 我国成立预防腐败局不仅是为了解决或者遏制腐败问题,更为主要的是履行《联合国反腐败公约》的反腐败义务。
④ 参见李本刚:《党的十八大以来党风廉政建设和反腐败斗争的变化》,载《中国纪检监察报》2017 年 7 月 19 日第 6 版。
⑤ 参见陈磊、陈佳韵:《纪检机关完善自我监督制度严防"灯下黑"》,载《法制日报》2017 年 1 月 4 日第 5 版。
⑥ 参见罗宇凡、罗争光:《2016 年正风反腐新成就盘点》,载《法制日报》2017 年 1 月 4 日第 5 版。

话函询 24.2 万件次，立案 46.4 万件，处分 40.6 万人（其中党纪处分 34.2 万人）。处分省部级及以上干部 39 人，厅局级干部 2500 余人，县处级干部 1.7 万人，乡科级干部 6.1 万人，一般干部 7.5 万人，农村、企业等其他人员 25.1 万人。全国纪检监察机关运用监督执纪"四种形态"处理 114 万人次。其中，第一种形态 72.9 万人次，占"四种形态"处理总人次的 63.9%；第二种形态 32.1 万人次，占处理总人次的 28.2%；第三种形态 5.4 万人次，占处理总人次的 4.7%；第四种形态 3.6 万人次，占处理总人次的 3.2%。① 在中央纪委统一领导下，自 2014 年 10 月持续开展专项行动，与相关部门密切协作，加强与有关国家、地区司法合作，已从 42 个国家和地区劝返、遣返、引渡外逃职务犯罪嫌疑人 222 人。② 反腐取得了较大的成效。

从上述反腐的成就和查处的腐败案件来看，我国的腐败在治理和查处过程中依然保持上升的趋势，出现了形式上的"惩治—泛滥—再惩治—再泛滥"周期性的恶性循环，特别是查处的触目惊心的腐败大案要案增多。如果任凭腐败发展或者遏制不力，则会愈演愈烈。在新的时期，滋生腐败的土壤依然存在，反腐败形势依然严峻复杂，一些不正之风和腐败问题影响恶劣，在党的十八大以后仍存在一些腐败现象，亟须制度解决。那么，如何发挥预防腐败的体制功能以及发挥纪检监察查处腐败案件功效，不仅受到中央对监察体制改革的关注与思索，也引发理论界对监察体制改革的讨论与探索。

我国理论界早期对监察体制改革进行探讨，主要集中在原有体制存在的问题上，对这些主要问题的分析，多以如下问题作为路径：一是从《中华人民共和国行政监察法》确定的监察体制本身蕴含问题的角度进行剖析，认为监察机关定位不准、职能过窄、独立性保障不够、监察手段有限、监察对象范围过窄、监督程序不够完善。③ 二是从反腐败形势的现实来检讨监察体制的改进方向，认为监察体制改革动因源自现有行政监察制度内在局限性、纪委监察反腐实践遭遇合法性质疑、反腐机构分立和职能分散难以形成震慑力等原因。④ 这种从监察体制本身存在的问题出发来研究问题，结合反腐倡廉形势需要讨论体制问题，得出了监察制度改革不得不触及制度问题的内核，特别是反腐体制遭遇到全面依法治国的困境。解决这些涉及政治体制的问题，其治理扬汤止沸，不如釜底抽薪，通过政治

---

① 参见王昊魁：《1 月至 9 月全国纪检监察机关处分 40.6 万人》，载《光明日报》2018 年 10 月 21 日第 2 版。
② 2018 年 3 月 9 日最高人民检察院原检察长曹建明向十三届全国人大一次会议作《最高人民检察院工作报告》。
③ 参见马怀德：《全面从严治党亟待改革国家监察体制》，载《光明日报》2016 年 11 月 12 日第 3 版。
④ 参见白皓、杨强强：《国家监察体制改革进路研究》，载《河北法学》2017 年第 5 期。

改革来完成。原有的监察体制机制需要从政治上解决一些仅仅依靠制度改革难以完成的问题。这些主要问题有如下几个。

1. 纪检监察反腐体制遭遇的法治问题。

1993年以来，党的纪律检查机构与政府的行政监察机关合署办公，实行"一套工作机构、履行党的纪律检查和行政监督两项职能"的体制。这种合署办公组成的纪检监察机关，却因纪委行政级别较高、办案手段灵活，在实践中逐渐占据主导地位，并成为我国反腐败工作的领导核心。尽管纪检监察机构在反腐败方面的工作取得了一定的成效，但查处腐败的部门因机关或者机构职能不分、权责不清、独立性不足、程度不公开透明等问题而备受理论争议甚至指责。改革前的纪检监察反腐机制由于存在程序上的瑕疵和偏差，与全面推进依法治国的基本要求还存在一定距离。一方面，纪检监察机关的权力在运行中没有外部监督和制约机制，不仅不符合权力制约的法治理念，而且会带来相反的不利影响。"监督是权力正确运行的根本保证，是加强和规范党内政治生活的重要举措"。[①] 权力不论大小，只要不受制约和监督，就有可能被滥用。权力具有扩张性和腐蚀性，只有把权力关进制度的笼子，把权力运行纳入法制的轨道，用法制来监督、规范、约束权力，才能保证权力正确行使而不被滥用。另一方面，这种体制对被调查者的权利保障不足，存在侵犯人权之虞，尤其是纪检监察机关在办案过程中通过"双规"措施来限制被调查者的人身自由，这一措施本身的法理正当性不足极易引发争议。有学者认为，"双规"会使调查对象遭到司法调查程序之外的更多程序的调查，这种程序既可能僭越国家司法权，也有可能使涉嫌犯罪的人获得法外因素的庇护。[②] 与纪检监察机关的权力相比，被调查者的权利过于薄弱，申辩权、救济权等权利无法得到有效保障，律师也无法介入案件调查，这与保障人权的法治理念和要求不相吻合，致使纪检监察反腐体制遇到的法治障碍，需要将其在全面推进依法治国的背景下进行重构，将其纳入法治的轨道。

2. 纪检监察反腐力量分散的不衔接问题。

我国原有的反腐败体系，纪检、监察、信访、审计、检察等机构均承担着打击腐败、权力监督的职责，手段各有侧重，但力量分散，责任规定不明晰，容易相互推卸责任，[③] 反腐在体制上存在着多头反腐、机构分散、职能交叉重复以及独立性不足等问题。国家监察体制改革之前，党的纪律检查机关依照党章党规对党员的违纪行为进行审查；行政监察机关依照《中华人民共和国行政监察法》以下简称《行政监察法》对行政机关工作人员的违法违纪行为进行监察；检察机关

---

① 参见党的十八届六中全会《关于新形势下党内政治生活的若干准则》。
② 参见王金贵：《"双规"与自首：合宪性问题研究》，载《法学》2005年第8期。
③ 参见李永忠：《制度监督与设立监察委员会》，载《中国党政干部论坛》2017年第2期。

依照《中华人民共和国刑事诉讼法》（以下简称《刑事诉讼法》）对国家工作人员职务犯罪行为进行查处；反腐败职能既分别行使，又交叉重叠，未能形成统一的合力。深化国家监察体制改革，组建党统一领导的反腐败工作机构即监察委员会，就是将行政监察部门、预防腐败机构和检察机关查处贪污贿赂、失职渎职以及预防职务犯罪等部门的工作力量整合起来，把反腐败资源集中起来，把执纪和执法贯通起来，攥指成拳，形成合力。① 尽管多年来党对反腐工作高度重视，反腐力度不断加强，也获得了良好的治理效果，但因权力体制的特殊性及职务犯罪的复杂性和分散性，在一定程度上严重影响着反腐败的治理效能，甚至还会牵制反腐的力量，弱化反腐的效果，使得反腐事倍功半。特别是国家监督职能分散于各级纪检监察机关、政府的预防腐败局、各级检察机关的查办和预防职务犯罪机构，导致执行法律不一、执行标准不一，很难形成稳定、规范而高效的配合衔接机制，不仅为腐败留下了一些生长的空隙和监督的死角，也为腐败寻租留下可能，为制度套利提供空间，出现匪夷所思的难以诠释的现象。例如，陕西省扶风县林业站原副站长李某某因非法经营罪于 2013 年 11 月被羁押，2014 年 8 月，被法院以无业人员身份判处有期徒刑 5 年 6 个月。由于李某某隐瞒真实身份，司法机关也未告知扶风县林业站，导致其服刑期间仍违规领取工资 78826 元。② 由于这一案件的立案侦查、起诉、判决入狱没有事先经过纪检机关的调查，立案侦查后司法机关也未及时将党员违法情况与纪检机关沟通，出现"带着党籍蹲监狱"的不正常现象。监察制度改革作为监督机关与纪委合署办公，反腐机构高度集中，可以实现对所有行使公权力的公职人员监察全覆盖和对腐败违纪行为、违法行为和犯罪行为的一体化治理，需要构建执纪执法有序对接、相互贯通的工作机制。

3. 监察体制改革之前，职务犯罪侦查模式存在的问题。

监察制度改革之前，实践中主要是由检察机关和纪检监察机关负责处理职务犯罪案件。检察机关的反贪污贿赂部门和反渎职侵权部门主要承担公务人员职务犯罪案件的侦查职能，职务犯罪预防部门和检察技术信息部门负责为侦查工作提供相应的技术保障。根据 2012 年《刑事诉讼法》第十八条第二款的规定，"贪污贿赂犯罪，国家工作人员的渎职犯罪，国家机关工作人员利用职权实施的非法拘禁、刑讯逼供、报复陷害、非法搜查的侵犯公民人身权利的犯罪以及侵犯公民民主权利的犯罪，由人民检察院立案侦查。"③ 非国家工作人员贪腐犯罪案件的

---

① 2018 年 3 月 13 日全国人大常委会副委员长李建国向十三届全国人大一次会议作关于《中华人民共和国监察法（草案）》的说明。

② 《和纪委有什么不一样？三个案例告诉你为啥要设监察委》，http://www.ccdi.gov.cn/，访问时间：2018 年 7 月 25 日。

③ 该条在 2018 年 10 月 26 日全国人民代表大会常务委员会第六次更正的关于修改《刑事诉讼法》的决定中已修改为第十九条第二款。

侦查则由公安机关承担，如《中华人民共和国刑法》（以下简称《刑法》）第一百六十三条规定的非国家工作人员受贿罪和第一百六十四条规定的对非国家工作人员行贿罪。检察机关作为宪法赋予法律监督权的法律监督机关，直接行使职务犯罪侦查权，实现对国家工作人员遵守法律情况的刚性监督。同时，检察机关对职务犯罪案件既行使立案侦查权，又行使决定逮捕、起诉等权力，这种承担职务犯罪侦查职能的模式一直以来存在理论上的质疑。检察机关既享有侦查权，又享有公诉权，既是司法机关又是法律监督机关，同时又承担了"侦、控、监"三项职能，这种在刑事诉讼中"既当运动员，又当裁判员"的模式，致使在立案侦查、起诉等程序间无法形成有效制约和监督，容易使刑事诉讼结构在实践中出现失衡，出现权力滥用与程序失当。其制度设计和程序安排不符合正当程序的要求，难以获得认同。

　　检察机关作为侦查职务犯罪的反腐败机构，尽管在法律上具有独特的优位，很多时候还需要甚至依靠或者依附纪检部门开展侦查工作，在实践中存在办案独立性不足的问题。纪检监察机关虽然不是法律规定的侦查主体，但在查办腐败案件中往往发挥更大的作用，在许多职务犯罪案件的查处中占据主导地位。一是纪检监察机关往往能够在职务犯罪的侦查中具有特殊性，侦查对象一般具有相当的社会资源，反侦查能力强，证据收集、固定难，并且高度依赖口供，侦查措施难以有效打击犯罪。在这种情况下，实践中的一些较为敏感、重大的职务犯罪案件往往通过纪检监察机关的"双规""两指"的手段来突破，检察机关查处职务犯罪案件常常逃离刑事诉讼侦查手段的若干限制。①"双规""两指"成为事实上侦查职务犯罪强制措施的替代措施。据统计，2012年修改的《刑事诉讼法》实施后，职务犯罪案件起诉、审判中作非法证据排除的有68%是"双规"获取的。②这种导致职务犯罪侦查脱离在刑事程序之外的做法，难以得到有效规范，在推进法治建设问题上留下很大隐患。检察机关借助党纪"双规"措施调查取证，以纪检身份进行初查在实践中成为常态，以致影响了法治的权威。职务犯罪案件的办理常常是先由纪检监察机关获得线索，开始调查违法违纪行为，若发现被查处的领导干部可能构成职务犯罪，便移交检察机关立案侦查。从实践来看，检察机关多是被动地从纪委监察机关接案，成为办理职务犯罪的"二传手"机关，过度依赖纪检监察机关的情报线索和先期调查，很少主动出击，削弱了其应有的反腐力度。③ 因此，监察制度改革需要完成检察机关反贪等部门的转隶，推动职能的转

---

　　① 参见施鹏鹏：《国家监察委员会的侦查权及其限制》，载《中国法律评论》2017年第2期。
　　② 参见吴建雄：《我们为什么要成立国家监察委员会》，中国社会科学网，访问时间：2018年3月29日。
　　③ 参见杨宇冠、吴高庆主编：《〈联合国反腐败公约〉解读》，中国人民公安大学出版社2004年版，第209页。

换、人员融合和工作衔接。一方面，可以改变检察机关自侦自诉存在独立性不足以及程序不公问题，保证职务犯罪刑事诉讼结构的平衡；另一方面，可以改变职务犯罪侦查过于依赖纪检监察机关的现象，保证职务犯罪侦查工作进一步法治化、规范化。无论是基于强化反腐力量、建构立体式反腐体系的目标，还是为了实现法治化建设和基本的人权保障，监察委员会统一履行调查职责，应当与纪检机关、司法机关等有机衔接、相互制衡，实现依规治党和依法治国的有机统一。[①] 检察机关的职务犯罪侦查职能转隶监察委员会有利于克服检察机关侦查模式存在的程序上的不正当问题。

4. 监察监督体制的权力配置不科学问题。

在原有的反腐体制中，监督权是行政权和检察权派生的权力，国家没有统一集中的监督权。特别是监督机构隶属地方和部门，独立性有待加强，致使反腐公信力存在隐性流失。监察机关向本级人民政府和上一级监察机关负责并报告工作，人财物受制于地方，因监察保障的地方性和监察对象的特殊性导致不敢为的现象，而党委纪委和行政监察部门合署办公，监察机关主要负责人由党委纪委"二把手"兼任，因监察领导的服从性导致唯唯诺诺不善为。[②] 况且，刑事司法关乎公民的基本权利，如自由权和生命权，现代诉讼程序均选择侦查、起诉、审判三个独立主体相互制约的体制。我国实行公、检、法相互制约与相互配合的宪法原则，尽管这种体制对刑事诉讼领域权力体现制约，但在腐败犯罪刑事司法上，职务犯罪侦查权与审查起诉权同属检察机关，出现侦查与起诉同体格局。不仅如此，由于其反腐工作重复进行，也导致了反腐资源流失问题。尽管纪检与监察合署办公有助于克服重复、交叉乃至冲突等问题，但也饱受制度上的或者理论上的诟病。从暴露和查处的党政机关事业单位的腐败案件看，系统性腐败、区域性腐败、塌方性腐败、家族性腐败，多源于对资源分配、行政法规的违反和监控不力。这种同体监督在一定程度上造成了司法反腐公信力不高，与异体监督在效果上也存在极大差异。从党的十八大以来查处的68名省部级官员犯罪案件的现实发现，无不与反腐监督独立性的缺失有关。监督机构隶属地方和部门，其功能受到限制，腐败行为的发现机制失灵、防范机制失效、惩治机制乏力，同级监督形同虚设。由于无法对地方和部门领导进行监督，只能寄希望于中央查处，一旦中央监督不到位或者出现空挡，极易在缝隙中衍生腐败，造成形式上的腐败越反越多的尴尬局面。

5. 国家监察体制改革之前，监察范围与对象过窄。

监察的对象范围相对狭窄，主要是国家行政机关及其公务员、国家行政机关

[①] 参见李永忠：《制度监督与设立监察委员会》，载《中国党政干部论坛》2017年第2期。
[②] 参见罗亚苍：《国家监察体制改革的实践考察和理论省思》，载《理论与改革》2017年第5期。

任命的其他人员，未能形成对所有行使公权力的公职人员进行全覆盖的监察，为监督在制度上留下了盲区。依照《行政监察法》的规定，行政监察对象主要是行政机关及其工作人员，没有做到对所有行使公权力的公职人员全覆盖。在我国，党管干部是坚持党的领导的重要原则。作为执政党，不仅管理干部的培养、提拔、使用，还对干部进行教育、管理、监督，必须对违纪违法的干部作出处理，对党员干部和其他公职人员的腐败行为进行查处。① 监察对象范围将非党员干部排除在外，监察对象仅包括行政公职人员，覆盖面不够、辐射面不宽，极易引发对监察公正的质疑，留下监察网织的漏洞，最终导致监察职能整体上的制约性不强。这种缺少强大的外部约束力量的体制转轨，结果是旧问题未消除新问题又凸显，尤其是腐败现象呈现高发势态影响政府形象和社会的健康发展。监察对非党公务员纪律约束有待加强，据统计，2015 年，全国查办的征地拆迁、医药卫生、生态环保、扶贫救灾等民生领域腐败犯罪案件涉案达 32132 人。其中，非党人员占 45%，同比上升 3.3%，暴露出非党员公务员的纪律约束存在空白地带。例如，2016 年 9 月 13 日，全国人大常委会第二十三次会议确定辽宁省 45 名人大代表因涉嫌贿选，当选无效。其中，多人为民营企业家和非中共党员。这些空白亟待监察制度改革予以填补。②

6. 监察体制改革之前，在反腐问题职能上未能体现专责。

由于纪委与行政监察"两块牌子、一套人马"，导致纪检和监察工作界限不分，监察工作的依附性和监察人员的完全重叠性导致推诿应付不作为，致使监察机关完全蜕化为纪委的辅助部门和附属机构，缺乏足够的自主性。这样不仅造成了案件调查的权责不对称，而且淡化了执纪与执法两种截然不同的职责属性，特别是执纪执法边界不清，实践中存在以纪代法的现象，饱受规避法律的嫌疑。特别需要通过法律明确监察委员会的性质和地位，使得各级监察委员会成为行使国家监察职能的"专责机关"，与党章关于"党的各级纪律检查委员会是党内监督专责机关"相呼应，实现纪检监察的合署办公在性质上保持作为"专责机关"的一致性。因此，需要通过国家立法把党对反腐败工作集中统一领导的体制机制固定下来，建立党统一领导、全面覆盖、权威高效的国家监督体制，把制度优势转化为治理效能。整合反腐败资源力量，形成集中统一、权威高效的反腐败体制，更有利于形成严密的法治监督体系，使得留置取代"两规"措施成为必然，从而解决长期困扰纪委执纪"双规"限制人身自由的法治难题，进而实现全面推进依法治国的目标。

---

① 2018 年 3 月 13 日时任全国人大常委会副委员长李建国向十三届全国人大一次会议作关于《中华人民共和国监察法（草案）》的说明。

② 参见吴建雄：《健全国家监察组织架构》，载《中国社会科学报》2016 年 9 月 7 日第 1046 期。

7. 监察体制改革之前，国家法治监督制度优势不明显。

腐败产生的一个重要原因是权钱交易，设租寻租，权力不正当行使以及缺乏有效监督制约而产生的腐败问题。实践经验表明，只有坚持全面从严治党，集中有效的反腐败力量，才能从根本上解决腐败问题，集中整合反腐的力量，推进国家监察体制改革，成为全面从严治党的必然抉择。中国共产党的长期执政，制度优势已经充分显现，但也面临一些风险和挑战，特别是对权力的有效监督。随着党内监督的加强，已经实现了监督全覆盖，覆盖了所有国家机关、社会团体及企事业单位的党员；而行政监察机关作为政府的组成部门，只负责监察行政机关的工作人员以及政府任命的工作人员，不可能覆盖到政府以外的机构和非公务人员，由此形成了"一条腿长一条腿短"的尴尬困境。实现党的历史使命，应当破解自我监督难题，需要以党内监督带动和促进其他监督，需要党统一领导来健全完善科学管用的权力监督制约体系，推进国家治理体系和治理能力的现代化。

在新时代，全面推进依法治国的总目标是建设中国特色社会主义法治体系，建设社会主义法治国家，需要形成完备的法律规范体系、高效的法治实施体系、严密的法治监督体系、有力的法治保障体系，形成完善的党内法规体系。依规管党治党建设党是依法治国的重要前提和政治保障。"没有党规党法，国法就很难保障。"全面推进依法治国，既要求党依据宪法和法律治国理政，也要求党依据党内法规管党治党。我们党经过长期探索实践已经形成了一整套层次清晰、运行有效的党内监督制度体系，使管党治党建设有章可循、有规可依、有据可罚。国家监察体制改革是推进国家治理体系、治理能力现代化的需要。没有健全完备的法律制度体系，没有实施法治的能力和水平，现代化的法治国家难以建成。监察制度改革和建立国家监察委员会，可以形成高效权威的国家监察体系，有利于提升国家治理能力，推进国家治理体系和治理能力现代化。特别需要"完善监督制度，做好监督体系顶层设计，既加强党的自我监督，又加强对国家机器的监督"，也特别需要"健全国家监察组织架构，形成全面覆盖国家机关及其公务员的国家监察体系"。强化党内反腐败斗争的统一领导，使党内监督和人民群众监督相结合，形成发现问题、纠正偏差的有效机制，才能保证监督力量能够覆盖延伸到所有的公职人员，使得监督体制和监督机制更加制度化、规范化和法制化。

二、监察制度改革的基本脉络

基于以上监察制度上的弊端和新时代从严治党的实践需要，监察制度改革成为一种必然。监察制度改革属于政治改革，在没有成熟的经验可借鉴和相同制度可移植的背景下，进行改革试点无疑是一个可行的路径。然而，改革试点尝试不仅需要政策性法律文件指导，还需要中央在政治体制上进行顶层设计和全国人大的授权，才能保障改革依法进行。在坚持党领导的前提下，应当遵循依法治国的治理国家的法治思维和法治道路来推进监察制度的深度改革。基于这一思路，对监察制度改革试点脉络予以考察，能够为持续深入推进监察制度改革提供基础性资料和相关经验，也能为全面理解、准确解读监察制度改革的意义与价值提供动力和经验支持。

1. 监察体制改革的基本轨迹。

2016年1月，习近平总书记在中国共产党第十八届中央纪律检查委员会第六次全体会议上指出："行政监察法要体现党中央关于中央纪委、监察部合署办公，中央纪委履行党的纪律检查和政府行政监察两项职能，对党中央全面负责的精神。监察对象要涵盖所有公务员。要坚持党对党风廉政建设和反腐败工作的统一领导，扩大监察范围，整合监察力量，健全国家监察组织架构，形成全面覆盖国家机关及其公务员的国家监察体系。"① 会议还提出了"建立覆盖国家机关和公务人员的国家监察体系"以及探索党长期执政条件下强化党内监督的有效途径，修订党内监督条例，研究修改《行政监察法》，使党内监督和国家监察相互配套、相互促进。同时强调纪委决不能成为党内的"公检法"，执纪审查决不能成为"司法调查"，要依纪监督、从严执纪，真正把纪律立起来、严起来，执行到位。2016年10月，党的十八届六中全会审议通过了《关于新形势下党内政治生活的若干准则》《中国共产党党内监督条例》和《关于召开党的第十九次全国代表大会的决议》。其中，《中国共产党党内监督条例》规定："各级党委应当支持和保证同级人大、政府、监察机关、司法机关等对国家机关及公职人员依法进行监督"，旨在型构一个与人民政府、司法机关并列的监察机关，并形成"一府一委二院"的国家权力机构体系。

基于中央会议的要求和部署，中共中央办公厅于2016年11月印发了《关于在北京市、山西省、浙江省开展国家监察体制改革试点方案》以下简称《方案》。《方案》强调国家监察体制改革是事关全局的重大政治改革，是国家监察制度的顶层设计。实施组织和制度创新，整合反腐败资源力量，扩大监察范围，丰富监察手段，实现对行使公权力的公职人员监察的全面覆盖，建立集中统一、权威高效的监察体系，履行反腐败职责，深入推进党风廉政建设和反腐败斗争，构建不敢腐、不能腐、不想腐的有效机制。同时，决定在北京市、山西省、浙江省开展国家监察体制改革试点工作。由省（市）人民代表大会产生省（市）监

---

① 习近平：《在第十八届中央纪律检查委员会第六次全体会议上的讲话》，载《人民日报》2016年5月3日第2版。

察委员会，作为行使国家监察职能的专责机关。党的纪律检查委员会、监察委员会合署办公，建立健全监察委员会组织架构，明确监察委员会的职能职责，建立监察委员会与司法机关的协调衔接机制，强化对监察委员会自身的监督制约。2016年12月25日，第十二届全国人民代表大会常务委员会第二十五次会议通过《全国人民代表大会常务委员会关于在北京市、山西省、浙江省开展国家监察体制改革试点工作的决定》（以下简称《决定》）。《决定》的主要内容包括：第一，在北京市、山西省、浙江省及所辖县、市、市辖区设立监察委员会，行使监察职权。将试点地区人民政府的监察厅（局）、预防腐败局及人民检察院查处贪污贿赂、失职渎职以及预防职务犯罪等部门的相关职能整合至监察委员会。试点地区监察委员会由本级人民代表大会产生。监察委员会主任由本级人民代表大会选举产生；监察委员会副主任、委员，由监察委员会主任提请本级人民代表大会常务委员会任免。监察委员会对本级人民代表大会及其常务委员会和上一级监察委员会负责，并接受监督。第二，试点地区监察委员会按照管理权限，对本地区所有行使公权力的公职人员依法实施监察；履行监督、调查、处置职责，监督检查公职人员依法履职、秉公用权、廉洁从政以及道德操守情况，调查涉嫌贪污贿赂、滥用职权、玩忽职守、权力寻租、利益输送、徇私舞弊以及浪费国家资财等职务违法和职务犯罪行为并作出处置决定，对涉嫌职务犯罪的，移送检察机关依法提起公诉。为履行上述职权，监察委员会可以采取谈话、讯问、询问、查询、冻结、调取、查封、扣押、搜查、勘验检查、鉴定、留置等措施。第三，在北京市、山西省、浙江省暂时调整或者暂时停止适用《中华人民共和国行政监察法》，《中华人民共和国刑事诉讼法》第三条、第十八条、第一百四十八条以及第二编第二章第十一节关于检察机关对直接受理的案件进行侦查的有关规定；《中华人民共和国人民检察院组织法》第五条第二项、《中华人民共和国检察官法》第六条第三项、《中华人民共和国地方各级人民代表大会和地方各级人民政府组织法》第五十九条第五项关于县级以上的地方各级人民政府管理本行政区域内的监察工作的规定。其他法律中规定由行政监察机关行使的监察职责，一并调整由监察委员会行使。2017年1月18日，山西省率先成立全国第一个省级监察委员会；1月20日，北京市监察委员会正式成立；1月20日，浙江省监察委员会正式成立。

2017年1月，习近平总书记在十八届中央纪委七次全会上强调，要积极稳妥推进国家监察体制改革，加强统筹协调，做好政策把握和工作衔接。十八届中央纪委七次全会工作报告指出，抓紧筹备组建国家监察委，编制"三定"规定，为十三届全国人大一次会议审议通过国家监察法、设立国家监察委、产生国家监察委员会组成人员做好组织机构、干部人事、法律法规准备。

党的十八届六中全会闭幕后，中央纪委机关会同全国人大常委会法制工作委员会即共同组成国家监察立法工作专班。在前期工作的基础上，工作专班进一步开展调研和起草工作，吸收改革试点地区的实践经验，听取专家学者的意见建议，经反复修改完善。按照党中央部署要求，在最初研究深化国家监察体制改革方案的时候，充分考虑将行政监察法修改为国家监察法问题，监察法立法工作由中共中央纪律检查委员会牵头抓总。中央纪委与全国人大常委会、中央统战部、中央政法委员会、中央深化改革领导小组办公室、中央机构编制办公室等有关方面进行多次沟通后，全国人大常委会党组坚决贯彻落实党中央关于深化国家监察体制改革的决策部署。十二届全国人大常委会将监察法起草和审议工作作为最重要的立法工作之一。在党中央的决策部署下，由全国人大常委会法制工作委员会协同配合中央纪委机关，在深入调查研究、认真总结监察体制改革试点地区实践经验的基础上拟定了《中华人民共和国监察法（草案）》，并向中央作了请示。2017年6月15日，习近平总书记主持中央政治局常委会会议审议并原则同意全国人大常委会党组关于《监察法（草案）》几个主要问题的请示。初次审议后，根据党中央同意的相关工作安排，全国人大常委会法制工作委员会将草案送23个中央国家机关以及31个省、自治区、直辖市人大常委会征求意见；召开专家会，听取了宪法、行政法和刑事诉讼法方面专家学者的意见与建议。

2017年10月18日，党的十九大报告指出，"深化国家监察体制改革，将试点工作在全国推开，组建国家、省、市、县监察委员会，同党的纪律检查机关合署办公，实现对所有行使公权力的公职人员监察全覆盖。"① 2017年10月24日，十九大党章修正案规定，"党必须保证国家的立法、司法、行政、监察机关，经济、文化组织和人民团体积极主动地、独立负责地、协调一致地工作。"② 随后，中央部署在全国范围内深化国家监察体制改革的探索实践，在全国各地推开改革试点。2017年10月，中共中央办公厅印发《关于在全国各地推开国家监察体制改革试点方案》（以下简称《方案》）。《方案》指出，党中央决定，北京市、山西省、浙江省继续深化改革试点，其他28个省（自治区、直辖市）设立省、市、县三级监察委员会，整合反腐败资源力量，完成相关机构、职能、人员转隶，明确监察委员会职能职责，赋予惩治腐败、调查职务违法犯罪行为的权限手段，建立与执法机关、司法机关的协调衔接机制。2017年10月31日，十二届全国人大常委会第三十次会议审议了关于在全国各地推开国家监察体制改革试点工作的决定草案。草案对监察委员会的设立及其产生、监察对象及监察委员会的职权和措

---

① 中国共产党第十九次全国代表大会《决胜全面建成小康社会 夺取新时代中国特色社会主义伟大胜利》报告。
② 2017年10月24日，中国共产党第十九次全国代表大会通过关于《中国共产党章程（修正案）》的决议。

施、暂时调整或者暂时停止适用有关法律的规定等事项作出规定。2017年11月4日，十二届全国人大常委会第三十次会议通过关于在全国各地推开国家监察体制改革试点工作的决定，自2017年11月5日起施行。在2017年底召开的省、市、县人民代表大会上产生三级监察委员会，使监察制度改革与地方人大换届工作紧密衔接。试点地区各级党组织要担负起主体责任。试点省（自治区、直辖市）党委对试点工作负总责，成立深化监察体制改革试点工作小组，由党委书记担任组长。

2. 监察法草案的审议过程。

2017年6月，《监察法（草案）》经全国人大常委会初次审议后，于11月7日在中国人大网首次公布，面向社会征求意见。截至12月6日，共有37000多人提出1.3万多条意见建议。[①] 全国人大常委会听取审议监察委专项工作报告，对《监察法（草案）》一审稿进行了多处修改和完善，并对理论关注、关切的问题给予回应，重点突出了规范监察权力运行和依法保障被调查人合法权利的内容，充分体现了科学立法、民主立法、依法立法的精神。对《监察法（草案）》一审稿的修改主要包括以下几个方面的内容。

第一，《监察法（草案）》二审稿将一审稿的"各级人民代表大会常务委员会可以听取和审议本级监察机关的专项工作报告，并组织执法"修改为"各级人民代表大会常务委员会听取和审议本级监察机关的专项工作报告，根据需要可以组织执法检查"。全国人大常委会听取和审议监察委的工作报告是监督的重要形式，采用可以听取的规定极易造成反向理解，出现各级人民代表大会常务委员会"不可以"听取和审议本级监察机关的专项工作报告的情况，出现人大常委会监督的空档，因此删去"可以"二字，同时增加了"组织执法检查"的执法限制，从而体现人大及其常委会对监察委员会的监督，保障我国人民代表大会制度的权威性。

第二，规范留置场所的设置管理。自国家监察体制改革以来，"留置"如何取代"两规"以及如何规范是各界关注的焦点和热点。根据《监察法（征求意见稿）》的规定，被调查人涉嫌贪污贿赂、失职渎职等严重职务违法或职务犯罪，监察机关经审批可以将其"留置在特定场所"。根据中央纪委公布的北京市、山西省、浙江省的监察体制改革试点情况，试点地区把纪委原"两规"场所、公安机关看守所作为留置场所，对留置折抵刑期、异地留置进行试点探索。为了保障留置场所的规范化和人权保障，《监察法（草案）》二审稿增加了"留置场所的设置和管理依照国家有关规定执行"的规定。

[①] 参见沙雪良：《留置24小时内应通知单位和家属》，载《新京报》2017年12月23日第A04版。

第三，增加了保障被留置人员安全的内容。在试点中，被留置人员一般单独安排居住，不上戒具，有标准化的留置室、医疗和饮食起居保障。《监察法（草案）》二审稿进一步明确了"监察机关应当保障被留置人员的饮食、休息和安全，提供医疗服务。"这一规定与《刑事诉讼法》规定讯问保障犯罪嫌疑人的饮食与必要的休息相比，增加了"安全"的要求，特别强调留置期间被调查人员的人身安全，体现其与看守所限制人身自由的特殊性。《监察法（草案）》二审稿还规定了监察机关对留置人员的安全保障义务，对出现的安全事故追究直接责任人和追究领导责任，即"违反规定发生办案安全事故，或者发生安全事故后隐瞒不报、报告失实、处置不当的"负有责任的领导人员和直接责任人员依法处理要求，以充分保障被留置人员的合法权利，确保不出现任何安全事故。

第四，在总则部分增加了"保障被调查人合法权利"的规定。根据常委委员、部门、地方和公众均不同程度建议增加有关保障人权的规定，《监察法（草案）》二审稿没有采纳学者要求增加"尊重和保障人权"的规定，相应增加保障被调查人合法权利的内容。这些内容主要包括："冻结的财产经查明与案件无关的，应当在三日内解除冻结，予以退还"；"搜查女性的身体，应当由女工作人员进行"；"查封、扣押的财物、文件经查明与案件无关的，应当在三日内解除查封、扣押，予以退还"；"监察机关经过调查，对没有证据证明存在违法犯罪行为的，应当撤销案件"。①

第五，对技术调查措施的适用范围和批准程序进行了严格规范，将可以采取技术调查措施的案件范围由"涉嫌重大贪污贿赂、失职渎职等职务犯罪"修改为"涉嫌重大贪污贿赂等职务犯罪"，取消了涉嫌失职渎职等职务犯罪的技术调查权限，使之与刑事诉讼法规定的技术侦查范围和程序基本相同。

第六，加强对监察人员的监督和追责。《监察法（草案）》二审稿增加了监察机关通过设立内部专门的监督机构等方式的规定，旨在加强对监察人员执行职务和遵守法律情况的监督，以便建设忠诚、干净、担当的监察队伍。在监察委员会内部设立专门的监督机构，将实践中行之有效的做法上升为法律规定，以便加强自我监督和严格内部控制。《监察法（草案）》二审稿加大了对监察人员的监督和追责力度。征求意见稿仅仅列举了监察机关及其工作人员如有7种行为，将依法给予处理，而二审稿将7种行为扩大到9种，并对部分行为的表述进行了补充和修改。例如，增加了"发现重大案情隐瞒不报""违反规定采取留置措施""违反规定限制他人出境，或者不按规定解除出境限制"等内容，并进一步明确了不仅要对直接责任人员依法给予处理，而且还将追究负有责任的领导人员的

---

① 参见沙雪良：《留置24小时内应通知单位和家属》，载《新京报》2017年12月23日第A04版。

责任。

第七，法律关系中的各个主体在享有权利的同时，也要承担义务和负有责任。《监察法（草案）》二审稿增加了"控告人、检举人、证人捏造事实诬告陷害监察对象的，依法予以处理"的内容。同时压实了对控告人、检举人、证人打击报复的法律责任，从相反的方面规定了对控告人、检举人、证人的保障，防止减弱控告人、检举人、证人的积极性，体现了法治精神。

第八，明确了监察委员会与司法机关、执法部门互相配合、互相制约。在依法反腐败的过程中，监察机关与司法机关必须保持互相配合、互相制约的关系。《监察法（草案）》二审稿针对一审稿规定的对监察机关移送的案件，删除了对于监察机关移送的案件检察机关依法作出不起诉决定前"应当征求监察机关意见"的表述。《监察法（草案）》一审稿第四十五条规定："对监察机关移送的案件，检察机关认为犯罪事实已经查清，证据确实充分，依法应当追究刑事责任的，应当作出起诉决定。检察机关经审查后，认为需要补充核实的，应当退回监察机关补充调查，必要时可以自行补充侦查。对于证据不足、犯罪行为较轻，或者没有犯罪事实的，应当征求监察机关意见并报经上一级检察机关批准，依法作出不起诉的决定。监察机关认为不起诉的决定有错误的，可以要求复议。"全国人大法律委员会在修改情况汇报中提出，对于这一条款，有的常委会委员、部门和地方提出，"征求检察机关意见"属内部工作沟通，建议监察法不作规定。经研究，建议删除这一规定。《监察法（草案）》二审稿中表述为："对监察机关移送的案件，检察机关认为犯罪事实已经查清，证据确实、充分，依法应当追究刑事责任的，应当作出起诉决定。人民检察院经审查后，认为需要补充核实的，应当退回监察机关补充调查，必要时可以自行补充侦查。人民检察院对于有刑事诉讼法规定的不起诉的情形，经上一级检察院批准，依法作出不起诉的决定。监察机关认为不起诉的决定有错误的，可以要求复议。"这体现了对检察机关权力的尊重，也体现了监察机关与司法机关的互相配合、互相制约，① 保障了"人民检察院依照法律规定独立行使检察权"的宪法地位。

根据2018年3月15日十三届全国人大一次会议主席团第五次会议通过的第十三届全国人民代表大会宪法和法律委员会关于《监察法（草案）》审议结果的报告。十三届全国人大一次会议的各个代表团举行全团会议在2018年3月16日上午再次审议《监察法（草案）（修改稿）》。其中，有1840名代表发言，提出

---

① 参见维汉等：《规范监察权力依法保障人权——聚焦监察法草案二审稿看点》，http：//www. xinhuanet. com/2017 - 12/22/c_1122154859. htm，访问时间：2018年3月27日。

了1384条意见，对草案的具体修改意见建议389条。① 人大常委会对3月13日提请审议的《监察法（草案）》再次进行了修改。其修改的主要内容包括以下几个方面。

第一，一些代表在审议中提出，《监察法（草案）》中的不少规定体现了对被调查人的权益保障，建议将保障被调查人合法权益作为一项原则在总则中加以明确。十三届全国人大宪法和法律委员会经研究，建议采纳上述意见，将草案第五条修改为："国家监察工作严格遵照宪法和法律，以事实为根据，以法律为准绳；在适用法律上一律平等，保障当事人的合法权益；权责对等，严格监督；惩戒与教育相结合，宽严相济。"其中，"保障当事人的合法权益"不再限于"被调查人"，其规定具有特别重要的意义。审议中一些常委委员提出，应规定监察机关行使有关职权时与其他机关的关系。经研究，《监察法（草案）》二审稿将这一规定与第五十二条合并后移至总则，修改为："监察机关依照法律规定独立行使监察权，不受行政机关、社会团体和个人的干涉。""监察机关办理职务违法犯罪案件，应当与司法机关互相配合、互相制约。""监察机关在工作中需要协助的，有关机关和单位应当根据监察机关的要求依法予以协助。"

第二，将《监察法（草案）》的"留置"作出了24小时以内通知家属的规定修改为"对被调查人采取留置措施后，应当在24小时以内，通知被留置人员所在单位和家属"。修改稿将通知"单位或家属"修改为"单位和家属"，同时将原来的"除有碍调查的"进一步予以明确与细化。24小时以内通知家属必须满足一个前提条件，即"有可能毁灭、伪造证据，干扰证人作证或者串供等有碍调查情形的除外"。如果被调查人存在毁灭、伪造证据，或者串供的可能性，那么监察机关对其采取留置措施时，暂时可以不通知家属。关于对被调查人采取留置措施后，什么情况下通知单位、家属，修改为："采取留置措施后，除有可能毁灭、伪造证据，干扰证人作证或者串供等有碍调查情形的，应当在二十四小时以内通知被留置人员所在单位和家属。"

第三，将《监察法（草案）》第四十条第二款中规定，严禁侮辱、打骂、虐待、体罚或者变相体罚被调查人。有的代表在审议中建议，对此予以明确。对被调查人以外的涉案人员，也应适用这一规定。十三届全国人大宪法和法律委员会经研究，建议将这一款修改为："严禁以威胁、引诱、欺骗及其他非法方式收集证据，严禁侮辱、打骂、虐待、体罚或者变相体罚被调查人和涉案人员。"其中"涉案人员"的规定更具有价值。

---

① 参见朱基钗、姜洁：《反腐败工作法治化的重要里程碑——〈中华人民共和国监察法〉立法纪实》，http://www.gov.cn/xinwen/2018-03/21/content_5276233.htm，访问时间：2018年7月25日。

第四，修改稿对《监察法（草案）》第四十五条第二款进行了补充，即监察机关经调查，对没有证据证明被调查人存在违法犯罪行为的，除了撤销案件外，还要通知被调查人所在单位。在实践中常常发现，有一些改革者、探索者，可能在工作中有些行为介于合规与违规、违规与违法、违法与犯罪界限之间，较难判断，存有争议，而经监察机关调查发现，并不触犯法律、构成犯罪，则应确认其清白，并通知其所在单位让其继续正常工作。这些修改充分体现了对存疑的案件从无的精神，可以避免对疑案长期悬而未决或者搁置，同时体现对被调查人的权益保障，充分体现了对监察行为的依法监督，也使法律规定更加规范和完善。

第五，全国人大常委会两次审议《监察法（草案）》期间，曾对"留置场所"条款作出修改。草案第二十二条第三款规定，留置场所的设置和管理依照国家有关规定执行。有代表建议，对留置场所的监督也应作出规定。十三届全国人大宪法和法律委员会经研究，建议将这一规定修改为："留置场所的设置、管理和监督依照国家有关规定执行。"对于上述条款，修改稿作出修改，并规定"有碍调查的情形消失后，应当立即通知被留置人员所在单位和家属"。

第六，监察程序与司法程序如何衔接的问题。《监察法（草案）》第四十五条第一款规定了监察机关根据监督、调查结果依法作出处置的方式。有的代表提出，该款第四项中规定的"人民检察院依照《中华人民共和国刑事诉讼法》对被调查人采取强制措施"，属于监察机关作出处置之后的程序，建议将此内容移至草案第四十七条关于人民检察院对监察机关移送案件的处理中统一规定。宪法和法律委员会经研究，建议采纳上述意见，在草案第四十七条增加一款作为第一款并规定："对监察机关移送的案件，人民检察院依照《中华人民共和国刑事诉讼法》对被调查人采取强制措施。"这样可以使得《监察法》的内容更符合逻辑的要求，体现立法的科学性。

第七，《监察法（草案）》第四十七条第二款规定，对监察机关移送的案件，人民检察院经审查，认为需要补充核实的，应当退回监察机关补充调查，必要时可以自行补充侦查。有代表建议，增加有关退回补充调查时间和次数的限制。十三届全国人大宪法和法律委员会经研究，建议在这一款中增加规定："对于补充调查的案件，应当在一个月内补充调查完毕。补充调查以二次为限。"修改稿增加了对退回补充调查的时间和次数的限制，使检察机关的"退回补充调查程序"和监察机关的"补充调查行为"更加规范，厘清了检察机关与监察机关的关系，体现了相互配合、相互制约的原则。这样可以提高监察行为的效率，避免案件久拖不决、久查不决，使案件可以尽快进入司法程序。

另外，中央纪委机关提出，全国人大常委会通过的《关于在北京市、山西省、浙江省开展国家监察体制改革试点工作的决定》和《关于在全国各地推开国

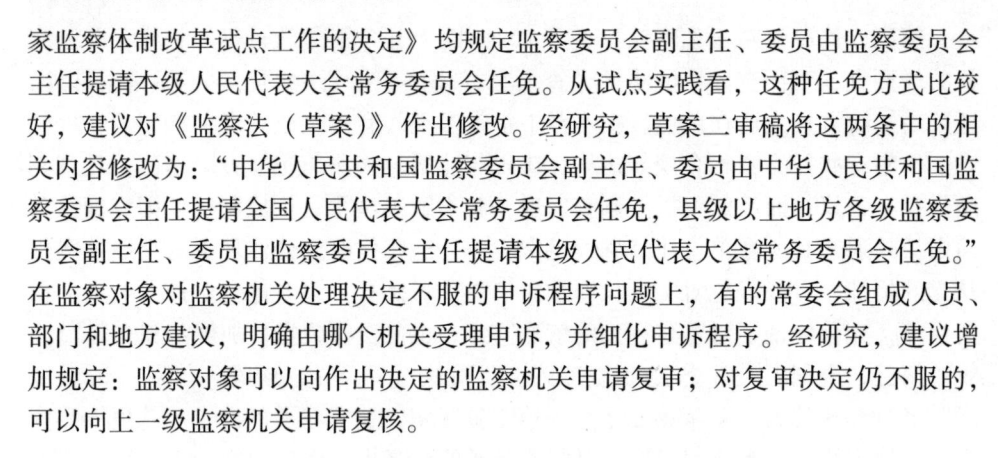

家监察体制改革试点工作的决定》均规定监察委员会副主任、委员由监察委员会主任提请本级人民代表大会常务委员会任免。从试点实践看，这种任免方式比较好，建议对《监察法（草案）》作出修改。经研究，草案二审稿将这两条中的相关内容修改为："中华人民共和国监察委员会副主任、委员由中华人民共和国监察委员会主任提请全国人民代表大会常务委员会任免，县级以上地方各级监察委员会副主任、委员由监察委员会主任提请本级人民代表大会常务委员会任免。"在监察对象对监察机关处理决定不服的申诉程序问题上，有的常委会组成人员、部门和地方建议，明确由哪个机关受理申诉，并细化申诉程序。经研究，建议增加规定：监察对象可以向作出决定的监察机关申请复审；对复审决定仍不服的，可以向上一级监察机关申请复核。

三、宪法修正案与监察法的出台

2018年1月18日至19日，党的十九届二中全会审议通过了《中共中央关于修改宪法部分内容的建议》。1月29日至30日，十二届全国人大常委会第三十二次会议决定将《中华人民共和国宪法修正案（草案）》（以下简称《宪法修正案》）提请十三届全国人大一次会议审议。审议的《宪法修正案》在第三章"国家机构"中增加第七节"监察委员会"（共五条），为《监察法》制定提供了宪法依据。2018年1月31日，全国人大常委会办公厅将《监察法（草案）》发送给十三届全国人大代表。全国人大法律委员会（现已改为"宪法和法律委员会"）召开会议，对草案进行了审议，根据全国人大常委会组成人员和代表们提出的意见作了修改，并将修改情况向全国人大常委委员长会议作了汇报。

2018年2月8日，习近平总书记主持召开中央政治局常委会会议，听取了全国人大常委会党组的汇报，原则同意《关于〈中华人民共和国监察法（草案）〉有关问题的请示》。根据党中央指示精神，人大常委会对草案又作了进一步完善，形成了提请十三届全国人大一次会议审议的《中华人民共和国监察法（草案）》。2018年3月15日，十三届全国人大一次会议主席团第五次会议3月13日提交十三届全国人大一次会议审议的监察法草案。2018年3月20日，十三届全国人大一次会议表决通过了《中华人民共和国监察法》（共九章六十九条）（以下简称《监察法》），标志着中国特色国家监察体制初步形成。《监察法》主要包括总则、监察机关及其职责、监察范围和管辖、监察权限、监察程序、反腐败国际合作、对监察机关和监察人员的监督、法律责任和附则。

《监察法》确立了国家监察委员会是最高监察机关，这标志着我国朝着建立集中统一、权威高效的中国特色国家监察体制迈出关键性一步。监察制度改革加强党对反腐败工作的集中统一领导，实现对所有行使公权力的公职人员监察全覆盖，使依规治党与依法治国、党内监督与国家监察有机统一，推进国家治理体系和治理能力现代化。《监察法》的制定遵循以下思路和原则：一是坚持正确的政治方向。严格遵循党中央确定的指导思想、基本原则和改革要求，把坚持和加强党对反腐败工作的集中统一领导作为根本政治原则贯穿立法全过程和各方面。二是坚持与宪法修改保持一致。宪法是国家各种制度和法律法规的总依据。《监察法（草案）》的相关内容及表述均与本次宪法修改关于监察委员会的各项规定相衔接、相统一。三是坚持问题导向。解决了我国监察体制机制中存在的突出问题。四是坚持科学立法、民主立法、依法立法。坚决贯彻落实党中央决策部署，充分吸收各方面意见，认真回应社会关切，严格依法按程序办事，使《监察法（草案）》内容科学合理、协调衔接，制定一部高质量的监察法。① 由于《监察法》起草、制定与审议的时间较短，试点暴露的问题还不充分，难免存在一些需要完善的地方。理论对此的主要观点有如下几个方面。

一是《监察法（草案）》是由全国人大常委会法制工作委员会协同配合中央纪委机关拟定的，实际上，中央纪委起到牵头抓总的关键性作用。有学者认为，这种立法过程存在一定的问题，认为《监察法》立法应由全国人大主导，履行我国《宪法》赋予全国人大这项职权。由于《监察法》属于反腐的专门性法律，关系到政治体制、政治权力、政治关系的重大调整，在制定《监察法》中需要坚持党的领导，中纪委作为党的机构牵头制定并无不妥，人大立法职能也应当积极履行。

二是《监察法（草案）》应当将宪法规定"尊重和保障人权"作为基本任务，确立人权保障原则。"尊重和保障人权"是一条非常重要的宪法原则，《监察法》立法也应当予以体现或者作为一项内容直接规定。监察委员会全覆盖的监察对象，监察机关需要保障其作为公民享有的合法权利；而监察委员会一系列的职权和某些严厉的调查手段需要受到约束。这种尊重和保障人权尤其是程序方面，可以最大限度防范冤假错案。

三是《监察法（草案）》从审议到公开向社会征求意见时间较长、不及时，十分不利于草案的社会民主及立法质量；立法工作有些急于求成，有关部门欲在一年之内完成法律的制定工作，时间过于仓促，而且试点的问题和经验无法得到总结。② 因此，在立法程序上有待完善的空间，需要在实施中不断丰富与完善。

四是《监察法》赋予了监察委员会查处职务违法犯罪的权力。权力的扩张性

---

① 2018年3月13日，十三届全国人大一次会议第四次全体会议上李建国就监察法草案起草过程、指导思想和基本思路作说明。

② 参见陈光中、姜丹：《关于〈监察法〉（草案）的八点修改意见》，载《比较法研究》2017年第6期。

决定了制度设计时必须对其加以限制和约束，有效手段之一便是权力分割、相互制衡。分权制衡原则的基本思想在于：任何权力都需要有其他的权力对其进行制约，而且相互制约的权力之间应该保持平衡。如果对一项权力没有任何制约机制，那么便很容易形成专制；如果一项权力超出了与之相互制约的其他权力，权力之间的平衡被打破，这项权力极易被滥用。这些问题有待于进一步细化与完善，保障监察权力运行在程序上的制约机制。

以上存在问题并不影响《监察法》作为国家法律整体上的科学性，因试点时间较短和立法急促，存在某些问题在所难免，在实施过程中还"要强化制约，科学配置权力，形成科学的权力结构和运行机制"，探索符合中国国情的权力分立模式和路径是目前政治体制改革的要点和难点。在我国国家权力体系中，行政权一直处于强势地位，人大及其常委会和司法机关对行政机关的监督、行政监察权的内部制约都很难发挥实效。国家监察机关由人大产生，向人大负责，受人大监督，与政府、法院、检察院并列，这意味着监察权与行政权的分离，统一、独立的国家监察权体系建立，有利于实现分权制衡，维护国家和社会的稳定。[①]

第二节　监察制度改革的意义

监察体制改革整合反腐败资源力量，建立党统一领导下的国家反腐败工作机构，构建集中统一、权威高效的监察体系，对推进全面深化改革、全面依法治国、全面从严治党具有重大的现实意义和深远的历史意义。国家监察体系的建立，一方面将政府、检察机关同体监督转化为国家层面的异体监督，能够有效增强权力制约的刚性、提高反腐败抗干扰能力；另一方面将改变实践中党的纪律检查机关主导反腐败体系的现状，将我国的反腐败工作引入法治化轨道，实现反腐机制的长远发展。它标志着党领导下国家腐败治理体系的健全和完善，同时标志着集中统一的国家监督权的确立和行使，将改变我国长期以来的国家权力结构，是我国人民代表大会制度理论的创新和发展。从国家权力配置的长远目标来看，这一改革具有深远意义。

一是贯彻落实党中央关于深化国家监察体制改革决策部署的重大举措，具有理论创新的价值。深化国家监察体制改革事关全局的重大政治体制改革，是强化党和国家自我监督的重大决策部署。深化国家监察体制改革是组织创新、制度创新，必须打破体制机制障碍，建立崭新的国家监察机构。监察制度改革，贯彻落

[①] 参见何家弘：《论反腐败机构之整合》，载《中国高校社会科学》2017年第1期。

实党中央关于深化国家监察体制改革决策部署，使党的主张通过法定程序成为国家意志，对于创新和完善国家监察制度，实现立法与改革相衔接，以法治思维和法治方式开展反腐败工作，理论意义重大。

二是坚持和加强党对反腐败工作的领导，构建集中统一、权威高效的国家监察体系的必然要求，具有制度创新意义。中国共产党领导是中国特色社会主义最本质的特征，是中国特色社会主义制度的最大优势。推进监察制度改革，也是为了完善和发展中国特色社会主义制度，巩固党的执政基础、提高党的执政能力。以零容忍态度惩治腐败是中国共产党鲜明的政治立场，是党心民心所向，必须始终坚持在党中央统一领导下推进反腐工作。

三是总结党的十八大以来反腐败的实践经验，为新形势下反腐败斗争提供坚强法治保障的现实需要，具有现实意义。北京市、山西省、浙江省开展国家监察体制改革试点经过一年多的实践，国家监察体制改革在实践中迈出了坚实步伐，积累了可复制和可推广的经验。解决长期依赖困扰我国的法治难题，也彰显中央全面依法治国的决心，并通过试点实践获得制度自信。

监察制度改革着力解决我国监察体制机制中长期困扰我们反腐的法治难题。适应形势发展构建国家监察体系，对党内监督覆盖不到或者不适用于执行党的纪律的公职人员，依法实施监察，真正把权力关进制度笼子，使我们党真正解决长期执政条件下自我监督这个国家治理的"哥德巴赫猜想"，跳出历史周期律。①《监察法》的出台使得监察执法的实施实现了监察立法与监察制度改革相衔接，不断促进以法治思维和法治方式开展反腐败工作，标志着国家监察体制改革取得重大成果，在党和国家反腐败斗争进程中具有里程碑意义，监察体制改革由试点探索迈入依法履职、持续深化的新阶段，其意义重大、影响深远。

第三节　监察制度试点的考察与评述

我国监察制度改革通过一年多的北京市、山西省、浙江省的改革试点，为全国全面试点积累了一些经验以及一些可供复制的经验。有必要对北京市、山西省、浙江省改革试点的情况予以考察，通过总结经验为全国试点与实施《监察法》提供可视化的经验道路，以免做一些无意义的所谓"探索"和重复性试点。

---

① 参见钟纪轩：《深化国家监察体制改革　健全党和国家监督体系》，载《求是》2018年第9期。

一、北京市开展国家监察制度改革试点考察

北京市委在监察制度改革试点时，将试点工作作为改革"一号工程"。其改革紧扣解决监察范围过窄、反腐力量分散、纪法衔接不畅等核心问题，聚焦转隶准备、依法组建、融合磨合等重要环节，积极推进试点工作，取得了一定的成效。

1. 监察委员会内部机构设置及职能情况。[①]

北京市监察制度改革试点通过统筹安排、整体谋划，其基本做法为机构不增加、人员不扩编、级别不提升，机构编制和人员配置向主责主业集中。北京市纪委机关原有23个内设机构，市级检察院划转10个机构后，重组了29个内设机构，机构总数比改革前减少4个，区级内设机构减少5个。其中，纪检监察室17个，8个室负责执纪监督，8个室负责执纪审查，1个室负责追逃追赃和防逃工作。同时，8个执纪监督室负责联系地区和部门的日常监督工作；8个执纪审查室负责对违纪违法行为进行初步核实和立案审查，不确定分管联系的固定地区和部门。各纪检监察室、干部监督室、信访室等部门发现或受理的相关问题线索，均移送到案件监督管理室，按照试点规定的程序办理。案件监督管理室负责对这些问题线索的集中管理、动态更新、定期汇总核对。

北京市监察委员会除了做好市追逃办承担的统筹协调、服务督促工作外，还要承担具体案件调查、协调相关部门做好追逃追赃和防逃的衔接工作，并增设纪检监察室，实现监督、审查分设的机制。

2. 监察体制改革试点的制度探索。

在试点工作中，北京市完善了监察委员会议事规则，注重监督、调查、处置等配套规定、相关制度和实施细则的制定，特别注意相关法律法规调整后留下的空白，既做好了先期设计，又加强了实践探索，使得监察工作能够有法可依、有据可行。这些规定主要有《北京市纪检监察机关监督执纪工作规则（试行）》《调查措施使用规范》《监督执纪工作常用文书》《北京市纪委市监委机关执纪监督工作暂行办法》等。这些规范性文件对于监察委员会12项措施的审批流程作出限制，也为监督、调查、处置职能的履行提供了遵循的依据。例如，《北京市监察委员会工作规则（试行）》规定："市监察委员会受中央纪委和北京市委的领导，对中央纪委和市人民代表大会及其常务委员会负责，并接受监督"；"市监

[①] 参见《北京被确定为国家监察体制改革试点地区以来——坚持首善标准推进改革"一号工程"》，载《人民日报》2018年2月4日第4版。

察委员会决策机构为市监察委员会委员会议";"市监察委员会委员会议一般每周召开一次,根据需要也可以临时召开或者延期召开"。"报同级党委主要负责人批准,予以立案审查(调查)";"市纪委市监委机关对局级或相当于局级的监察对象采取留置措施的,还需报市委主要领导批准";"区级纪检监察机关对处级或相当于处级的监察对象采取留置措施的,还需报区委主要领导批准"。以上规定有效保障了北京市的监察制度改革试点工作的顺利开展。

此外,北京市在原有行政执法机关向监察机关移送问题线索规定的基础上研究制定了《关于北京市党政机关、人大、政协向纪检监察机关移送涉嫌违纪违法问题线索的暂行办法》和《关于在查办党员和公职人员涉嫌违纪违法犯罪案件中加强协作配合的意见》。这两个文件将所有公职人员全部纳入线索移送的范围,明确规定党政机关、人大、政协以及司法机关发现公职人员涉嫌违犯党纪政纪、职务违法等问题线索,应当及时移送同级纪检监察机关,保证了办案过程的衔接。

3. 试点时期的履职及办案情况。

北京市监察委员会在试点适用相关措施上,除勘验检查外,12项措施中的11项均已付诸实践,对9个案件的9名涉嫌严重违纪的公职人员采取了留置措施。其中,1名涉嫌挪用公款罪的涉案人员被移送检察机关依法提起公诉。[①] 2017年,北京市纪检监察机关立案3585件,同比增长11.5%;给予党纪政纪处分3215人,同比增长22.5%。共留置68人,其中,移送司法机关42人。留置时间案均为64.3天,比2016年"两规"缩短了14.4天。北京市纪委市监委共受理各类案件164件212人,其中,局级干部140人;审结158人,局级干部105人;移送司法机关处理10人;对于涉嫌违纪违法的党员监察对象,均出具了违纪违法和涉嫌犯罪问题两份审理报告。[②]

4. 北京市监察体制改革试点工作的经验。

北京市监察制度试点形成了执纪执法"一程序两报告"的工作模式,对党员监察对象同时存在违纪问题和职务违法犯罪问题的,履行一套程序,形成执纪审查、职务违法犯罪调查两份报告,审理部门对两个报告同时审核,党纪处分和政务处分并行不悖;专设信息技术保障室,为监督执纪工作智能化提供科技力量;专设负责追逃追赃防逃工作的纪检监察室,保障了专项工作的有效性。据统计,2017年追回在逃人员32名,是2016年的两倍多。追赃金额1000余万元,冻结

[①] 参见周蔚:《市纪委市监委设追逃监察室》,载《法制晚报》2017年6月3日第A06版。
[②] 参见《反腐败出拳更快!北京监察体制改革试点一年各级机关立案3585件》,http://m.news.cctv.com/2018/04/04/ARTIwNXzi6K94TRvTcxfvhiF180404.shtml,访问时间:2018年7月23日。

涉案房产 28 套，追逃人数、追赃金额及冻结涉案房产套数实现历史性突破。① 在北京市监察体制改革过程中，通过执纪监督部门和执纪审查部门分设，解决了"权力过于集中"等问题，从制度设计上构建"防火墙"，从机制程序上严防"灯下黑"，以免影响监察制度改革中党的反腐权威。

北京市监察制度改革试点通过设置执纪监督、执纪审查、案件管理、案件审理、干部监督等部门，确保内部流程运转实现权力的制约与平衡，取得了一些成就，其尝试也获得一定经验。但从查处的案件数量来看，与北京市检察院 2016 年查办的职务犯罪案件相比依然存在一定的差距。北京市检察院 2016 年全年依法查办职务犯罪案件 468 件 526 人，同比上升 22.5% 和 26.1%。查办贪污贿赂犯罪 379 件 434 人，同比上升 23.6% 和 31.3%；查办滥用职权、玩忽职守等渎职犯罪 89 件 92 人，同比上升 41.3% 和 29.6%。其中，查办省部级领导干部案件 4 人，厅局级领导干部案件 28 人，县处级领导干部案件 91 人；查办贪污贿赂百万元以上案件 136 件，渎职犯罪重特大案件 51 件。② 当然，对北京市的监察制度改革试点不能仅依靠办案数量作为衡量的指标和评价的唯一标准，况且在改革试点中需要人员、机制和工作上的磨合，这些问题有些属于改革中出现的新问题，有些有待于不断实践才能获得答案。

二、浙江省监察制度改革试点工作的考察

浙江省委在改革之初成立深化监察体制改革试点工作小组。试点工作中采用"省级先行先试，发挥好带头示范作用，同时根据县级人代会先于市级人代会召开的实际，确定'先县后市'推进试点工作。"为推进市县改革试点工作，浙江省纪委专门制定市、县（市、区）监察委员会组建转隶工作程序，制定了实施方案、选举产生领导班子程序、人员转隶工作要求等事项。

1. 浙江省监察体制改革试点中机构设置情况。

浙江省在试点中，坚持"全融合"理念，注重检察机关转隶人员职务晋升渠道、纪委人员与检察机关转隶人员待遇平衡问题等关系人员融合的问题。浙江省监委与省纪委共同设立综合部门、信访部门、案件监督管理部门、案件审理部门、执纪监督部门和执纪审查部门，履行纪检监察两项职能。其内部共设 13 个纪检监察室，7 个为执纪监督部门，负责对省直单位和 11 个市的日常监督；6 个

---

① 参见乌梦达：《北京：今年前四月追回在逃人员 10 人》，http://www.xinhuanet.com/2018-05/14/c_1122830088.htm，访问时间：2018 年 7 月 24 日。
② 参见 2017 年 1 月 18 日北京市人民检察院检察长敬大力在北京市第十四届人民代表大会第五次会议上北京市人民检察院工作报告。

为执纪审查部门，负责对违纪违法线索的初步核实和立案审查，没有固定联系地区和单位，实行"一事一交办""一案一受理"。省纪委撤销预防腐败室，增设4个查办案件的纪检监察室①。浙江省纪委监委探索了监察官制度，将监察委员会的全部内设机构工作人员纳入监察官的适用范围，建立与监察官等级序列配套的相关制度，为推进监察队伍专业化、职业化建设提供了经验。

2. 浙江省监察制度改革试点期间办案情况及职权范围划定。

浙江省监察委员在试点期间，案管部门开具查询措施文书259份。其中，询问措施文书266份；留置令2份；谈话措施文书2份；讯问措施文书4份；查封措施文书2份；扣押措施文书9份；搜查措施文书7份；鉴定措施文书1份。2017年3月17日，浙江省监察机关启动了第一例留置措施，并报杭州市某区委书记审批。截至2018年2月27日，浙江省对266名被调查人采取留置措施，办结的案件中被留置的主要监察对象100%移送起诉。此外，未通过留置措施，直接移送检察机关审查起诉的共有158人。②

3. 浙江省监察制度改革试点中相关制度探索情况。

浙江省纪委监委制定了《浙江省监察业务运行工作规程》（共七章一百三十六条）。该规程基本涵盖监察范围、监察职责、监察权限、监察程序、监督管理等内容，细化了全国人大常委会授权的12项调查权和中央试点方案明确的技术调查、限制出境两项监察措施的使用程序和办法，还制定了《浙江省监察留置措施操作指南》（以下简称《指南》）。《指南》明确了留置条件，规定留置必须是已立案并且案件具有重大、复杂等四种情形，同时对留置审批、备案、期限、被留置人合法权益保障等方面作了较为详细的规定。凡采取留置措施的，需监委领导人员集体研究、主任批准后报上一级监委批准；涉及同级党委管理对象的，还需报同级党委书记签批；凡使用、延长、解除留置措施的，市县两级监察机关都需报省级监察机关备案，而省监委需报中央纪委备案。

浙江省在试点中设计了纪检和监察措施的使用审批程序。为了确保各项措施规范有序进行，对同级党委管理的干部采取措施，要求经监委领导人员集体研究决定，监委主任批准；对普通对象采取监察措施的，按照措施的重要性，设置不同层次的审批程序。对于后者，如采取谈话、询问、查询等不涉及人身、财产权利的措施时，授予监委分管领导审批的权限；采取查封、扣押、冻结等涉及财产权利的措施时，授予监委分管副主任审批的权限；采取搜查、技术调查、限制出

---

① 参见徐天：《三省市监察委：内部监督和外部协调机制不断完善》，载《中国新闻周刊》2017年第41期。

② 参见徐天：《从建章立制到总结经验浙江监察体制改革试点全记录》，载《中国新闻周刊》2018年第9期。

境等涉及人身权利的措施，必须经监委主任批准，由公安机关协助执行。试点中，浙江还把派驻机构工作纳入试点工作探索，在不改变派驻机构组织架构的前提下，对派驻机构人员力量进行统筹使用，以便形成监督合力。负责执纪监督的纪检监察室在线索较多、力量不足时，可以把联系的派驻机构打通，统一调配力量；当派驻机构遇到系统性问题，监督力量不足时，也可向纪检监察室提出申请，由纪检监察室统筹其他派驻机构的力量给予支持。另外，还注重强化对监察权行使全过程的监督，实现重要业务的全程留痕，制定了《关于对说情、过问实行记录、报告制度》，从而对纪检监察干部打听案情、过问案件、说情干预等行为有所控制，以免"灯下黑"影响执纪审查或监察调查工作的正常有序开展。

从浙江省的试点情况来看，浙江省监察委办案采取留置措施的，由区委书记审批同意，与北京市区级监察委办案采取留置措施类似，但与早期浙江省试点期间的留置措施的审批是由上级监委审批同意不同，存在上级监委审批与同级区委负责人审批同意的两种模式。在调查措施尤其是留置措施，针对不同级别的被调查人采用了不同的审批程序，基本沿袭了检察机关侦查职务犯罪的做法，即按照被留置人员的行政级别或者行政职务予以区分。

三、山西省监察制度改革试点的考察[①]

山西省委按照转隶组建、建章立制、评估深化三个阶段推进改革试点工作。

1. 监察制度改革试点工作及转隶基本情况。

山西省监察制度改革试点首先在省会城市开始。随着太原市监察委员会的挂牌组建，山西11个市、119个县（市、区）全部成立监察委员会，率先在全国完成省市县三级监察委员会转隶组建工作。

山西省纪委监委主要围绕"机构与职能相协调"的原则，增设两个纪检监察室，负责调查贪污贿赂和失职渎职等问题；省检察院职务犯罪预防处纳入省纪委监委宣传部，成立预防处；反贪局侦查指挥中心办公室纳入案件监督管理室，成立案件信息处。山西省检察院转隶62人中，除1人任省监委委员外，49人安排在监督一线部门，12人安排在综合部门，纪委干部同步调整24人。转隶的人事配置不同于其他省市，采用了按照原有工作岗位确定，以便发挥其办案经验优势。山西省纪委监委共设10个纪检监察室。其中，1室至8室为执纪监督部门，

[①] 参见张磊：《拿出高质量试点"样品"：山西开展国家监察体制改革试点工作纪实（上）》，载《中国纪检监察报》2017年6月7日第1版；张磊：《做好深度融合大文章——山西开展国家监察体制改革试点工作纪实（下）》，载《中国纪检监察报》2017年6月8日第1版。

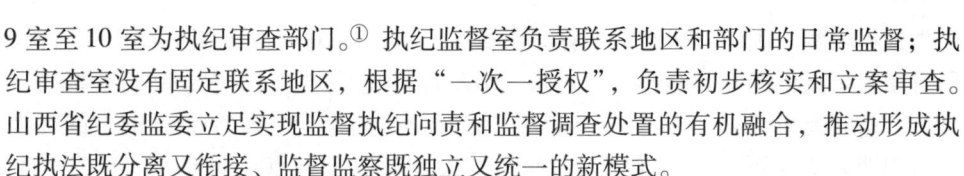

9室至10室为执纪审查部门。① 执纪监督室负责联系地区和部门的日常监督；执纪审查室没有固定联系地区，根据"一次一授权"，负责初步核实和立案审查。山西省纪委监委立足实现监督执纪问责和监督调查处置的有机融合，推动形成执纪执法既分离又衔接、监督监察既独立又统一的新模式。

2. 山西省试点的制度探索。

山西省监察制度试点确立了"转隶开局、平稳过渡、逐步深化、规范高效"的思路，制定了《山西省深化监察体制改革试点实施方案》，实施了第一步重点抓"转隶"，进而重点抓"建制"的做法，先后建立了《山西省纪委监委机关执纪监督监察工作试行办法》《审查措施使用规范》《执纪监督监察工作流程图》《执纪监督监察常用文书》等工作制度。另外，还制定了《山西省纪委监委机关审查措施使用规范》。山西省监察制度改革坚持"慎用、少用、短用"的原则，对留置的适用对象和使用条件、留置场所和时限、审批权限和程序、留置场所的安全保障、被留置人合法权益保护等作了规范，初步形成了"一个办法、一个规范、一个意见、一幅流程图、一套文书模板"等工作流程机制。

3. 山西省试点过程中的工作开展情况。

山西省各级监委成立后，共处置问题线索6535件；立案2156件；结案1905件；处分1887人；组织处理1191人；移送司法机关5人。其中，省监委共处置问题线索68件；立案19件；结案12件；处分9人；组织处理41人。除了探索留置措施，山西各级监委全面行使全国人大授权的12项调查措施。其中，谈话5652人次；讯问114人次；询问2358人次；查询1697人次；冻结5人次；调取1329人次；查封2人次；扣押46人次；搜查10人次；勘验检查2人次；鉴定18人次；留置9人次。对调查措施全面尝试。②

4. 山西省监察机关与司法机关等相互衔接配合工作以及对监察官制度的探索。

山西省监察机关探索建立监察委员会与执法机关、司法机关的协调衔接机制作为改革试点的重要任务之一。山西省在公安机关支持配合监委工作的相关事宜上作出了相对明确的规定。公安机关在监察委员会查办职务犯罪案件中承担着大量的协助配合任务，查询、查封、扣押、搜查、勘验检查以及采取技术调查、限制出境等工作，均由公安机关支持配合或者具体执行。山西省委、省政法委员会指导省高级法院专门制定了《职务犯罪案件证据收集指引（试行）》，规范了每

---

① 参见张磊：《做好深度融合大文章——山西开展国家监察体制改革试点工作纪实（下）》，载《中国纪检监察报》2017年6月8日第1版。
② 参见张磊：《拿出高质量试点"样品"：山西开展国家监察体制改革试点工作纪实（上）》，载《中国纪检监察报》2017年6月7日第1版。

一类证据收集、固定、运用、保存的方式和标准，并对非法证据庭前会议排除、留置期限折抵刑期等问题进行了明确。山西省司法厅也出台了《司法行政机关支持配合监察委员会查办案件工作办法（试行）》，对鉴定、调查询（讯）问在押涉嫌犯罪人等问题作出了规定。山西省监察制度改革试点还对建立"监察官制度"进行了有益探索，其方式与浙江省的试点内容基本相似。

第四节 监察制度改革与试点的评价

为了保障监察制度改革试点工作的顺利有序推进，中央深化国家监察体制改革试点工作领导小组加强了对试点工作的指导、协调和服务。中纪委曾16次研究改革方案、10次研究部署试点工作，并赴3省（市）调研指导。全国人大常委会通过试点工作的决定为试点工作提供了法治保障。中央组织部研究提出试点地区监察委员会干部管理体制和任免审批程序。中央政法委加强协调、统筹司法执法机关配合改革试点。最高人民检察院坚决贯彻党中央的决策部署，深入细致做好转隶人员思想政治工作和线索移交，确保工作有机衔接。中央机构编制委员会办公室对试点省市涉改单位人员编制机构转隶进行具体指导。以上机关的积极态度与迅速行动保障了试点的顺利进行，也为试点获得良好的效果奠定了条件基础。

一、监察制度改革与试点经验的观察与思考

我国监察制度改革与试点同步进行。这一模式为加快监察制度改革提供了条件，但在一定程度上也遮蔽了因改革试点过于快速出现的问题，对此次试点作为客观评价，有利于进一步完善监察制度，也有利于促进《监察法》的准确实施。

1. 监察制度改革与试点的宏观经验。

纵观北京市、山西省和浙江省的监察体制改革试点工作，在改革试点之初均成立了深化监察体制改革试点工作小组，选举产生了监察委员会，完成转隶组建和设置内设机构等工作。这些对监察制度进行较为全面试点探索的做法，是取得初步成果的重要前提。北京市、山西省和浙江省试点具有先行先试的意义，也为监察制度改革全国试点提供了经验。从上述三省市试点的情况来看，主要经验体现在以下几个方面。

一是发挥领导小组指导、协调和服务的作用。试点工作领导小组对试点中重

大问题的指导起到关键性作用，通过转隶和整合组建、做好工作衔接、保持平稳过渡为推动改革试点提供了坚实的基础。监察制度改革试点准确地把握改革的方向、力度和节奏，特别是试点期间反腐的"力度不减、节奏不变、尺度不松"，为试点工作的顺利推进提供良好的环境。

二是试点地区党委负主责、纪委负专责。试点省市承担着为监察制度改革探路的重要使命，承担制度创新的责任。试点省市纪委负专责，精心筹划，重点抓好改革试点方案的组织实施和具体落实，聚焦纪法衔接、依法留置、指定管辖等重点难点问题，均不同程度地探索监察体制改革的不同实践路径，为全国试点奠定了一定的实践基础。但因试点中，党委书记是第一责任人，监察制度改革的纪检色彩相对浓厚，其主办案件的责任相对突出，如何解决"分工不分家"中的合理科学"分工"问题，还有待于监察制度改革试点实践的不断探索。

三是试点实施了组织创新和制度创新。北京市、山西省和浙江省的纪委监委机关全面整合机构职能和人员，内设机构数、派驻机构数、人员编制数等"三不增"的基本思路。特别是有效利用现有资源，充分使用原"两规"场所和公安机关看守所，不新建留置场所。查明涉嫌职务犯罪的移送检察机关审查起诉，监察委员会调查取得的证据材料在刑事诉讼中可以作为证据使用，改变了以往多头调查、重复工作、效率低下的局面，提高了纪委审查与监察机关调查的查办案件效率。但在留置措施适用程序上，北京市、山西省和浙江省存在一些不同，有些做法值得反思。

四是加强纪检机关、监察机关和司法执法机关的统筹协调，保障监察制度改革有序实现。深化国家监察体制改革是一项复杂的系统工程，不仅涉及部分机关的整合，还涉及部门职能的转隶，需要建立协作式的职务犯罪查处机制。北京市、山西省和浙江省紧紧围绕改革目标，在中央改革试点方案和全国人大常委会试点决定的框架内，纪检机关、监察机关和司法执法机关各负其责、各尽其职，协同配合，打通了有效衔接的关键环节，形成了合力推动改革，体现了查办职务犯罪案件的政治效果、法律效果和社会效果的有机统一。

国家监察体制改革是我国继巡视全覆盖后又一个把党内监督和群众监督结合起来，实现对所有行使公权力的公职人员监察全覆盖的组织创新，体现依规治党与依法治国、党内监督与国家监督、党的纪律检查与国家监察有机统一的重大制度创新。党内监督和国家监察是中国特色治理体系的重要组成部分，应当从问题出发，立足当前、谋划长远，从完善提高党和国家治理体系和治理能力现代化的目标作为努力方向，通过建立完善党和国家自我监督体系和制度，来增强自我净化、自我完善、自我革新和自我提高能力。在此方面，北京市、山西省和浙江省的监察制度改革试点均有所体现。

2. 改革试点中的职务违法犯罪的调查情况。

第一，机构、制度的建设情况。北京市、山西省和浙江省三地机构建设方面，根据《中国共产党纪律检查机关监督执纪工作规则（试行）》（以下简称《规则（试行）》），市地级以上纪委探索了执纪监督和执纪审查部门分设。三省市均将贯彻工作规则与监察体制改革结合起来，实现了监委执纪监督与执纪审查部门的分离。特别是在机构建设中建立了纪检监察、案件监督管理、案件审理、干部监督等部门，并将纪检监察室分为执纪监督室和执纪审查室。① 但是，在具体的科室数量分配上各不相同。纪检监察室是监察委员会的核心部门，执纪监督室属于监督部门，对不同地区和部门进行日常监督；执纪审查室是调查部门，负责调查具体案件。在北京市监察委员会的内设部门中，除了执纪监督室和执纪审查室之外，还设置了1个专门负责追逃追赃和防逃的第十七纪检监察室。② 案件审理部门负责审核执纪审查部门对案件的调查结果，有权要求执纪审查部门补充证据或重新调查。为了更好地履行职责，北京市、山西省和浙江省三地在试点工作中探索完善监察委员会议事规则和制度设计，研究和制定调查工作的配套规定和实施细则，③ 力求从制度机制上完善工作程序。

第二，调查措施的运用情况。试点地区监察委员会对《试点决定》中规定的12项措施及技术调查、限制出境措施进行了较为全面的探索运用。④ 在调查的12项措施中，查询、调取、谈话使用最多，查询、调取范围需经相关领导审核，在程序上的限制相对较为严格；询问、讯问、留置、扣押、冻结等措施一般在立案程序就可以普遍使用，在使用上相对较为频繁；搜查、查封、鉴定和勘验检查措施的使用较少。均对具有人身强制性的留置措施作为重点措施进行规范，明确了留置的适用条件、审批程序、留置期限、留置场所等具体内容。北京市将留置措施交由同级党委主要负责人批准，予以立案调查。具体执行中，留置平均用时58.5天，较2016年"两规"缩短20.2天。⑤ 山西省采取了上提一级的审批模式，省监察委员会由内部会议研究决定是否采取留置，并报中央纪委备案；具体的留置场所为指定的专门场所；留置期间的谈话和讯问，应在专门谈话室进行；

---

① 参见吴建雄：《监察体制改革试点积累的可复制经验》，载《中国党政干部论坛》2017年第9期。
② 参见周蔚：《市纪委市监委设追逃监察室》，载《法制晚报》2017年6月3日第A06版。
③ 如北京市《调查措施使用规范》、浙江省《监察业务运行工作规程》、山西省《执纪监督监察工作试行办法》《审查措施使用规范》等。
④ 2017年1~8月，三省市已累计开具各类调查措施文书53448份，留置183人，采取技术调查16批次，限制出境179批次633人。参见吕浩铭：《积极探索实践、形成宝贵经验，国家监察体制改革试点取得实效——国家监察体制改革试点工作综述》，新华网，http://www.xinhuanet.com/2017-11/05/c_1121908387.htm，访问时间：2018年5月3日。
⑤ 参见何韬：《北京市监委全要素运用12项调查措施》，载《中国纪检监察报》2017年12月19日第2版。

留置期限为90日，特殊情况下可延长一次，不得超过90日。浙江省将留置的适用限制于已立案并且重大、复杂的案件，报上一级监察委员会审批。如果需要留置同级党委管理对象的，还需报同级党委书记批准。另外，使用、延长、解除留置措施，均采用上级监察委员会备案的方式。北京市、山西省和浙江省三省市在留置措施的审批、备案等具体程序上有所差异。

第三，监察委员会内部制约情况。因纪委和监察委员会合署办公，执纪审查部门同时负责违纪案件和违法犯罪案件的调查。对于既涉嫌违纪又涉嫌违法的案件，试点地区对执纪审查和执法调查如何妥善查处进行了试点探索。北京市根据调查对象身份和案件性质的不同对执纪、执法工作的顺序进行调整。浙江省在调查文书和调查程序方面对执纪审查和执法调查进行区分，并且明确监察委员会执法调查中获取的证据可以用于认定违纪问题。①

第四，外部协调衔接机制的建设。试点地区加强监察委员会与公安机关、检察机关、审判机关的沟通协调。北京市建立监察委员会、检察机关案件办理工作衔接机制；山西省由省委政法委统筹"公法检司"，制定监察委员会与各机关的工作衔接办法，建立工作联席会议制度和线索通报、移送机制。例如，山西省高级人民法院制定了《职务犯罪案件证据收集指引（试行）》，并规定监察委员会职务犯罪案件调查中证据收集方面的要求和标准；② 浙江省制定专门规定加强各机关在职务犯罪案件办理中的协作配合，特别将留置措施的具体执行交由公安机关负责。

第五，监察委员会与检察机关之间的工作联系。为了与监察委员会进行办案衔接，北京市检察机关设立了"职务犯罪检察部"，专门负责对监察委员会移送起诉的案件进行立案审查。山西省建立了检察机关案管中心统一接收监察委员会移送的案件，由侦监部门审查批捕，公诉部门审查起诉，案管、批捕、公诉分开进行衔接。另外，需要形成制约机制，案件由监察委员会调查终结后向检察机关移送，由检察机关进行批捕和审查起诉工作。③

---

① 参见吕浩铭：《积极探索实践、形成宝贵经验，国家监察体制改革试点取得实效——国家监察体制改革试点工作综述》，新华网，http://www.xinhuanet.com/2017-11/05/c_1121908387.htm，访问时间：2018年5月3日。
② 参见吴建雄：《监察体制改革试点积累的可复制经验》，载《中国党政干部论坛》2017年第9期。
③ 2017年1~8月，北京市、山西省和浙江省三省市的检察机关共受理监察委员会移送案件219件281人，其中，2件3人退回监察补充调查，达到审查起诉标准后再次移送，已提公诉76件85人，法院审结20件23人。参见吕浩铭：《积极探索实践、形成宝贵经验，国家监察体制改革试点取得实效——国家监察体制改革试点工作综述》，新华网，http://www.xinhuanet.com/2017-11/05/c_1121908387.htm，访问时间：2018年3月3日。

二、监察制度改革与试点的评价

北京市、山西省和浙江省的监察体制改革试点从完成机构组建和部门设置,到探索运用调查措施,并研究制定配套规定和实施细则,试点的效果良好。北京市、山西省和浙江省的试点作为对监察制度改革方案的尝试与实践,不仅对相关法律法规调整后留下的空白进行先期设计,而且还为监察制度改革的全国试点推进积累了一定的可复制的经验。在试点的省(市)党委通过召开全委会、常委会和试点工作小组会议,以此来推动国家监察体制改革。由于深化国家监察体制改革还处于起步阶段,试点工作中存在一些需要讨论的问题和制度上设计的不足属于正常事情。监察机关的监督实行全覆盖,但在高校、医院、国有企业和农村社区等监督力量依然薄弱;监察机关与司法执法机关相互衔接、相互制衡的机制有待进一步完善;属地管辖和分级管辖在监督范围上存在交叉,其配合多因试点而显得协调,少数职务违法犯罪案件管辖权尚不明确;一些地区对推进改革的方法论理解依然不透彻,在监察范围上过于求全;有的纪检监察干部运用党纪、法律水平不足,把握政策能力还需进一步提高,以至于出现一些与法治要求不同的做法。对于这些问题,在实施《监察法》以及全国试点中应当引起高度重视,在深化试点、推进改革、完善立法过程中依然认真研究解决。① 对这些问题进一步梳理,主要包括以下几个方面。

1. 有关监察制度改革文件的问题。

中央的《试点方案》和全国人大的《试点决定》作为国家监察体制试点改革的纲领性文件的内在逻辑统一、目标指向明确,但因试点改革的紧迫性和先试性,文件与法律的衔接还存在改进的空间。一是在试点文件与《行政监察法》的衔接上尚不清晰。在《行政监察法》没有修改或者废止之前,通过一个决定便停止行政监察部门的既有工作,这种机制和机能的调整,更是值得我们高度重视并持续深入研究的问题。② 有学者指出,《行政监察法》规定了"五项"监察职责,而试点文件规定的是"三大"监察职责。从职责数量上看有所减少,但从监察职责内容来看,又有新的内容的增加。试点文件赋予了一些新的职权措施与《行政监察法》规定的原有权限和手段未作承接或修正承接,以至于监察职权手段有调有漏。③《决定》与强化监察委员会的监察职能改革方向不相吻合,存在回避中

---

① 参见新华社记者:《国家监察体制改革试点取得实效》,载《人民日报》2017年11月6日。
② 参见杨建顺:《国家监察体制改革十大课题》,载《中国法律评论》2017年第6期。
③ 参见姜明安:《国家监察法立法的几个重要问题》,载《中国法律评论》2017年第2期。

国腐败治理的"一把手腐败"等首要难点与重大问题的嫌疑。① 二是在授权规范与试点改革的关系上需要探索。监察制度改革试点的授权规范是授权改革规范还是授权立法规范？有学者认为，如果是授权改革，将北京市、山西省和浙江省作为"试验田"，中央对试点改革既要注重"收成"，也要关心"过程"，不宜仅仅集聚在试点的效果上。如系授权立法规范，也就意味着设定一个"特别区"，试点地区需要高度"自治"，对试点改革只问"收成"不问"过程"，仅仅以试点的结果作为判断依据仍需探讨。从试点文件的性质上来看，可以理解为授权改革规范，但监察体制改革授权立法却有"二次"授权或者转授权的嫌疑，致使试点改革的合法性存在疑问。因为任何授权均得有期限要求，超出期限的授权合法性存疑；对监察体制试点改革而言，属于当前重大政治体制改革内容，应当有明确的时限要求，建议最迟不得超过 2020 年。② 两个试点文件存在重实体内容、轻程序规定的倾向，集中表现为对试点改革的阶段安排上的指导较少，而赋予监察实体性权力的内容相对厚实，有关监察权的程序规定相对薄弱。国家监察体制改革事关全局，监察监督将助推党内监督、人大监督、民主监督、行政监督、司法监督、审计监督、社会监督、舆论监督制度建设，需要形成科学有效的权力运行制约和监督体系。试点的生动实践却为丰富、完善监察制度提供了一定的经验，这是毋庸置疑的。

2. 纪委监察委工作性质的混同。

纪委和监察委员会内部的办案机构不是按照案件类型，即未按照违纪、违法与犯罪进行划分，而是按照工作内容分为执纪监督室和执纪审查室。执纪审查部门同时对违纪案件和违法、犯罪案件进行调查，执纪审查和执法调查无法有效区分，极易造成工作与职能上的混同。监察委员会虽然与纪委合署办公，由于机构性质不同，行使的权力性质也存在差异，如果在办案过程中不加区分地混用，导致纪律审查与违法犯罪调查在性质上的模糊不清，甚至会直接影响调查措施的使用、证据收集固定的标准以及被调查人权利保障等内容。从目前查处的腐败案件来看，均采取涉嫌严重违纪违法接受"审查和调查"。有学者认为，在这种体制下，本来应是纪委和监察委合署办公，实际上变成了纪委和监察委高度合一，如何在发挥其整合力量全覆盖反腐败之优点的同时，避免或者减少"党政合一"可能引发的弊端，当是需要高度重视的重大课题。③

从更深层次上看，党的组织与国家机关混同会模糊监察委员会的国家权力机

---

① 参见魏昌东：《国家监察委员会改革方案之辨正：属性、职能与职责定位》，载《法学》2017 年第 3 期。
② 需要说明的是，以上评价均为学者在讨论试点时的观点与建议，在此不再具体列举学者。
③ 参见杨建顺：《国家监察体制改革十大课题》，载《中国法律评论》2017 年第 6 期。

关性质,在一定程度上影响了监察体制改革深化。"党的纪律检查委员会、监察委员会合署办公",但不意味将用纪律检查方法代替监察手段,也并没有将纪委的职能范围扩大到党派范围之外。虽然这种合署办公类似于党的中央军事委员和国家的中央军事委员会的关系,但军事委员会只有国家一级,而监察委员会除了中央一级以外,各地均会设立。此外,党的机构和国家机构在性质和职能方面也存在巨大差异,党的机构由党的代表大会产生,依据《中国共产党章程》和相关党内法规行使职权,在查处违纪案件时适用《规则(试行)》;而国家机构由人民代表大会产生,依据《宪法》和相关法律行使职权,在查处违法犯罪案件时适用《监察法》。因此,合署办公其实是追求两者的合作与分工,避免了反腐过程中的职权冲突和盲区或者空档。其中,合作强调党的领导性,这既是党的先进性体现,又有助于保障监察制度改革的方向,更是"充分显示了政党在反腐败中的中心地位";分工意味着纪委和监察委员会各司其职,在不同的领域内进行具有针对性的监督,形成了监督的合力,提升了监督的效能,最终有助于保障监督的效果。因此,合署办公"合而不同",纪律检查和国家监察的"双轨模式"不仅不会出现功能冲突和职责推诿的现象,反而在一定程度上丰富了中国特色的权力监督体系,并实现了党和国家监督权力的全覆盖。①

3. 留置措施的使用程序问题。

对于留置的审批,试点地区存在两种模式:一是山西省采取的是市、县级监察委员会报上一级监察委员会批准,省级监察委员会自行决定的模式,与《监察法》规定的留置审批程序基本相同;二是北京市和浙江省则采取同级党委负责人审批的模式。在北京市第一例留置案件中,通州区某镇财政所出纳李某因涉嫌挪用公款,被通州区监察委立案调查并采取留置措施。② 该案留置措施的决定和解除不是由上一级监察机关决定和审批,而是由区委书记审批。在浙江省杭州市的"全国留置第一案"中,留置决定书经杭州市上城区委书记签批后,正式进入实施阶段。由党委负责人审批的模式在学界引起了广泛质疑。有观点认为,关于留置的决定是职能部门的法定职责,由党委领导进行审批实属越俎代庖,③ 而且还会导致监察委员会的性质模糊,降低其作为专责监察机构的法律责任。也有学者认为,虽然全国人大常委会两个试点决定规定为履行上述职权,监察委员会可以采取"留置"等12项措施,但是,那毕竟不是以法律形式作出的正式规定,也

---

① 参见刘茂林:《国家监察体制改革与中国宪法体制发展》,载《苏州大学学报》(法学版)2017年第4期。
② 参见杨琳:《北京自起监察委留置后移送案件宣判》,载《北京青年报》2017年7月28日。
③ 参见吴建雄:《监察体制改革试点视域下监察委员会职权的配置与运行规范》,载《新疆师范大学学报》(哲学社会科学版)2018年第1期。

没有对每项措施分别规定适用要件。①

对于留置场所的设置，不同试点地区存在做法上的差异性。有的地区选择将嫌疑人留置在公安机关看守所。浙江宁波、衢州等地在看守所中开辟了监察留置场所，并进行高清监控改造。有的是由监察机关自行决定留置场所。山西省运城市在试点阶段的留置场所设在运城市纪委办案基地。留置场所的设置直接关系着被留置者的权利保障问题，不同的试点做法为实践检验提供可供比对的蓝本，但作为监察机关办案留置场所应当全国统一，体现《监察法》的权威性。

4. 权力的外部监督不足。

试点地区实践中关于监察委员会调查权力的监督仅涉及内部监督制约，包括建立调查工作规则、工作机制以及案件干预情况报告和登记备案制度，并将纪检监察干部监督机构作为内部调查机构，查处纪检监察干部在案件办理过程中的违纪违法行为。② 内部监督制约机制能够发挥一定的作用，但仅靠监察委员会的"自律"难以有效保证权力的规范运行。外部监督更具刚性，加强外部监督，不仅有利于实现监察工作的公开、透明，也可以改变我国长期以来反腐工作的封闭性，甚至能够提高监察委员会的公信力。需要完善纵向层级制约制度，确保监察委员会的独立地位和权力；夯实横向平行监督制度，建立和健全党和国家监督的各种联席会议和联系制度，建立和健全国家监察与社会媒体监督、群众监督等监督的联动机制。③

从北京市、山西省、浙江省的试点情况来看，笔者认为，需要进一步思考和讨论的问题主要有以下几点。

一是监察委员会的主任由地方人大选举任命，均由省级纪委书记担任，副主任均由纪检监察系统人员兼任，而委员由纪检监察系统人员和原检察系统反贪部门转隶人员等担任。虽然试点中的监察委员会不同于纪委，但监察委员会的主任由纪委书记担任，并且其党委书记作为第一责任人，这无疑明确了监察委员会是党政高度合一的机关，为查处腐败案件扫清制度上的壁垒和障碍，对于反腐更为高效。

二是北京市、山西省、浙江省的试点为全国的监察制度改革进行了先行探路，也为全国试点扫雷破冰或者减少阻力提供了特殊的经验。但试点存在一些需

---

① 参见杨建顺：《国家监察体制改革十大课题》，载《中国法律评论》2017年第6期。
② 据统计，2017年1~8月，北京市处纪检监察干部违纪问题线索164件，立案11件，给予党纪政务处分7人，组织处理14人；山西省处置纪检监察干部违纪问题线索609件，立案82件，给予党纪政务处分92人，组织处理111人；浙江省处置纪检监察干部违纪问题线索374件，立案4件，给予党纪政务处分3人，组织处理4人。参见吕浩铭：《积极探索实践、形成宝贵经验，国家监察体制改革试点取得实效——国家监察体制改革试点工作综述》，新华网，http://www.xinhuanet.com/2017-11/05/c_1121908387.htm，最后访问时间：2018年3月3日。
③ 参见杨建顺：《国家监察体制改革十大课题》，载《中国法律评论》2017年第6期。

要解决的问题，如党委书记审批调查措施，使得监察委员会作为国家机构的角色不突出。

三是监察制度改革试点如此短暂，在总结经验上因三省市存在一定差异，如何将经验提升为制度还需要一定时期的观察和实践运行中的反馈。这一改革事关政治体制全局，在试点实践中很大程度上需要将发现问题、重视问题放置较为突出的位置。从试点的实践来看，一些试点地方包括未试点的地方对于设立监察委员会后出现的问题，实际存在不少疑惑。① 因此，对《监察法》实施过程中的关键性问题、根本性问题或者多数问题、共性问题需要通过深化监察制度改革来完善。

随着全国监察制度改革全面试点以及《监察法》的实施和试点中积极稳妥地推进，学界争论问题在一定程度上可以在全国试点与实践探索中得以解决，并通过试点实践来选择推进改革的最优途径和最佳机制安排，保证监察制度改革的不断深化。例如，在试点中学界纠缠于形式上"修宪"抑或"修法"之争，这种争论随着我国宪法修正案和《监察法》的实施，已经不再是问题。然而，国家监察体制改革是新时期新形势新时代下的一次全新的政治实践和鲜活的民主法治生活，"如果不坚决改革现行制度中的弊端，过去出现过的一些严重问题今后就有可能重新出现。只有对这些弊端进行有计划、有步骤而又坚决彻底的改革，人民才会信任我们的领导，才会信任党和社会主义，我们的事业才有无限希望。"② 因此，对试点的分析与评价特别需要站在政治的高度、全新的视野，并在更大格局上认识、理解和评价国家监察制度改革的试点，其理论评价也应当通过试点经验提供出具有可行性、针对性、有效性的推进监察制度改革的建设性意见，从而促进监察制度改革的法治化水平和《监察法》在实施过程中践行法治精神，更好地把监察的制度优势转化为治理效能。

---

① 参见刘松山：《对推进监察体制改革的建议》，载《中国法律评论》2017年第2期。
② 参见邓小平：《邓小平文选》（1975—1982年），人民出版社1983年版，第293页。

第二章

监察制度的变迁与体制改革

我国监察体制改革确立的中国特色监察制度是对当今权力制约的一个新探索，不仅体现继承了我党的优良传统，而且还以我国历史上监察制度作为参考，同时还借鉴了检察机关反贪的模式经验，建立了具有时代意义的颇具中国特色且适合我国国情的现代监察制度。我国古代监察制度最早可追溯至秦朝。自秦朝开始，监察制度形成两大系统：一是御史监察系统；二是谏官言谏系统。其中，监察御史制度代表国家行使监察权。随着朝代的更迭逐渐发展成为一套完整的监察体系。1927年，我党创立的监察制度历经了革命、建设与改革开放的不同历史时期。民主革命时期，由直属于党的代表大会到隶属于同级党委；在社会主义建设时期，选择与确立了"一重领导、一重指导"体制。进入新时代，党的监察机构领导体制出现由"双重领导"向"垂直领导"转化。反腐制度在检察机关也曾随着时代变化不断变迁，最终其反腐职能转隶到监察委员会。监察制度的领导体制因时代条件的变迁而呈现出既有连续性，又不断调整、演进的阶段性特征，也呈现出党统一领导的反腐工作机制的鲜明特点。

我国监察制度起源于周朝，兴于秦汉，自秦朝开始，御史专门作为监察性质的官职，负责监察朝廷、诸侯官吏一直延续到清朝。在数千年的历史长河中，监察机构几经变革，不仅性质与名称有所变化，而且机构设置与地位也有所变迁。监察作为专有词语是从唐代开始出现的，在具体的官职名称中未发生较大变化，只是到了明清时代改为都察。无论称为御史、监察还是都察，其弹劾官员的职能一直延续下来。监察官的主要职能是监察百官，即纠举弹劾百官，尽管其官职品位不高，但是权力很大，"大事奏裁，小事立断"。监察的覆盖范围相当广泛，包括财政、军事、人事管理、司法、教育以及民风民情等方面。有关监察法规相对也十分完善，从汉代的"监御史九条""刺史六条"，到清代的"钦定台规""都察院则例""十察法"等不一而足。御史对下纠察百官言行违失，谏官对上纠正皇帝决策失误，二者构成了当时相对完备的监察体制。最早的时候，丞相府、御史大夫府合称二府，后来又增加了太尉，形成了所谓的"三台"。其中，台院处理本台日常政务；殿院掌管宫廷礼仪、维护朝仪秩序；察院监督中央及地方官吏。御史台三院制度的创置是唐代中央监察制度变迁的重要标志。明朝中央监察制度严密而又完备，建立御史出使巡按地方的制度。清朝的中央监察制度高度发展，御史和言谏合一，都察院下设十五道监察御史，专司纠察之事，建立了多元化的中央监察制度。有学者认为，将监察权和检察权的渊源可追溯至古代监察制度，似乎监察权和检察权确有相似之处。实际上，古代监察制度可资借鉴之处甚少，无论与现代监察还是检察理念皆势如冰炭。古代御史监察制度立基于人治，其设立是为了维护自上而下的君主统治，澄明"吏治"，巩固皇权。现代监察和检察理念源于人民主权，且古代并无程序合法和人权保障之理。① 我国近代的监察制度是对古代监察制度的发展，孙中山先生主张的独立于立法、行政、司法、考试的监察权，也是对百官弹劾纠举、实施监督的权力，这一思想对改革监察体制具有启发意义，但现代意义上的监察制度不同于古代人治框架下的御史制度，也不同于孙中山先生"三权分立"权力结构中的监察权制度，其"纠察百官"的职能未发生根本性变化。

第一节　我国纪检监察体制变迁历史

中国共产党的监察制度是以苏联共产党的监察制度为蓝本而构建起来的。我国纪检监察体制的历史变迁作为监察制度改革发展过程中的一个重要组成部分，无论是领导体制的变迁还是自身制度的改革，均因时代条件的变迁而呈现出既有连续性，又不断调整、演进的阶段性特征。在目前国家监察体制改革的大背景下，对纪检监察制度的发展历史进行梳理以及对其法律属性、权力运行机制进行考察，对于深化我国监察体制改革具有重要的理论和现实意义。

一、监察委员会的由来与初建

1926年7月，全国的共产党员已发展到18526人。② 随着党的队伍不断壮大，难免滋生了一些消极腐败现象。这种现象引起了党中央的高度重视和警醒。1926年8月4日，中共中央扩大会议发布了《坚决清洗贪污腐化分子》。通告指出，"在这革命潮流仍在高潮的时候，许多投机腐败的坏分子，均会跑到革命的

---

① 参见郑贤君：《试论监察委员会之调查权》，载《中国法律评论》2017年第4期。
② 参见张英伟：《党章中的纪律》，http://www.ccdi.gov.cn/special/dzzdjl2/，访问时间：2018年7月27日。

队伍中来，一个革命的党若是容留这些分子在内，必定会使他的党陷于腐化，不但不能执行革命的工作，且将为群众所厌弃。""最显著的事实，就是贪污的行为，往往在经济问题上发生吞款、揩油的弊端。这不仅丧失革命者的道德，且亦为普通社会道德所不容。"通告主要是针对当时少数党员中的贪官污吏化倾向发出的，不仅深刻分析了贪污腐化分子的危害因素，还表明了中国共产党坚定的斗争立场和方针。① 通告作为我党最早的反腐败文件发布后，不仅清洗贪污腐化分子，制止党内腐化现象的蔓延，而且还提高了党在群众中的威望，保持了党的队伍的纯洁性。

为了加强党组织建设，保障党的先进和纯洁，仅依靠通告还不足以遏制腐化的蔓延，需要建立一个维护党性党纪的专门机构。1927年5月9日，中国共产党第五次全国代表大会选举产生了中央监察委员会。中央监察委员会由委员7人、候补委员3人组成。党章专门规定了"监察委员会"的一章，对其职能、职权和工作规则作出了规定。中央及省监察委员会由全国代表大会及省代表大会选举产生；中央及省监察委员，有权参加中央及省委员会议，有发言权无表决权。中央及省委员会不得取消中央及省监察委员会之决议，但中央及省监察委员会之决议，必须得中央及省委员会之同意，方能生效与执行。遇到中央或省监察委员会与中央或省委员会意见不同时，则移交至中央或省监察委员会与中央或省委员会联席会议；如联席会议也不能解决时，则移交省及全国代表大会或移交于高级监察委员会解决。这是第一次在党内创立制衡的体制机制，专章规定设立监察机关直属于党的各级代表大会，并赋予了监察机关与党委平行的地位，形成了党委与监委彼此制约，互相监督，建立起了防止权力滥用和腐败产生的运行规则和制衡机制，以期达到强化党的纪律，巩固党的统一，提高党的纯洁性、凝聚力和战斗力的目的。1928年，中共六大将党章中的监察委员会改设为"审查委员会"，其职能仅限于监督财政会计及各机关工作，与监察委员会形成鲜明的反差。② 至此，中央监察委员会被职权范围较小的中央审查委员会取代。那么，监察委员会为何设立？而设立仅仅在一年时间内又为何被宣告终止。主要的原因有以下几个方面。

一是在中国革命风起云涌和复杂严峻的历史背景下，中共中央需要反腐。这为监察委员会的设立奠定了实践基础。在我国，中国共产党自1921年7月建立之后，党的组织开始蓬勃发展。然而，在党员数量突飞猛进的同时，党员的质量却出现了问题。一方面，在党进入快速发展时期，难免有不纯分子混入党内，影

---

① 参见中共中央组织部、中共中央党史研究室、中央档案馆：《中国共产党组织史资料》（文献选编）第8卷（上），中共党史出版社2000年版，第99~100页。
② 参见彭劲秀：《中共中央监察委员会的创设、取消与重建始末》，载《党史纵览》2010年第5期。

响党的形象，必须加以清理；另一方面，党组织的壮大势必对纪律提出更高要求，需要严肃纪律，保证党组织的纯洁。同时，1924年1月，中国共产党同孙中山领导的中国国民党实现合作，这种形势对中国共产党提出了拒腐防变的新要求。

二是列宁领导并建设了世界上第一个社会主义国家，并对我国的社会主义建设产生了一定的影响，包括对党员干部的监督机制方面。苏维埃政府当时建立了两个监察机关：一个是监察委员会，由党代表大会选举产生，与中央委员会同级；另一个是工农检察院，依靠广大群众来行使监督和检察职能。由于工作效率并不理想，1923年，在俄共（布）第十二次代表大会上，中央监察委员会和工农检察院实际上进行了合并，成为党和苏维埃的联合监察机构，其目的是通过权力制衡防止官吏腐化、堕落。① 我党对其经验特别重视，使得参考与借鉴这些经验成为必然。

三是"五大"召开后不久，因革命需要，中央监察委员会委员被派往全国各地领导地方工作，却无法集中办公。更为严重的问题是，仅仅在一年多的时间里，10名中央监察委员会委员中8人先后牺牲。由于当时从中央到地方党的各级组织都忙于应对革命形势的变化，无暇补充监察委员会委员，以至于监察委员会在这个时期没有发挥实质性的作用，也没有形成其制度体系。中共中央于1927年12月发出了《中央通告第二十六号——关于监察委员会的问题》（以下简称《通告》）。《通告》指出：由于革命形势恶化，党"转入地底秘密工作"，加上王荷波、杨匏安等遇难"未能行使职权"，监察委员会"存废问题须在第六次全国大会解决"。②

综上可以发现，中国共产党创建之初，曾对党内监督问题予以特别关注，由于当时没有建立起民主集中制，同时，在迅猛发展的革命形势下侧重党员数量的发展壮大，对党员的质量与监督问题未能作为一项重要制度予以建设。在革命受挫的情况下，纯洁党的队伍，严格党的纪律，加强党的团结，增强党的战斗力显得尤其必要。在此种背景下，迫切要求成立党的监察机构，用严明的党纪维护党的集中与统一。③ 这一历史时期，监察委员会的初设及撤销，有其特定的历史背景及原因。我们可以看出，监察委员会事实上是作为党内首个维护和执行纪律的专责机关而产生，属于党的纪律检查机构。尽管中央监察委员会并没有能完全履行其职责，但其成立目的及其机构设置、职权和地位等均是明确的，对中共纪律

---

① 参见李永全：《从列宁强调监督看从严治党》，载《俄罗斯东欧中亚研究》2016年第5期。
② 参见中共中央组织部、中共中央党史研究室、中央档案馆：《中国共产党组织史资料》（文献选编）第8卷，中共党史出版社2000年版，第158页。
③ 参见陆定一：《回忆大革命前后——陆定一谈中共党史》，载《中共党史研究》2000年第2期。

检查制度的产生和形成具有重要意义。

由于大革命的失败,党的监察机构成立后一直没有实际运行。1933年,党中央决定在党的中央监察委员会未正式成立以前,设立中央党务委员会。1938年,党的六届六中全会重新设立"监察委员会"作为党委的下属机构,由各级代表大会选举产生。1945年,党的七大通过新党章,对党的监察机构的领导体制作了规定,确定了党的各级监察委员会由各级党委全体会议选举产生,在各级党委指导下进行工作,从而确定了党委对党的监察机构指导的体制。[①]

二、新中国成立初期监察委员会的重设与撤销

新中国成立之后,1949年9月通过的《中央人民政府组织法》设立人民监察委员会。主要任务是建立监察制度、监督行政部门,如公务人员是否执行了政府决议和政策,是否有贪污腐化等情形。[②]《中国人民政治协商会议共同纲领》第十九条规定:"在县市以上的各级人民政府内,设人民监察机关"。监察对象范围扩大为国家机关和公务人员履行职责情况,并纠正违法失职行为。1949年11月颁布的《关于成立中央及地方各级党的纪律检查委员会的决定》规定,中央纪律检查委员会在中央政治局领导下工作,地方各级党的纪律检查委员会在各该级党委指导之下进行工作。1950年2月24日,中共中央发出了《关于各级党的纪律检查委员会领导关系问题的指示》,要求党委对同级纪委领导、上级纪委对下级纪委指导的"一重领导、一重指导"的领导体制,并强调:当上级纪委与下级党委意见不同时,应提请同级党委做决定。[③] 据统计,1949~1951年底仅上海,发生贪污案件3002件,涉及3230人,总贪污款186亿元(旧币)。[④] 其功能主要在于监督行政人员的履职情况。1955年3月,中国共产党全国代表会议通过了《关于成立党的中央和地方监察委员会的决议》。中央监察委员会由本次全国代表会议选举,并由中央委员会全体会议批准;党的地方各级(省、自治区、直辖市、市、自治州、专区、县、自治县)监察委员会由各该地方最近召集的党的代表大会或代表会议选举,并由上一级党委批准。[⑤] 事实上,这一做法改变了中共七大党章关于党的中央委员会认为必要时得设立党的监察机关的规定,将其恢复到中共五大时的做法。

[①] 参见纪亚光:《党的监察机构领导体制的历史演进及其思考》,载《理论视野》2014年第11期。
[②] 参见韩大元:《论国家监察体制改革中的若干宪法问题》,载《法学评论》2017年第3期。
[③] 参见魏明铎主编:《中国共产党纪律检查史》,河北人民出版社1993年版,第90页。
[④] 参见邵景均:《新中国反腐简史》,中共党史出版社2009年版,第56页。
[⑤] 参见中共中央纪律检查委员会办公厅:《中国共产党党风廉政建设文献选编》(第8卷),中国方正出版社2001年版,第55页。

监察委员会几经波折，在新中国成立后又重新设立，究其原因可从以下几方面考虑：一是生产资料所有制的社会主义改造胜利完成，我国社会主义基本制度正式确定下来，加强对中共党员特别是中共高级干部的监督变得更为迫切。二是新中国成立之初，出现了比较严重的腐败现象，中央特别提醒全体党员要警惕各种诱惑的侵袭，保持共产党员的先进性和纯洁性。但权力真到了手里，有些党员就开始利用人民赋予的各种权力来为自己带来种种好处。三是1949年成立的中共中央纪律检查委员会的领导体制存在不足。各级纪委作为同级党委领导下的一个工作部门，很难采取有效措施对同级党委进行监督；上级纪委与下级纪委之间仅有指导关系，决定权依然由同级党委掌握，纪检机关的系统性不强，纪律检查工作难以充分发挥。基于此，中共各级纪律检查委员会的组织和职权已远远不适应中共执政后加强党的纪律的任务。

1969年7月，中央监察委员会被撤销。党的十一大恢复了党的纪律检查委员会。1980年，经中共中央批准纪委实行同级党委和上级纪委双重领导的体制模式。1982年9月通过的十二大党章规定了"党的地方各级纪律检查委员会在同级党的委员会和上级纪律检查委员会的双重领导下进行工作。"

从上述监察机关变化的历程可以发现，新中国成立初期，监察委员更多的是为了补充当时已建立的纪律检查委员会职能不足而产生的党内监察机关，其性质是党的纪律检查机构。监察委员会不仅要检查处理党组织和党员违反党纪的案件，还要检查处理违反国家法律法令的案件。党的八大党章又将违反共产主义道德的案件纳入了监察委员会的职权范畴。至1959年，我国履行行政监察职责的部门被取消之前，我国实行的是党政双轨监察制度，即党的监察委员会和国家行政监察机构并存。"文化大革命"结束后，我国纪检监察机构开始重建，没有设立中央监察委员会。其原因主要为：第一，中共十一届三中全会成立了中央纪律检查委员会，在中共中央的领导下进行工作，其任务不只是处理案件，更重要的是维护党规党法，切实搞好党风。中纪委作为党内纪律检查机关，能够很好地满足党加强纪律建设、党风建设的要求。第二，1986年，恢复并确立了国家行政监察体制，设立了中华人民共和国监察部，作为国家行政监察机关，加强对国家行政机关的监督检查。由于行政监察机关的建立，党的纪律检查机关随之也摆脱了既管党纪又管政纪的局面，而与行政监察机关形成了分工协作的关系。①

---

① 参见曾繁茂：《中国共产党纪律检查概论》，中国方正出版社1996年版，第192页。

三、纪委监察合署办公模式

我国监察机关重建以来的实践表明，党政监督机关分立的格局克服了以往党政不分的弊端，但也存在一些不完善的地方。毕竟纪委和监察部属于不同的系统，它们的职能因相似会导致工作任务趋同，分置工作极易出现重复检查、调查或者互相推诿，党纪、政纪处理脱节等问题。因此，需要解决党政监督机构分立格局带来的弊端。1986年12月2日，第六届全国人大常委会第十八次会议决定恢复并确立国家行政监察体制，批准设立中华人民共和国监察部，以加强国家监察工作。实践中发现，党的纪检机关与行政监察机关在监督对象上有较大重合，在查处案件过程中存在职责不清、办事重复、相互脱节、不够协调等问题。1993年，根据中共中央、国务院的决定，中央纪委、监察部合署办公，实行"一套人马，两块招牌"，并称为纪检监察机关。事实上，这种机制顺应了当时的时代背景，即1992年之后开启新一轮政府机构改革，在实践中纪检监察合署办公的确能够提高办案效率。合署办公不仅将两个机构进行了职能整合，同时还理顺了两个权力监督机关之间的关系，能够发挥监督办案的效能。2001年9月，党的十五届六中全会作出"纪律检查机关对派出机构实行统一管理"的决定。经过试点工作，2004年4月，中共中央决定：中央纪委、监察部将全面实行对派驻机构的统一管理，将派驻机构由中央纪委、监察部和驻在部门双重领导改为由中央纪委、监察部直接领导。2013年，党的十八届三中全会通过的《中共中央关于全面深化改革若干重大问题的决定》规定："各级纪委书记、副书记的提名和考察以上级纪委会同组织部门为主"。

从我国纪检监察制度的历史发展过程来看，曾两度设立监察委员会，均作为党内监督机关，并在一定时期内与行政监察机关并存，形成党政双轨监察体制。在改革开放新形势下，由于改革党政监督体制，实行中共纪律检查机关和政府行政监察机关合署办公。纪检监察合署办公避免了权力运行中的功能冲突和相互推诿现象，有助于形成监督合力，提升监督绩效，也有助于精简机构，节省人力、物力、财力，提升监督效率。同时，在中国特色权力监督体系、优化监督权配置中的党政关系等方面，也发挥着重要的作用。合署不等同于简单的合并和党政不分，立足于推进国家治理体系与治理能力现代化与发展中国特色社会主义民主与法治的视角，应进一步探索更为合理、合法、有效的合署办公模式，完善合署办公体制，优化其在国家治理中的功能方位。①

四、国家监察制度改革的当下

党的十八大以来，中央在强力反腐的同时，始终思考如何通过制度建设和完善来解决反腐问题。习近平总书记在中央纪律检查委员会十八届六中全会上指出："要坚持党对党风廉政建设和反腐败工作的统一领导，扩大监察范围，整合监察力量，健全国家监察组织架构，形成全面覆盖国家机关及其公务员的国家监察体系"。② 十八届六中全会通过的《中国共产党党内监督条例》第三十七条规定："各级党委应当支持和保证同级人大、政府、监察机关、司法机关等对国家机关及公职人员依法进行监督。" 2016年11月7日，中共中央办公厅印发了《关于在北京市、山西省、浙江省开展国家监察体制改革试点方案》。随后，《全国人民代表大会常务委员会关于在北京市、山西省、浙江省开展国家监察体制改革试点工作的决定》，旨在通过整合行政监察、预防腐败和检察机关查处贪污贿赂、失职渎职以及预防职务犯罪等工作力量成立监察委员会，作为监督执法机关与纪委合署办公，实现对所有行使公权力的公职人员监察全覆盖。也就是说，其独立于国家司法机关、国家行政机关和国家立法机关，与党的纪律检查委员会合署办公。从此，拉开了国家监察体制改革的序幕。党的十九大报告指出，组建国家、省、市、县监察委员会，同党的纪律检查机关合署办公。可以说，当下纪委和监察委员会合署办公是新时代特殊时期反腐的必然选择。

一是创新制度的需要。党的十五大提出了"党委统一领导，党政齐抓共管，纪委组织协调，部门各负其责，依靠群众的支持和参与，坚决遏制腐败现象"的领导体制和工作机制。意味着纪委作为反腐力量的核心，协调反腐败职能机构，在十六大党章修改中增加了"协助党委加强党风建设和组织协调反腐工作"的内容，通过党内立法的形式正式授权给纪委组织协调反腐败职责。之所以作出如此选择，需要纪委承担组织协调反腐败的职责，纪检监察部门需要成为反腐核心机构，体现党内监督的绝对权威和更好地坚持党的领导。

二是创新组织需要。党的十八大后，党中央掀起了反腐倡廉的重要体制变革，在十八届中纪委三次全会上提出："转职能、转方式、转作风，用铁的纪律打造纪检监察队伍。"在党的十八届第三次全体会议中提出了"推进国家治理体

---

① 参见徐理响：《现代国家治理中的合署办公体制探析——以纪检监察合署办公为例》，载《求索》2015年第8期。

② 习近平：《第十八届中央纪律检查委员会第六次全体会议上的讲话》，载《人民日报》2016年5月5日第2版。

系和治理能力现代化的全面深化改革战略"①，旨在使纪委部门从"包打天下"的重压下纾解出来，让更多的纪监力量回归主业上来。由于我国的反腐资源分散，纪委组织协调职能内容宽泛，其自身定位出现偏差，核心职责的履行效率降低，重新组建新型的监察体制也成为必然。

从我国纪检监察体制历程可以发现，党政监督体制分离具有其一定的时代背景，并在改革、发展、稳定的大局中存在种种重复、交叉、推诿甚至冲突的问题。列宁建议苏维埃政府中央监察委员会和工农检察院合并，"这种结合是顺利工作的唯一保证。"② 在当下国家监察体制改革中，采取监察委员会与纪委合署办公符合我国目前的国情，也侧面反映出我国党政分开的政治体制改革不断变化的历史必然。在领导体制方面的主要表现如下：一是党的监察机构由党的代表大会或代表会议选举产生变为由党委任命，党的监察机构接受党员和人民监督不够；二是党的监察机构受同级党委领导，难以独立行使职权，造成监督效果不佳、权力制约力不足；三是党委和党的监察机构分工协作机制难以形成，造成权力集中于党委，在实际上削弱了党的领导地位。这是中华人民共和国成立后党的监察机构未能有效发挥其作用的根本原因，也为当前深化党的监察机构领导体制改革提供了理论依据与实践依据。③

第二节 检察机关反腐机构的历史发展

自检察机关恢复重建以来，反贪污贿赂工作伴随着社会主义民主法治建设和改革开放进程的不断发展，检察机关的反贪污贿赂部门经历了一个从无到有、不断发展的历程。尽管这一机构随着我国监察体制改革被转隶到新的专责反腐机构，对其产生的背景、原因以及功能等进行梳理分析，有助于了解我国反腐廉政建设的历史脉络和应有的功效。

一、检察机关反腐机构雏形——经济检察机构的出现

1978年，检察机关恢复重建。1979年下半年，最高人民检察院设立经济检察厅，地方各级检察院也陆续设置经济检察机构，开展对贪污贿赂以及偷税抗税、假冒商标等经济犯罪的检察工作。1982年，全国人大常委会作出《关于严

---

① 参见《十八届三中全会关于全面深化改革若干重大问题的决定》。
② 参见《列宁全集》第43卷，人民出版社1995年版，第387页。
③ 参见纪亚光：《党的监察机构领导体制的历史演进及其思考》，载《理论视野》2014年第11期。

惩严重破坏经济的罪犯的决定》（以下简称《决定》）后，各级人民检察院认真贯彻中央的指示和《决定》，将打击严重经济犯罪活动作为一项重大任务。1988年，全国人大常委会通过《关于惩治贪污罪贿赂罪的补充规定》，最高人民检察院根据中央关于反腐败的精神，进一步调整了工作部署，将打击贪污贿赂犯罪列为工作重点，并提出"一要坚决，二要慎重，务必搞准"的办案原则，建立完善了侦查与批捕、起诉分开的内部制约等制度。通过查办一大批贪污贿赂、偷税抗税、假冒商标等经济犯罪案件，保障了改革开放的顺利进行，发挥其保驾护航的功能。

二、检察机关反腐机构的诞生——反贪局的成立

为了应对严重的贪污贿赂犯罪发展形势，提高检察机关对贪污贿赂犯罪有效抑制能力。全国检察机关第一个举报中心——"深圳市经济罪案举报中心"于1988年3月8日在深圳市人民检察院成立。1989年8月18日，中国第一个反贪局——广东省检察院反贪污贿赂工作局成立。1989年8月31日，第一个地市级检察院反贪局——珠海市检察院反贪污贿赂工作局成立。广东省检察院反贪局成立后不到半年时间，广东省有18个市级检察院，30多个县、区检察院设立了反贪局。全国有14个省级检察院，55个地市级检察院，100多个县区级检察院相继设立了反贪局。①

1989年9月，最高人民检察院在北京召开全国检察机关第一次反贪污贿赂侦查工作会议，对检察机关重建以来反贪工作的回顾，从不同侧面来认识侦查工作在反贪污贿赂工作中的重要地位。为加强反贪工作，1990年、1992年、1994年最高人民检察院先后在北京召开了三次全国检察机关反贪污贿赂侦查工作会议，进一步明确了反贪侦查工作的指导思想、工作部署、工作方法和办案原则。1995年，民盟中央委员黄景钧、温崇真、徐萌山、郭正谊等人在全国人民代表大会上提出了成立反贪污贿赂总局的议案。同年11月10日，最高人民检察院反贪污贿赂总局正式挂牌成立。其主要职责是，负责对全国检察机关办理贪污贿赂、挪用公款、巨额财产来源不明、隐瞒境外存款、私分国有资产、私分罚没财物等犯罪案件侦查、预审工作的指导；参与重大贪污贿赂等犯罪案件的侦查；直接立案侦查全国性重大贪污贿赂等犯罪案件；组织、协调、指挥重特大贪污贿赂等犯罪案件的侦查；负责重特大贪污贿赂等犯罪案件的侦查协作；研究分析全国贪污贿赂

---

① 参见赵杨：《新反贪总局：剑指贪污腐败大要案》，载《南方日报》（新闻周刊）2014年11月10日第A5版。

等犯罪的特点和规律，提出惩治对策；承办下级人民检察院反贪污贿赂工作中疑难问题的请示；研究、制定贪污贿赂检察业务工作细则和规定。

这一时期，特别是1993年中央作出加大反腐败斗争力度的重大决策以后，人民检察院的反贪部门充分发挥职能，坚持把查办发生在党政机关、行政执法机关、司法机关和经济管理部门的贪腐犯罪作为重点，查办了一批大案要案，为维护改革发展、稳定大局、推进党风廉政建设和反腐败斗争发挥了作用。

三、检察机关反贪机制改革——新的反贪总局转隶

我国1996年、1997年的刑事诉讼法和刑法的相继修改，特别是依法治国基本方略、尊重和保障人权等相继入宪以及司法体制改革的不断深入，反贪侦查在管辖范围和要求等方面发生了重大变化，需要改革反腐败领导体制和工作机制。1999年，最高人民检察院制定了《关于人民检察院直接受理立案侦查案件立案标准的规定（试行）》和《关于检察机关反贪污贿赂工作若干问题的决定》。2000年，最高人民检察院在北京召开了全国检察机关第五次反贪污贿赂侦查工作会议，研究部署以侦查指挥和侦查协作为主要内容的反贪侦查机制建设。2004年，反贪总局按照"加大工作力度，提高执法水平和办案质量"的总体要求，探索建立对各省、自治区、直辖市检察机关查办贪污贿赂犯罪案件工作进行综合考评的办法。2005年9月，最高人民检察院在吉林长春召开全国检察机关第六次反贪污贿赂侦查工作会议，提出了树立科学发展观和正确执法观，坚持以办案工作为中心，全面加强侦查一体化、执法规范化、管理科学化、队伍专业化和装备现代化建设。[①]

这一时期，检察机关不断推进侦查机制改革，依法查办了一大批贪污贿赂犯罪大案要案。反贪污贿赂部门负责办理国家工作人员贪污、贿赂、挪用公款、巨额财产来源不明、隐瞒境外存款、私分国有资产、私分罚没财物等共12个罪名的职务犯罪案件立案和侦查工作。反渎职侵权部门负责办理国家机关工作人员利用职权实施的非法拘禁、刑讯逼供、报复陷害、非法搜查的侵犯公民人身权利的犯罪以及侵犯公民民主权利等42种渎职侵权犯罪案件的侦查工作。职务犯罪预防部门负责职务犯罪预防工作，研究并提出职务犯罪预防对策；负责对职务犯罪预防工作的法制宣传，实施职务犯罪预防工作。

检察机关的反贪总局自1995年设立以来，历经20年的发展，尽管成效显著，但影响办案成效的问题也逐渐暴露出来，特别是机构设置不合理、力量分

---

① 参见李仁和、肖玮：《"六侦会"主题词：加强反贪侦查能力建设——全国检察机关第六次反贪污贿赂侦查工作会议综述》，载《人民检察》2005年第20期。

散、案多人少、统筹乏力、装备落后等问题日显突出，已经不能完全适应反腐败斗争新形势的需要，亟待改革。① 于是，最高人民检察院党组对新时代反贪体制机制提出了改革方案，拟成立新的反贪总局。报党中央后，批准了最高人民检察院成立此机构。新的反贪总局主要是整合力量、优化职能，有利于最高人民检察院集中精力直接查办大案要案，有利于强化对下业务的集中统一领导和指导，有利于破除制约办案工作发展的体制机制障碍。这次改革从级别上强化反贪部门的地位，旨在增强其开展反腐工作的独立性，在反腐败工作中起到中枢和主导作用，有效协调各部门反腐力量，强化其办大案要案职能。② 2015 年，最高人民检察院将调整职务犯罪侦查预防机构，整合组建新的"反贪污贿赂总局"，强化直接侦查、指挥协调、业务指导等工作，经中央批准，最高人民检察院将调整职务犯罪侦查预防机构，整合组建新的"反贪总局"。然而，在其整合组建与设立新的"反总局"不久，我国监察制度进行改革试点。新的"反贪总局"仅运行了短暂时期，就被转隶到试点的监察委员会，昙花一现。

2018 年 4 月 17 日，中央纪委国家监委印发了关于《国家监察委员会管辖规定（试行）》。该规定列举了国家监委管辖的六大类 88 个职务犯罪案件罪名。从其涉及的罪名来看，其管辖范围与原来检察机关直接受理的立案侦查案件涉及的 53 项罪名相比更加广泛，体现了全覆盖的本质蕴涵。国家监察体制改革会将现有的检察机关中的职务犯罪侦查部门包括反贪污贿赂局、反渎职侵权局以及职务犯罪预防部门，与现有的政府监察部门、预防腐败部门进行整合。整合后的监察委员会将行使"国家监察权"。这种权力包括却不限于"政府监察部门的行政监察权即行政执法权、检察机关的职务犯罪侦查权即刑事司法权"，由于监察委员会与党的纪律检查委员会"合署办公"，还包括党的纪律检查委员会承担的党章赋予的三大基本职能和五项经常性工作即"监督执纪问责"。对此，可借鉴之前纪委与政府监察部门合署办公的经验，解决好纪律和法律的衔接问题，并通过强化组织创新和制度创新实现集中统一、权威高效的监察系统目标。全面落实习近平总书记在党的十八届四中全会第二次全体会议上强调的"要完善党内法规制定体制机制，注重党内法规同国家法律的衔接和协调，构建以党章为根本、若干配套党内法规为支撑的党内法规制度体系，提高党内法规执行力"。③

---

① 参见高雷：《中央批准最高检成立新反贪总局局长副部级》，人民网，http://fanfu.people.com.cn/n/2014/1103/c64371-25961032.html，访问时间：2018 年 5 月 7 日。
② 参见陈磊：《中国检察机关反贪局的来龙去脉》，载《检察日报》2015 年 2 月 3 日第 5 版。
③ 参见华春雨、孙铁翔：《全面从严治党提供制度保障——以习近平同志为总书记的党中央推进依规治党纪实》，新华网，http://www.xinhuanet.com//2016-04/18/c_1118659649.htm，访问时间：2018 年 11 月 2 日。

第三节　监察委员会作为国家机构的性质

监察委员会的法律性质不仅取决于它的宪法地位，也受制于《监察法》确定的职权，对其性质进行理论探讨有利于合理配置职务违法犯罪调查权在国家权力结构中的合理位置，有利于推进监察制度改革的法治化方向。我国《宪法》第一百二十三条规定："中华人民共和国各级监察委员会是国家的监察机关"。《监察法》第八条的第十款规定"国家监察委员会对全国人民代表大会及其常务委员会负责，并接受其监督。""国家监察委员会领导地方各级监察委员会的工作，上级监察委员会领导下级监察委员会的工作。"从监察委员会的生成与组织架构的制度安排来看，它与人民政府、人民检察院相同，均由人大产生，同时，需要对本级人民代表大会及其常务委员会和上一级机关"负责"并接受"监督"。尽管监察委员会与人民政府、人民法院、人民检察院均从人大产生，却因实践中的监察委员会脱胎于人民政府的行政监察和承接检察机关反腐职能的转隶，其现实的法权结构未像人民政府、人民检察院那样清晰可辨，特别是《监察法》在其是否向人大及其常委会报告工作问题上采用了不同于检察机关的模糊规定，[①] 致使其理论与试点实践对其性质产生了不同认识，对其法律性质产生了迷思。对监察委员会法律性质的讨论尽管可以通过《宪法》和《监察法》予以厘清，仍需要从其产生的历史线索以及现有的法权结构中寻找合理的诠释，为监察制度改革全面试点提供理论资源。

监察制度作为针对行政的一种政治监督制度，在我国形成于战国秦汉时期。而作为党的监察制度则是在1927年党的"五大"时创立的。这时期党的监察制度要求"中央及省监察委员会由全国代表大会及省代表大会选举产生"。[②] 党的监察机构直属于党的各级代表大会，具有与党委平行的地位。"五大"创立的监察制度因大革命失败并未能真正付诸实践。党的"六届六中全会"重设的监察委员和"七大"党章确立的监察机构在领导体制上改变了初创时与党委平行的地位，将监察委员会作为党委的下属机构，由各级党委全体会议选举产生，在各级党委指导下进行工作。这种体制"造成了党委与党的监察委员职责与权限的混

[①] 《监察法（草案）》在监察委员会是否向人大及其常委会报告工作问题上曾采用了"各级人民代表大会常务委员会可以听取和审议本级监察委员会的报告"主词的反向规定，直接规定了人大常委会的职权。在《监察法（草案）》一审稿中仅仅规定"负责，并接受监督"而没有像《人民检察院组织法》（第九条）那样明确规定"负责并报告工作"。

[②] 参见《中共中央文件选集》（第三册），中共中央党校出版社1989年版，第151页。

乱，党的监察机关缺乏必要的履行职责的独立性。"① 监察机构的这种履行职责的独立性不足与目前我国行政监察的弊病在一定意义上可以说是"同出一辙"或者"异体同病"。为了解决这一问题，我国目前的监察制度改革采用了监察委员会由人大产生，向人大负责，受人大监督，并向"上一级监察委员会负责，并接受监督"的做法。接踵而至的问题是，监察委员会在国家政权中属于何种机关，是政治机关抑或不同于司法机关或者行政机关的新设立反腐机构？法律上对"行使国家监督职能的专责机关"如何定性？② 对此问题又需要从整合的行政监察执法权、转隶检察机关反腐侦查职能以及在国家机关的权力系谱上予以分析，从合署办公的视角予以探讨。

一、监察委员会脱胎于人民政府行政监察

监察委员会作为我国的一项"重大政治改革"的产物以及反腐实施组织和制度创新的重要举措，其职权不同于行政监察权，也并非是行政监察权的简单交接或者权力的"升级版"。我国监察体制之所以改革，不仅源于实践中行政监察力所不逮的权威不够，而且还在于隶属地方党委政府而独立性保障不足的现实窘态以及"漏监"立法机关、司法机关以及非党员公务人员等问题，③ 致使其在反腐上出现了"发现腐败机制失灵""防范腐败机制失效"以及"惩治腐败机制失控"等影响反腐效果的不良态势，在立法上还存在将监察委员会定位"行政监察"而与《宪法》仅仅规定"监察"而没有作"行政"限定不一致的内在紧张关系。④ 这些问题及其衍生的复杂关系主要与行政监察在现有组织架构中的独立性不足以及权力运行不畅导致其功能在实践中难以发挥有关。

我国的监察委员会尽管与早期党的监察委员会具有相同称谓，但因其产生于人大、向人大负责、受人大监督而又不同于产生党的代表大会作为党的机构的监察委员会。虽然监察委员会职权是从行政权分解出来带有一定的行政面向，却不同于隶属行政机关的行政监察，与其不仅存在地位级别上的差异，也与行政机关存在性质上的区别。监察委员会"不是政府机构，因为它已经从政府机构中独立出来，形成了一个跟政府'平行'的机构。"⑤ 监察委员会在政治体制中与人民

---

① 参见纪亚光：《党的监察机构领导体制的历史演进及其思考》，载《理论视野》2014 年第 11 期。
② 参见《监察法》第 3 条的规定。
③ 行政监察仅仅能监督行政机关，如果监督立法机关、司法机关以及政协等部门，则有受行政干涉之嫌。
④ 我国《宪法》第八十九条规定："国务院行使下列职权……（八）领导和管理民政、公安、司法行政和监察等工作。"
⑤ 参见席志刚：《国家监察委员会：点燃政治改革的引擎》，载《中国新闻周刊》2016 年第 781 期。

政府均源于人大，尽管人民政府作为行政机关在行政级别上高于监察委员会，但其出身与监察委员会同源，监察委员会的权力因不是来源于行政机关，其职权也就不再是原来行政监察部门拥有的行政权，监察委员会也就不是行政机关。相反，如果将从行政监察整合而来的监察委员会依然认定为行政机关，我国的行政机关也就由原来的"一个"（人民政府）演变成"两个"（人民政府和监察委员会），行政机关不仅获得了数量上的增加，如果再加上监察委员会的反腐职能以及扩大了的监察对象范围（全覆盖）带来的权力上的叠加，我国的行政权不仅会因监察委员会的诞生获得到超然的扩张，也会使得我国行政机关成为一个臃肿的庞大"大物"，致使"行政国"实至名归。这不仅与我国政治体制改革的分解行政权以及《监察法》第四条规定的"独立行使检察权，不受行政机关"干涉的思路不吻合，也与"我国当下限缩行政职能之宪法发展趋势"不符。[①] 基于此，我国的监察委员会不应是行政机关，也不能是行政机关，只能是一个独立于行政机关之外的专司监察权的反腐机构。

二、检察机关反腐职能转隶监察委员会

检察机关反腐反渎等机构的相关职能转隶到监察委员会，除解决了原来监督机构力量分散、机构职能重叠、边界不清等影响反腐高效的配合衔接机制外，[②] 还随之转隶了检察机关反腐的侦查职能，监察委员会的调查手段和措施与检察机关自侦权相比更加丰富。检察机关反腐职能转隶监察委员会，基于保持反腐的"思想不乱、工作不断、队伍不散"，尤其是"力度不减、节奏不变、尺度不松"的特别需要，也解决了检察机关反腐案件"侦查权""侦查监督权（批捕权）"和"提起公诉权"一体化造就的同体监督的诟病及其带来的反腐公信力和权威不断流失的弊端。对于这些诟病与弊端的解决，检察机关曾进行了多项内部制约机制改造与改革上的努力探索。例如，2003年9月，检察机关开展了人民监督制度的试点工作，[③] 通过外部的人民监督员监督解决同体监督不力的问题；2009年，检察制度改革将检察机关"自侦案件"的批捕权上提一级，[④] 旨在解决检察机关办理职务犯罪（反腐）案件仅仅依靠内控带来程序上的不公与权力制约上的不足

---

① 参见秦前红：《我国监察体系的宪制思考：从"三驾马车"到国家监察》，载《中国法律评论》2017年第1期。
② 我国的监督职能分散于各级纪检监察机关、政府的预防腐败局、各级检察机关的查办和预防职务犯罪机构。
③ 参见2003年10月15日，最高人民检察院《关于人民检察院直接受理侦查案件实行人民监督员制度的规定（试行）》。
④ 参见2009年9月2日，最高人民检察院《关于省级以下人民检察院立案侦查的案件由上一级人民检察院审查决定逮捕的规定（试行）》。

问题。实质上，批捕权不是侦查权的组成部分，它属于对侦查权的监督权，而非是侦查权的组成部分，检察机关将原来的批捕部门改革侦查监督部门的名称改变也折射出其性质。检察机关反腐案件的立案侦查权、决定逮捕权和提起公诉权在其内部自我封闭运行，不仅不符合我国刑事诉讼侦查、起诉和审判的分工负责、相互配合、相互制约的宪法性原则，而且也不符合党的十八届四中全会《中共中央关于全面推进依法治国若干重大问题的决定》提出的"优化司法职权配置。健全公安机关、检察机关、审判机关、司法行政机关各司其职，侦查权、检察权、审判权、执行权相互配合、相互制约的体制机制"改革的要求。这种权力架构在世界上其他法治国家不仅未有类似的情况，相反，拥有部分案件侦查权的检察机关（如英国）对涉及限制人身自由以及财产的查封、扣押等强制性措施的批准权却采取司法令状即由法院执掌。实践中，我国检察机关这种侦查权配置带来了辩护权在职务犯罪的侦查、逮捕以及起诉程序中不能得到有效发挥，进而影响人权保障的有效性。如果监察委员会调查权配置重蹈检察机关自侦旧路的覆辙，即使加强改革的力度，也未必能够获得良好的效果。基于监察体制改革作为重大政治改革，《决定》将"人民检察院查处贪污贿赂、失职渎职以及预防职务犯罪等部门的相关职能整合至监察委员会。"监察委员会接受转隶的检察机关反腐职能不仅使得原有反腐体制不能调和的法权结构问题得到解决，同时还解决了检察机关"自侦"与法律监督职能的内部紊乱。因此，监察机关在性质上不同于作为司法机关的检察机关，其职权配置与运行机制也应不同于检察机关的自侦权。

从北京市、浙江省、山西省三省市的试点中检察机关反腐职能转隶的实践来看，转隶的职能仅仅是检察机关的职务犯罪的侦查权，不包括检察机关的全部侦查权。① 即使是剥离的职务犯罪侦查权，其行使职务犯罪侦查权的部门并非全部转隶，如与相关职务犯罪侦查权的"刑事执行检察"以及"控审中心"等部门则不在转隶之列。那么，检察机关反腐职能的转隶是否意味着监察委员会续接其侦查职能就成为与公安机关侦查并行的政法机关呢？这种转隶是否会因监察委员会职权增加成为一个超越行政机关、司法机关而不受其他机关监督的"超级调查机构"？② 目前，此方面的理论储备不足，而且《监察法》规定的简疏以及纪检与监察委员会的合署办公，难免会衍生程序正当性的疑虑与职权混用的担忧。我国监察体制改革的试点，将原来隶属于政府部门内的监察机关从政府部门中脱离

---

① 目前学界的观点与建议是，检察机关还应当拥有对公安人员实施的公安机关管辖的案件以及公职人员的职务的侵犯公民权利的犯罪案件侦查权。

② 我国《刑事诉讼法》第四十八条规定："辩护律师对在执业活动中知悉的委托人的有关情况和信息，有权予以保密。但是，辩护律师在执业活动中知悉委托人或者其他人，准备或者正在实施危害国家安全、公共安全以及严重危害他人人身安全的犯罪的，应当及时告知'司法机关'。"其中的"司法机关"除检察机关、审判机关外也包括"公安机关"。

出来的同时，还将检察机关反腐职权转隶监察委员会，"成立省市县三级监察委员会，构建集中统一、权威高效的监察体系，"① 使之成为一个与人民政府法律地位平行又不同于司法机关的专司反腐职能的监察机关，其反腐调查活动不同于司法活动，不受刑事诉讼法的调整，尽管监察委员会拥有反腐的调查权因受检察机关审查起诉权的制约，其权力运行机制与原来检察机关自侦权相比也存在较大不同，但是，监察委员会仅仅属于国家机构，并不能代表党行使监督权，也不能简单地认为监察委员会"代表党和国家行使监督权"，② 将其界定为"政治机关"不符合监察委员会的本质，不能因纪检与监察委员会合署办公使之拥有"肩负监督执纪的职责"。监察制度改革属于"政治改革"，但"政治改革"并不必然会导致产生的国家机关属于"政治机关"。这种认识似乎提高了监察委员会的政治地位，实质上降低了党对监察委员会的领导地位，模糊了监察委员会作为国家机关的本质，不仅会影响《监察法》配置国家权力的科学性和合理性，甚至还会在政治体制中淡化监察委员会的职权，使得监察体制改革在盲动中陷入频繁的争议之中，这种错将手段作为目标的简单归属性思维方式，最终有可能导致无法催生出一个崭新的国家制度。

三、监察委员会作为专司反腐的专责机关

监察委员会作为专司反腐的专责机关，在性质上不同于监察制度改革前人民政府内设的行政监察机关，其调查职务犯罪的调查权也不是检察机关反腐职权转隶的侦查职权的简单平移，与纪检的监督执纪权存在较大差别，其拥有的监察权属于不同于党的执政权、立法权、行政权、司法权的"第五种权力"。基于监察权的性质，监察委员会既不是行政机关，也不属于司法机关，更不是党的机构，仅仅是一个脱胎行政机关且带有检察机关监督性质的专门反腐的监督执法机关。基于此，对于监察委员会的法律定性，既不能按照立法权、行政权、司法权的"三权分立"思维衡量其权力的性质，对其性质不宜采用"三权分立"的理论论证，也不能按照其与纪检合署办公将其定性为党的机构即"政治机关"。对于监察委员会性质定位不能脱离其产生于人大这一母体，将其定性为政治机关，这样有悖于人大产生的"一府一委二院"的权力配置体系。基于以上讨论，监察委员会是一个接受党的领导不同于执政机关（党的机关或者政治机关）、立法机关、

---

① 参见2017年1月8日，中国共产党第十八届中央纪律检查委员会第七次全体会议通过的《中国共产党第十八届中央纪律检查委员会第七次全体会议公报》。

② 新华社记者：《积极探索实践 形成宝贵经验 国家监察体制改革试点取得实效——国家监察体制改革试点工作综述》，载《检察日报》2017年11月6日第2版。

行政机关、司法机关的专责反腐职能行使监察权的国家机关,是与党的各级纪律检查委员会作为"'党内监督专责机构'相呼应"的"行使国家监察职能的专责机关",①而非政治机关,不应因为纪检与其合署办公,而将监察委员会的性质归结为党的纪检的政治属性,使自己失去作为国家机关的属性。《监察法》第三条规定:"各级监察委员会是行使国家监察职能的专责机关,依照本法对所有行使公权力的公职人员(以下称公职人员)进行监察,调查职务违法和职务犯罪,开展廉政建设和反腐败工作,维护宪法和法律的尊严。"这种"专责机关"与刑事诉讼的"专门机关"相比,不仅强调监察委员会的专业化特征、专门性职责,更加突出强调了监察委员会的责任,行使监察权不仅是监察委员会的职权,更重要的是职责和使命担当。

关于监察权的性质,属于具有司法性的行政监察权;国家机关工作人员的贪污贿赂行为,在处置上可以分为调查和提起刑事诉讼两部分,前者属于监察权的范畴,后者则属于司法权的范畴。②而监察委员会的监察职权,不同于西方议会的监察权,后者指议会监察行政机关和司法机关之权,具体包括质询权、查究权、受理请愿权、建议权、弹劾权、不信任权和设立常设委员会等职权;亦不同于国民党政府时期监察院的监察权,后者职权有二:弹劾权和审计权。弹劾对象为公务员的违法及失职行为。③那么,监察权的品格特性到底为何呢?有学者将其作为现代公共权力的"第四权",即由独立于立法、司法和行政之外的其他独立部门,来负责、承担立法权和司法权无法负荷或涵括的工作。首先,不论政治学界还是现行实践并未提炼或公认所谓的第四种公权力;其次,论者表述存在明显逻辑问题,即将"第四权"与立法权和司法权相对或互为补充,却有意忽视其与行政权的内在关系和内涵外延。《决定》并未创设新的权力类型,从职权内容来看,主要是来自行政监察权和检察机关调查职务犯罪的职权,未超出"一府两院"架构下行政权、检察权的外延。有建议将监察委员会的相关法定职权取名为"监察权",新创权力名称而非权力类型,其本质为具有行政权和司法权等混合性质的权力。有学者主张将"对事监督权"作为监察职责重点,具体包括执法监督、重大决策监督与效能监督;有权对行政机关、中国共产党的机关因行使国家权力而做出的决定、规范性文件及重大决策事项进行执法监察和效能监察,对确权、限权、行为等实施监督。然而,这种所谓"对事监察"属于政府法制监督范围,此种论断完全混淆了监察职责与法律监督的界限,在理论上会加剧党政不分

---

① 参见2018年3月18日,全国人大常委会副委员长李建国向十三届全国人大一次会议作关于《中华人民共和国监察法(草案)》的说明。
② 参见朱福惠:《国家监察体制之宪法史观察——兼论监察委员会制度的时代特征》,载《武汉大学学报》(哲学社会科学版)2017年第3期。
③ 参见王世杰、钱端升:《比较宪法》,商务印书馆1999年版,第250~514页。

的混乱。有学者认为,《行政监察法》规定了行政监察机关的监察职权既包括"对人监察权",也包括"对事监察权",即监察对象不仅包括行政机关的公职人员,也包括行政机关,而《监察法》取消了监察机关"对事监察权",仅仅保留了"对人监察权",这一做法削弱了监察机关的监督职权,不利于其未来行使国家监察权。[①] 也有学者建议,监察职责首要和重点应界定为反腐败,即监察公权组织和公务人员行为的合法性和廉洁性,而将行政行为的合法性和正当性归入政府法制监督、复议监督和司法监督范围内。

从以上讨论的问题来看,理论界对监察制度改革还囿于原有的制度理论,未能从全新的视角来考虑与分析我国的监察制度,也未通过创新理论予以解释,对其性质的讨论必然存在不同的结论和分歧。面对我国监察制度改革和监察委员会的宪法定位,在其性质问题上除上述讨论的问题外,还应当在以下几个方面对试点进行思考和经验总结:

一是我国建立的监察委员会不同于我国古代的监察制度,尤其不同于古代的御史制度。尽管"这次监察体制改革确立的监察制度,也体现了中华民族传统制度文化,是对中国历史上监察制度的一种借鉴"。[②] 基于中国历史上监察制度的一种借鉴,就需要对我国历史上的监察制度进行考察,但是,我国历史上的监察制度是封建体制的产物,这种监察制度基于人治,其设立是为了维护自上而下的君主封建统治,旨在澄明"吏治"和巩固皇权,且古代并无程序合法和人权保障之理。我国现代监察制度不仅仅是一种借鉴,更是对我国现代权力制约形式的一个新探索,[③] 与历史上的监察制度不可同日而语,不宜采用我国历史上存在御史制度而推演出我国的现代监察制度。

二是《监察法》将监察委员会界定为"行使国家监察职能的专责机关"。这种属性的界定源于《中国共产党党章》第四十六条规定的"党的各级纪律检查委员会是党内监督专责机关"。《监察法》对其性质的界定没有采取刑事诉讼普遍采用的专责机关,相反,保留了纪律检查委员会的政治特性,折射出监察委员会在我国国家机构中的特殊位置。我国的监察制度或者监察委员会基于我国党的领导和人民代表大会制度而生成,有异于香港地区的廉政公署制度以及台湾地区"监察院"。无论是香港地区的廉政公署制度抑或台湾地区监察部门均是在"三权分立"的框架下生成的,其台湾地区的监察院部门相当于"准司法部门"。[④] 我国的政体是人民代表大会制度,既不是"三权分立"的权力架构,也不是

[①] 参见魏昌东:《国家监察委员会改革方案之辨正:属性、职能与职责定位》,载《法学》2017年第3期。

[②][③] 2018年3月18日,全国人大常委会副委员长李建国向十三届全国人大一次会议作《关于中华人民共和国监察法(草案)的说明》。

[④] 参见周刚志:《国家监察机关的宪法定位》,载《法制日报》2017年4月12日。

"五权宪法"下的机构安排,体现更多的政治色彩与政治特性。这种政治色彩与政治特性是监察委员会的职权及其与纪委合署办公带来的,并非是其本质属性。也有观点认为,监察委员会是实现党和国家自我监督的政治机关,不是行政机关和司法机关。其依法行使的监察权,不是行政监察、反贪反渎、预防腐败职能的简单叠加,而是在注重监督的基础上,既调查职务的违法行为,又调查职务犯罪行为,其职能权限与司法机关、执法部门明显不同。监察委员会在履行职责过程中,既要加强日常监督,查清职务违法犯罪事实,进行相应处置,还要开展严肃的思想政治工作,进行理想信念宗旨教育,做到惩前毖后、治病救人,努力取得良好的政治效果、法纪效果和社会效果。① 这种观点以监察委员会不是行政机关、司法机关推导出属于政治机关,依然是以"三权分立"的西方理论作为基础来论证我国监察委员会的性质,其理论前提存在问题。

三是我国的监察制度或者监察委员会也不同于人大产生的其他国家机关。监察委员会尽管由人大产生,向人大负责,受人大监督,但因其与党的纪委合署办公体现更加鲜明的政治特色。"现在监察委员会与党的纪律检查委员会完全合署,实行两块牌子、一套班子,这在性质上与此前国务院的一个部门与中纪委的合署就有重大区别了;它意味着在人民代表大会之下,有一个同政府平行的一级国家政权机关与党的纪律检查委员会完全重合了。类似情况已有先例,就是历史上国家中央军事委员会的设立。"② 因国家中央军事委员会不同于监察委员会的层级设置,不仅不宜以监察制度改革前的国家机构系谱来界定监察委员会的性质,更不能以国家中央军事委员会与国家主席之间关系的相似而论证监察委员会与纪委合署办公的法源关系。

我国监察制度改革遵循了统一监督权力的思路,将党的监督权力和国家机关的监督权力结合起来,将对党组织和党员领导干部的监督与对国家机关及其工作人员的监督结合起来,形成新的监督权力体系。监察委员会之所以能够承担如此重任,是因为它直接面对并且有效回应了社会主义制度之下的政党政治的逻辑,并在此逻辑之下建立的崭新制度。③ 这一制度既强调中国共产党领导的意义和党的严密的组织性和纪律性,实现了监督之于权力行使的意义,又反映了组织性和纪律性之于党的领导的意义,有效回应了党所具有的权力属性的一面。概言之,监察委员会是监督权力与党的领导的"有机统一",既是党的领导的新形式,又是管党治党的新选择,④ 更是新时代我国政治改革通过组织创新构建的新制度。

---

① 参见钟纪轩:《深化国家监察体制改革健全党和国家监督体系》,载《求是》2018年第9期。
② 参见刘松山:《对推进监察体制改革的一些建议》,载《中国法律评论》2017年第2期。
③ 参见翟志勇:《监察委员会与"八二宪法"体制的重塑》,载《环球法律评论》2017年第2期。
④ 参见刘少波:《国家监察体制改革的修宪工程——宪制变革的一种控制方式》,载《开放时代》2018年特刊。

国家监察体制改革是继巡视全覆盖之后，又一个把党内监督和群众监督结合起来，实现对所有行使公权力的公职人员监察的全覆盖，体现依规治党与依法治国、党内监督与国家监督、党的纪律检查与国家监察有机统一的重大组织和制度创新，通过建立完善党和国家自我监督体系和制度，增强了自我净化、自我完善、自我革新、自我提高能力，彰显了中国特色社会主义道路自信、理论自信、制度自信、文化自信。① 深化国家监察体制改革，是对政治体制、政治权力、政治关系的重大调整，必须坚定不移地坚持党的领导，既要将党的领导体现在改革的全过程和各方面，又要通过深化改革加强党对反腐败工作的全面领导，确保党中央始终牢牢掌握反腐败斗争的领导权。② 监察体制改革必须坚持党的领导，监察制度改革还需要根植于国家的经济、政治、社会和文化的土壤，确保其法治化方向，不可超越时代，更不能违反法治的基本精神。

---

　　① 参见《国家监察体制改革试点取得实效——国家监察体制改革试点工作综述》，载《人民日报》2017年11月6日第1版。
　　② 参见钟纪轩：《深化国家监察体制改革健全党和国家监督体系》，载《求是》2018年第9期。

第三章

监察制度改革与监察法争议述评

　　我国监察体制改革不仅需要通过北京市、浙江省和山西省三省市的试点为制定监察法提供的经验基础和实践依据，还需要使党的主张通过法定程序成为国家意志，通过修改《宪法》以及《行政监察法》和制定《监察法》将其作为法律制度固定下来。党的十九大报告对监察体制改革提出了"将试点工作在全国推开，组建国家、省、市、县监察委员会，同党的纪律检查机关合署办公"，还提出"依法赋予监察委员会职责权限和调查手段，用留置取代'两规'措施。推进监察体制改革、制定监察法"，以保证持党内监督和国家监察的有机统一，实现制度优势转化成治理效能，从而加速国家治理体系和治理能力现代化。《监察法》的制定是伴随监察制度试点改革而完成的，其制定不仅涉及其本身的科学性，还涉及宪法的修正、相关法律的修改以及配套制度的改革，难免在其制定过程中存在一些争议与分歧。这些分歧与争议不仅未能影响《监察法》的制定，还为其制定提供了很好的建议和意见，有些建议和意见被《监察法》吸收。监察制度改革与《监察法》的制定不仅创新和完善国家监察制度，实现立法与改革相衔接，还开创了以法治思维和法治方式开展反腐败工作的新时代，意义重大。

　　我国监察体制改革完成了从中央政策向法律的转变，同时，监察制度改革完成了从政策法律走向实践的变革，标志着我国新时代崭新的监察制度业已形成。然而，有些问题并未能得到一致的认识与理解，甚至在有些问题上还存在一些不同的看法与争议。对《监察法》制定过程中的不同观点以及监察制度改革的不同建议进行梳理，从中可以发现一些问题。对这些问题的分析与论证，有利于《监察法》在实施过程中得以准确理解、完整诠释与不折不扣地执行，也能够保障监察制度改革不断得到深化。《监察法》规定了监察委员会是行使国家监察职能的专责机关。这一行使国家监察职能的"专责机关"与纪委作为党内监督的专责机关相结合，监察机关与党的纪律检查机关合署办公，构建了中国特色的监察制度。

第一节　监察制度改革试点中的理论争议梳理

全国人民代表大会常务委员会《关于在北京市、山西省、浙江省开展国家监察体制改革试点工作的决定》作为改革监察体制的依据，理论界对此存在不同的认识与理解。特别是有关性质的争议与分歧，导致了监察制度改革试点在相同问题上的不同做法。基于全面理解监察制度改革和诠释《监察法》的需要，对监察制度改革以及《监察法》不同观点与理论争议进行梳理并进行分析，有利于发现其背后隐藏的真问题和《监察法》实施中可能需要克服的障碍，也有利于保障监察制度改革获得积极的价值和达到预期的目标。

一、监察制度改革试点的授权主体

监察体制改革不仅是政治改革，也是我国国家机关改革的重要组成部分，监察委员会的设立对我国国家机构体系将产生重大影响，监察委员会作为反腐败的专责机关关乎国家权力运行机制的有效性，因其地位与"一府两院"等同，在宪法未确定其地位之前，极易产生一系列的宪法和法律问题。有学者认为，全国人大常委会为监察制度改革试点工作所需法律依据作了专门授权。[①] 从《试点决定》的具体内容上看，决定中的相关规定属于将全国人大常委会自身职权范围内事项授权给北京市、浙江省、山西省三省市，符合授权的实质要件。另外，党的十八大以来，全国人大常委会多次通过该种决定形式授权进行改革或改革试点，因此，其授权性质十分明显。[②] 也有观点认为，《试点决定》并非是全国人大常委会的授权，实质是行使重大事项决定权。[③] 有关上述问题的争议，不限于《试点决定》是法律授权抑或重大事项决定的分歧，还有对全国人大常委会《试点决定》的性质存在不同意见，尤其是监察制度改革试点应由全国人大授权还是由全国人大常委会授权的不同观点。

一种观点认为，监察体制改革应由全国人大授权。持这种观点的学者主张，根据监察体制改革的要求，在北京市、浙江省、山西省三省市新增设监察委员会作为一个国家机构，影响了我国当前的政体和宪法，与我国"一府两院"的体制

---

① 参见童之伟：《将监察体制改革全程纳入法治轨道之方略》，载《法学》2016 年第 12 期。
② 参见焦洪昌、古龙元：《从全国人大常委会授权看监察体制改革》，载《行政法学研究》2017 年第 4 期。
③ 参见韩大元：《论国家监察体制改革中的若干宪法问题》，载《法学评论》2017 年第 3 期。

相比存在明显的变化，这属于全国人大职权范围内的事情，应由全国人大作为此次授权的主体。也有学者提出，全国人大常委会只是全国人大的常设机关，在有关国家宪法体制调整的问题上，如果没有全国人大的修宪或决定，全国人大常委会无权进行相关的授权行为，其不能代表最高国家权力机关，不适合于以授权或决定方式对监察委员会改革作出决定。① 还有学者认为，根据全国人大常委会发布的《关于开展国家监察体制改革试点工作的决定》，由全国人大常委会授权在北京市、浙江省、山西省三省市试点，如果全国人大常委会作出《决定》，其合宪性基础存在疑问。② 另有学者提出，全国人大常委会授权作出试点决定，虽然在一定程度上为监察体制改革提供了法律正当性，但是，这样做不符合宪法原理，全国人大常委会除非具有全国人大的授权，否则无法反映其关于国家机构方面授权的宪法含义，也不具备此次授权的主体资格。而根据哈特的承认规则理论，可以推知当现实出现超越现行法体系的需求与实践时，全国人大授权具有唯一的正当性与合宪性，当前由全国人大常委会授权在效力层面上存在重大瑕疵。③ 由全国人大授权则在宪法学上有合理的解释空间，而全国人大常委会则缺乏合理的解释空间。④

另一种观点认为，监察体制改革可由全国人大常委会授权。授权的主体可以是全国人大常委会，其授权资格系来自宪法的规范自身。有学者提出，国家监察体制改革试点授权的宪法依据选择依次是全国人大直接授权、全国人大事先授权全国人大常委会作出改革试点授权决定、全国人大事后追认全国人大常委会的改革试点授权决定、全国人大常委会作出改革试点授权决定。故由全国人大常委会授权是没有问题的。⑤ 也有学者提出，由全国人大常委会授权开展改革，在宪法学理论上有充足的解释空间，同时也具备相应的合宪性空间。另外，由全国人大常委会作为授权主体也是有惯例的，所以，应该尊重全国人大常委会作出授权的权威性与合宪性。⑥ 还有学者提出，从宪法体制上看，由全国人大常委会作出授权决定并不是什么问题，但是，需要对授权决定及其实践中的一些关键问题予以足够重视。⑦ 另有学者提出，从全国人大常委会近些年来作出的授权决定的领域

---

① 参见韩大元：《论国家监察体制改革中的若干宪法问题》，载《法学评论》2017年第3期。
② 参见林彦：《从"一府两院"制的四元结构论国家监察体制改革的合宪性路径》，载《法学评论》2017年第3期。
③ 参见秦前红：《全国人大常委会授权与全国人大授权之关系探讨——以国家监察委员会为研究对象》，载《中国法律评论》2017年第2期。
④ 参见童之伟：《将监察体制改革全程纳入法治轨道之方略》，载《法学》2016年第12期。
⑤ 参见胡锦光：《论国家监察体制改革的宪法问题》，载《江汉大学学报》（社会科学版）2017年第5期。
⑥ 参见焦洪昌、古龙元：《从全国人大常委会授权看监察体制改革》，载《行政法学研究》2017年第4期。
⑦ 参见刘松山：《对推进监察体制改革的一些建议》，载《中国法律评论》2017年第2期。

或范围来看，已不限于立法领域，全国人大常委会可以通过授权的方式设立国家监察机关。①

从宪法文本进行分析，有学者认为，授权改革既不在全国人大明定的职权范围内，也不在全国人大常委会明定的职权范围内。从《宪法》赋予全国人大及其常委会的职权内容来看，均不在两者的职权范围内。基于监察制度改革作为政治改革的需要，更需要的是符合宪法的精神和不违反宪法的基本要求。监察体制改革试点具有合宪性，其合宪性并非专指其具有直接的宪法依据，从《中华人民共和国立法法》（以下简称《立法法》）第十三条的规定可以推出其合宪性的逻辑。以上讨论尽管未能达成一致意见或者形成共识，但为继后的其他涉及全局性的制度改革提供选择上的理路，也为制度改革的谨慎与规范提供了思考的空间，其讨论和争议的价值不可否定。

二、监察体制改革的试点期限

推行监察体制改革，设立一个新的国家机构，应该有一个较为充分的试点期限。从目前的监察体制改革的试点来看，在有关期限确定问题上存在一些不同观点和看法。有学者认为，设立监察委员会这样如此重大的改革能否在短短的一年零几个月的时间内完成是有疑问的。改革要追求"蹄急"与稳妥的协调，也要谨慎考虑时间的衔接，做好授权、探索试点，使各方面达成共识是需要时间过程的，客观上需要酝酿的时间。②也有学者提出，需要慎重考虑授权试点与修宪立法之间的时间衔接，改革试点需要较长的试点时间。③还有学者提出，对于试点地区监察委员会的授权时限未作规定。任何授权均得有期限要求，监察委员会属于当前重大政治体制改革的内容，可以考虑适当延长试点期限、扩大试点范围。④因此，对待试点工作应该认真，时间短暂对于取得预期的效果具有不确定性，不宜在试点开始时就确定过于具体的时间表。⑤司法实务人士指出，按照试点方案的时间表和路线图去完成监察体制改革工作时间比较紧迫，为了防止并警惕这种现象的出现，一定要积极稳妥推进监察体制改革。⑥

监察制度试点改革是具有中国特色、符合中国国情的政治改革。在北京市、

---

① 参见马怀德：《全面从严治党亟待改革国家监察体制》，载《光明日报》2016年11月12日。
② 参见刘松山：《对推进监察体制改革的一些建议》，载《中国法律评论》2017年第2期。
③ 参见童之伟：《国家监察立法预案仍须着力完善》，载《政治与法律》2017年第10期。
④ 参见马岭：《政体变化与宪法修改——监察委员会入宪之讨论》，载《中国法律评论》2017年第4期。
⑤ 参见韩大元：《论国家监察体制改革中的若干宪法问题》，载《法学评论》2017年第3期。
⑥ 参见刘振洋：《论国家监察体制重构的基本问题与具体路径》，载《法学》2017年第5期。

山西省、浙江省三省市先行试点，形成了可复制、可推广的经验，为改革的全面推开和制定监察法提供了实践支撑。全国人大常委会授权试点既是积累经验、不断实验乃至存在试错的过程，也是增强合法性与改革空间的过程。改革越深入，就越能体现出试点的价值，时间越长，问题暴露得越充分，较长的试点时期，对于全面构建监察制度会思考得更加深刻。因此，监察制度改革根据其性质需要确定一定期限或者合理的期限。确定合理科学的期限，一方面，保障试点本身能够发现问题，总结出经验，以免时间过短隐藏的问题没有暴露或者没有充分暴露出来，使得经验不具有可复制性；另一方面，需要一定的时间与其他制度之间的衔接，以免试点在"真空"中进行，甚至试点成效显著而推广时出现负面效应等问题。

对于监察制度改革试点，我国分为两个时期：一是北京市、山西省、浙江省三省市先行试点，尽管没有明确确定试点的时间，但因全国还未推开，其单独的试点期限可以推定为一年。二是监察制度改革在三省市试点的基础上在全国推开改革试点工作，并非是"全国试点"，而是"推开试点"。2017年10月，中共中央办公厅印发了《关于在全国各地推开国家监察体制改革试点方案》，部署在全国范围内深化国家监察体制改革的探索实践。2017年11月4日，十二届全国人大常委会第三十次会议通过了《关于在全国各地推开国家监察体制改革试点工作的决定》，仅仅规定为2017年11月5日起施行，并未规定推开国家监察体制改革试点工作的时期。从《监察法》已经实施来看，其推开国家监察制度改革试点工作也就不需要期限，但对试点是否确定期限而言，确定期限优于不确定期限；对于没有确定期限的，试点结束需要通过决定方式予以明确，保障试点工作能够善始善终。

第二节　有关宪法修改与《监察法》关系的讨论

我国宪法对全国人大常委会的调整或者暂时停止法律的部分规定设置了限制，在范围上只能适用于行政管理等领域，而司法制度等基本制度确定和改变依然需要通过宪法的修改来确认。基于此，十三届全国人民代表大会第一次会议对宪法进行修改，通过了《中华人民共和国宪法（修正案）》，将监察制度和监察委员会纳入宪法的规定，以最高法律权威的形式确立了监察权力在国家权力体系的合法性与宪法地位。在此之前，理论界对如何协调有关《监察法》与修改宪法的关系存在不同的看法与观点。这些观点尽管随着宪法的修改和《监察法》的实施得以解决，但是理论上的观点依然对理解宪法有关监察委员会的规定和《监察法》的执行仍具有积极的价值与诠释的意义。

一、《监察法》立法是否需要修改宪法

自从《监察法》草案以征求意见的方式公布并面向社会公开征求意见以来，① 法学界在国家监察体制改革的《宪法》基础上形成了两种不同的观点：一种观点主张需要修改《宪法》；少数观点主张没必要或短时间内也不需要不急于修改《宪法》，仅需对《宪法》进行解释即可实施监察立法。其观点交锋主要在宪法与行政法学学者的层面展开，其讨论多以《宪法》作为路径进行。

1. 修改《宪法》即"修宪论"。

从 2017 年 8 月中国宪法学会年会的讨论情况看，我国宪法学界较为统一的观点是修宪论。② 可以说，修改宪法构成当前监察体制改革宪法基础，大多数学者支持通过修改宪法来推进监察制度改革。

修宪论的主张主要为，只有修改《宪法》方能全面设立监察委员会。在国家监察体制改革的认识分歧上还存在改革应遵从何种《宪法》程序、如何恪守《宪法》边界及如何落实《宪法》指示的理论问题。并认为，国家监察体制改革应当遵从《宪法》修改的程序，先由全国人大修宪创设机构，再实施《宪法》建立机关。③ 也有学者提出，由全国人大常委会授权的《试点决定》，仅限于试点阶段，如果想要在国家范围内全面推进监察体制改革、设立监察委员会，需要更高级别的授权甚至是需要修宪，修宪可以为国家监察体制改革提供最高的宪制依据，通过修宪将改革成果确认固化。④ 还有学者提出，修改《宪法》应先行于制定《监察法》。从《监察法（草案）》的内容来看，监察委员会及其地位、职权在我国《宪法》中没有规定，与《宪法》规定的国家机构体系有明显的冲突，监察委员会与宪法的矛盾涉及宪法的权威性问题，《监察法》通过也会成为与宪法相抵触的法律。如果不修宪，《监察法》必然会成为实质无效的法律，所以，必须先行修宪再予以制定并通过《监察法》，⑤ 保证其宪法依据。监察制度改革涉及国家机关体制的重大改革，事涉宪法既定的国家机关根本架构变革，只有修

---

① 监察法草案公开向社会征求意见之前，曾征求相关部门以及学者的意见，这种征求意见不具有公开的意义。
② 参见童之伟：《国家监察立法预案仍须着力完善》，载《政治与法律》2017 年第 10 期。
③ 参见叶海波：《国家监察体制改革的宪法约束》，载《武汉大学学报》（哲学社会科学版）2017 年第 3 期。
④ 参见焦洪昌、古龙元：《从全国人大常委会授权看监察体制改革》，载《行政法学研究》2017 年第 4 期。
⑤ 参见陈光中、姜丹：《关于〈监察法〉（草案）的八点修改意见》，载《比较法研究》2017 年第 6 期。

宪后才能变，是必须修宪才能解决的问题。① 因为监察委员会与"一府两院"具有同等的地位，属于在人民代表大会制度内部新添加了一个系统，属于政体内部非基本板块的增加，需要修改宪法。② 监察委员会涉及国家政体制度的变革，其建立毋庸置疑需要修宪立法——先修宪、再立法。③《监察法（草案）》设立了新的国家机构——监察委员会，这是增加了权力配置的机构载体，改变了国家政权的组织形式，撼动了人民代表大会制度的基本内涵，这恰恰是"宪法保留"的内容，为了使监察委员会及其权力的行使能够有效存续、不产生有机构却在《宪法》条款中无相应的国家机构条款的局面，必须具有明确的《宪法》依据，必须通过修改《宪法》使监察委员会获得明确的宪法授权。④

通过修宪来推行监察体制改革，需要以《宪法》为中心，需要以人大制度为核心。那么，是否不需要修改《宪法》而通过《宪法》解释能够解决以上问题呢？有学者提出，修改《宪法》需要改革国家监察体制，在全国范围内设置国家监察机关必须修宪。在我国现行《宪法》架构下，解释《宪法》不可能产生全面铺开，国家监察体制改革的深化阶段必不可少其《宪法》根据；我国《宪法》解释权由全国人大常委会行使，《宪法》解释的法律效力与《宪法》文本的地位和效力不可相提并论，因此，全面推开国家监察体制改革创制宪法根据只能通过修改宪法来进行。⑤ 现行《宪法》文本上不存在设立监察委员会的条款。从全国人大的职权中无法推导出监察体制改革的《宪法》依据，而全国人大常委会的职权中不能直接推导出其法律依据。为了维护全国人大的《宪法》地位及其改革的合法性，尽可能减少改革带来的各种风险，在关系国家宪法体制调整的问题上，如没有全国人大的修宪或者决定，常委会无权进行相关的授权行为，因此，在进行监察体制改革、拟设立监察委员会时需要修改宪法。⑥

在当前宪法体制下，全国人大及其常委会不享有通过行使立法权以制定或修改法律、作出决定的方式重新配置国家权力、根本性地改变宪定权力结构的权力。监察委员会的设置缩小了现行宪法规定的中央政府及检察机关的权限，在形式上扩大了全国人大及其常委会的人事决定权和监督权范围，设定国家监察委员会，因而是更改人民制宪授予的权力范围及宪定权力关系，对既有授权的变更，也必须由人民或其代表以修改《宪法》的程序来完成。现行《宪法》中的监察

---

① 参见范依畴、范忠信：《三大法律传统共塑新监察体制的法治省察》，载《国家行政学院学报》2017 年第 6 期。
② 参见马岭：《政体变化与宪法修改——监察委员会入宪之讨论》，载《中国法律评论》2017 年第 4 期。
③ 参见马岭：《关于监察体制立法问题的探讨》，载《法学评论》2017 年第 3 期。
④ 参见秦前红：《国家监察体制改革宪法设计的若干问题思考》，载《探索》2017 年第 6 期。
⑤ 参见童之伟：《将监察体制改革全程纳入法治轨道之方略》，载《法学》2016 年第 12 期。
⑥ 参见韩大元：《论国家监察体制改革中的若干宪法问题》，载《法学评论》2017 年第 3 期。

仅指行政监察，现行《宪法》中唯全国人大享有《宪法》修改权，唯有全国人大才能改革国家监察体制，监察体制改革必须是全国人大遵循《宪法》确立的程序、以《宪法》修改而非法律修改的方式进行，监察委员会更改了人民制宪授予的权力范围及宪定权力关系，因此，必须以修改宪法的程序来完成。① 目前的监察体制改革，建立了集中统一、权威高效的国家监察组织，将一些相关职能整合成为相对独立的监察权，集中由各级监察委员会行使。但此种调整首先应当有《宪法》依据，在修改《宪法》及其相关法律规范的基础上，依宪依法进行整合。② 多数学者认为，人大常委会无权通过解释《宪法》来解决在监察制度改革、监察立法与《宪法》之间的紧张关系。

另外，在《宪法》修改与《监察法》制定的顺序问题上，有学者提出，从长远的角度看，拟设立的国家监察委员会改变了我国的国家机关的基本架构，实质上赋予了监察机关新的宪法属性，并且监察委员会在办理职务犯罪案件中的监督、调查、处置职能需要与《宪法》规定相衔接，所以，有必要修改《宪法》来确保国家监察体制改革的合宪性，必须应当先修改《宪法》、再制定《国家监察法》，以确保改革进行之初在法治的轨道上进行。③ 国家监察委员会的产生方式应与国家行政机关、审判机关和检察机关的产生方式为同一途径。这一产生途径将载明国家监察委员会在国家权力结构中与行政机关、审判机关、检察机关亦处于同一宪法地位，也是与之相平行的独立国家机关，其与国务院、最高人民法院、最高人民检察院共同构成"一府一委两院"这一新型国家权力结构体系。这意味着需适时修改《宪法》的相关条文，通过修订《宪法》条文，规范监察权和其他国家权力之间的关系，使之载入根本大法具有制度化、法律化的宪法保障。④ 监察委员会的设立，在原有的中央国家机构体系中增加了一个独立的居于全国人大及其常委会之下而与其他国家机关相平行的机关，改变了原有的国家权力的配置及国家机关之间的相互关系，在体制层面上丰富了我国的人民代表大会制度，如不修改宪法明确其宪法性质、地位、职权，仅通过制定《组织法》和《监察法》是无法解决这些问题的。另外，全国人大常委会对全国人大通过的法律采取暂时调整或暂时停止适用措施，并没有宪法上的依据。⑤ 《宪法》没有修改前，无法标明"以宪法为依据，制定本法"。作为新设立的国家机关，国家监

---

① 参见叶海波：《国家监察体制改革的宪法约束》，载《武汉大学学报》（哲学社会科学版）2017年第3期。
② 参见杨建顺：《国家监察体制改革的十大课题》，载《中国法律评论》2017年第6期。
③ 参见马怀德：《国家监察法的立法思路与立法重点》，载《环球法律评论》2017年第2期。
④ 参见徐汉明：《国家检察权的属性探究》，载《法学评论》2018年第1期。
⑤ 参见胡锦光：《论国家监察体制改革的宪法问题》，载《江汉大学学报》（社会科学版）2017年第5期。

察委员会的入宪需要通过宪法来修改,将国家监察委员会明确写在国家机构部分中,使之具有明确的宪法依据,要考虑各种因素,使各项程序符合宪法精神与原则。合理的程序是先修宪、后制定《监察法》。① 尽管我国的政体存在一定的包容性,但成立一个机构必须要具有明确的宪法依据,且该机构的成立和运转需要具体法律的支撑。改革成果如果要在全国推开之前应先进行修宪和立法,为新机构的成立创设必要的法律前提。②

2. 修改法律即"修法论"或"授权论"。

有学者认为,以修法的程序改革国家监察体制,需要强调全国人大及其常委会享有人民享有的一切权力,自然不认为国家监察体制改革应受《宪法》约束,因而,也不认为国家监察体制改革存在外在的宪法边界。③ 理论界持这种观点的学者较少。在这种主张中,推进国家监察体制改革、设立国家监察委员会不通过修宪设立监察委员会是可行的,由全国人大通过授权或者立法足以实现,没必要对现行《宪法》予以修改,只对现行《宪法》予以解释或者修改相关法律,通过两种路径来推进监察制度改革。

有学者提出,没有必要完全纠缠于学理上的修宪或修法之争,这种争论无益于改革的推进,必须对全面铺开形成的宪法性事实进行宪法确认,将《宪法》中关于全国人民代表大会领导下的权力结构确立为宪法内容,对《宪法》中的监察相关内容予以重新修订,完成监察委员会的宪法依据的设计。④ 也有学者提出,当前基于政治成本与腐败治理时效的考量,没有启动修宪路径来实施国家监察体制改革,短期不会有严重的影响,但长期来看,权力的顶层设计在出现重大调整的情况下,宪法和基本法不改变对法律的权威是致命性的影响。⑤ 从近期来看,不修改《宪法》设立国家监察委员会是可行的,全国人大可以通过授权、制定法律、作出决定的方式来设立国家监察委员会;主张通过修法来改革国家监察体制,其强调全国人大及其常委会享有人民所赋予的权力,认为不久的未来在条件成熟时可能要对《宪法》进行中等规模的修改,此次仅仅因为增设监察委员会而修改宪法实无必要。⑥ "全国人大的无限权力系以人民的名义来确认,在此基础上,主张全国人大立法权的无限性,以常设机关的地位证成全国人大常委会的无限权力及其对全国人大的替代,若果真如此,那么组成人数较少的全国人大常委会便可以

---

① 参见韩大元:《论国家监察体制改革中的若干宪法问题》,载《法学评论》2017 年第 3 期。
② 参见郝建臻:《我国设立监察委员会的宪制机理》,载《中国政法大学学报》2017 年第 4 期。
③ 参见马怀德、张瑜:《通过修法完善国家监察体制》,载《学习时报》2016 年 7 月 14 日。
④ 参见罗亚苍:《国家监察体制改革的实践考察和理论省思》,载《理论与改革》2017 年第 5 期。
⑤ 参见李声高:《国家监察权运行机制研究——兼论检察机关改革的方向》,载《时代法学》2017 年第 6 期。
⑥ 参见马怀德:《国家监察法的立法思路与立法重点》,载《环球法律评论》2017 年第 2 期。

以立法的形式配置国家监察权,设立国家监察机关,实质性地修改宪法。"①

我国的监察制度改革遵循了中共中央提出修改《宪法》部分内容的建议,公开征求意见后,全国人大会议通过了《宪法修正案》,在宪法层面完成了监察体制改革的合宪性地位。全国人大在通过《宪法修正案》后,随之通过了《监察法》,并在《监察法》第一条规定了"根据宪法,制定本法",从而解决了监察制度改革的合宪性问题,纾解了宪法与监察制度改革的紧张关系。"凡属重大改革都要于法有据。在整个改革过程中,都要高度重视运用法治思维和法治方式,发挥法治的引领和推动作用,加强对相关立法工作的协调,确保在法治轨道上推进改革。"② 监察制度改革因涉及国家权力重新配置的"重大改革",这种改革需要"于法有据",监察制度改革的思路与要求应当依法展开,否则会影响全面推进依法治国的进程。

二、修宪与基本法律的关系问题

在《试点决定》中,全国人大常委会授权在试点地区暂时调整或暂时停止适用一系列法律。这种临时性的授权需要在试点成熟后,根据《宪法》和《监察法》对其他基本法律进行修改。有学者认为,在设立监察委员会之后,现行的格局变为人大制度之下的"一府一委两院"格局,需要对《全国人大组织法》《代表法》《地方组织法》《监督法》进行修订;需要对《立法法》《刑事诉讼法》《人民检察院组织法》予以修改;废止《行政监察法》;对《公务员法》《检察官法》《治安管理处罚法》《人民警察法》《监狱法》及相关法律进行调整;对部分行政法规、部分规章等及时修改或废止。③ 也有学者认为,监察权配置模式的调整,在修宪外,其他法律也需要进行相应的"立改废"。修改《人民检察院组织法》《国务院组织法》《地方各级人民代表大会和地方各级人民政府组织法》《刑事诉讼法》《行政监察法》《审计法》《国家赔偿法》等。④ 还有学者提出,从权力的性质、地位的理论视角来看,从域外各国宪法文本的排序上看,监察委员会应放在法院和检察院之后,因为司法权无疑是比监察权更重要的国家权力。⑤

根据《宪法》修改的理论,对于《宪法》存在着大修、中修与小修的三种

---

① 参见叶海波:《国家监察体制改革的宪法约束》,载《武汉大学学报》(哲学社会科学版)2017年第3期。
② 参见习近平:《把抓落实作为推进改革工作的重点 真抓实干蹄疾步稳求实效》,载《人民日报》2014年3月1日第1版。
③ 参见焦洪昌、古龙心:《从全国人大常委会授权看监察体制改革》,载《行政法学研究》2017年第4期。
④ 参见秦前红:《国家监察体制改革宪法设计的若干问题思考》,载《探索》2017年第6期。
⑤ 参见马岭:《监察委员会如何纳入宪法的国家机构体制》,载《财经法学》2017年第6期。

方法。修宪应当采用何种修宪形态以及如何在宪法中设置监察委员会引起了学界的探讨。有学者提出，大修涉及四十多条的宪法条款且需要另加一节，可能会使国家权力配置空间僵化，损害宪法权威，所以，大修并不适宜；小修即修改一条授权条款即可，但将导致宪法保留事项全部授权出去，正当性不足，且与宪法的根本属性不符，所以，小修亦有不足。《宪法》修改不宜走两个极端，采取折中方案即中修，对已有的条款进行删节和调整，增加有关监察机构的正当性以及授权的部分条款，并删除行政监察的条款；规范监察委员会的产生及其与上级监察委员会的关系；规范监察委员会的地位及其他国家机关的关系。① 也有学者提出，监察委员会的成立事关监察体制改革，关系重大，相关修法也需要蹄疾步稳，从科学立法、民主立法的角度出发，修改法律的时候要听取各方面的意见，要通过渐进式的调整模式予以修改相关法律，不仅包括宪法，还涉及相关的《组织法》以及《刑事诉讼法》等，需要听取各方面的意见，待到时机成熟方能启动。② 还有学者提出应通过修宪的方式将改革成果用宪法予以固化。③ 这次修宪应属确认性的修宪，并且将对宪法作大幅度修改，涉及章节的变动，需要将监察委员会作为单独一节在《宪法》中予以规定置于现行宪法第四节与第五节之间；对《宪法》中监察委员会由权力机关产生、与"一府两院"平行的国家机构应对相应的条款进行修改；在《宪法》中增加监察委员会与人民法院、人民检察院在办理职务犯罪案件中的关系以及职权衔接的相关规定；需要先制定《监察委员会组织法》，制定《监察法》，同时，对部分重要法律予以修订及废止。④ 从《宪法》上明确监察委员会在国家机构体系中的位置，需要注意和重视监察委员会的组成、职权和责任制，不能仅仅用加强监察委员会的权力、提高其地位的范式来达到反腐败目的。另外，在修宪的过程中，需要特别重视和研究党政资源分配的综合平衡问题。⑤

对于修改宪法的另外表述。我国目前有三种修宪方式，即全面修改、部分修改和修正案。监察体制改革拟设立的监察委员会乃是新增设的独立的国家机关，宪法按原有的文本中没有相应条款，必须采用新的修正案模式，并且是能独立适用的修正案。⑥ 有学者提出，修宪程序的启动务必谨慎稳妥，宜采用修正案的方式进行。为了使监察委员会有宪法依据，在修改《宪法》时，可以在国家机构一

---

① 参见秦前红：《国家监察体制改革宪法设计的若干问题思考》，载《探索》2017年第6期。
② 参见陈光中：《关于我国监察体制改革的几点看法》，载《环球法律评论》2017年第2期。
③ 参见焦洪昌、叶远涛：《监察委员会的宪法定位》，载《国家行政学院学报》2017年第2期。
④ 参见焦洪昌、古龙：《从全国人大常委会授权看监察体制改革》，载《行政法学研究》2017年第4期。
⑤ 参见童之伟：《国家监察立法预案仍须着力完善》，载《政治与法律》2017年第10期。
⑥ 参见胡锦光：《论国家监察体制改革的宪法问题》，载《江汉大学学报》（社会科学版）2017年第5期。

章中增设一节人民监察委员会，将司法机关的位置提前，将其放在司法机关和地方各级人民代表大会和地方各级人民政府之间，这样可以使国家机构一章与其他各节之间的逻辑关系较为清楚明晰。将现有的国家结构完全打乱按性质重新安排，虽具有一定的科学性，但对现有的结构调整力度太大，目前不具备这样的条件。①

我国在监察制度改革中对《宪法》的修改采用了中修的思路并采用修正案的方式进行。我国《宪法（修正案）》对我国现行《宪法》作出了二十一条的修改，其中，十一条与监察委员会有关。《宪法（修正案）》在国家机构一章中增加一节"监察委员会"，就国家监察委员会和地方各级监察委员会的性质、地位、名称、人员组成、任期任届、领导体制、工作机制等作出规定。这些规定不仅解决了《监察法》的制定依据问题，也为《监察法》与《宪法（修正案）》之间的关系奠定了基础。尽管上述有些讨论因《宪法》的修改和监察法的实施不再作为问题，但其变动过程遗留的问题作为理论问题予以讨论并未过时，其争议与分歧对解决其他类似问题依然具有特定的理论价值和一定的参考意义。

第三节 《监察法（草案）》征求意见的讨论与主要观点

《监察法（草案）》曾送23个中央有关部门和31个省、自治区、直辖市人大常委会征求意见；同时，还召开有关方面的专家会，听取专家学者意见，并通过中国人大网公开草案全文，征求社会公众意见。《监察法（草案）》在征求意见中引起了专家学者及公众的广泛探讨，在向社会征求意见的过程中收到了来自各方的意见。这些意见及争论对监察法草案修改具有重要意义和价值。

一、监察委员会本身的问题

1. 监察委员会的名称问题。

监察机关的称谓不仅涉及与其他国家机关之间的关系，也关系其性质定位。学界对监察体制改革的机构名称观点不一。

第一种观点认为，中央层面宜称"国家监察委员会"，以区别于历史上的中央监察委员会以及现在的中央纪委；地方层面以定名"行政区划+监察委员会"。有学者主张，为了同当前中央纪律检查委员会的名称相区分，不宜将拟设立的国

---

① 参见马岭：《监察委员会如何纳入宪法的国家机构体制》，载《财经法学》2017年第6期。

家监察委员会命名为中央监察委员会,可以区分中央和地方来命名国家监察委员会:中央层面称为国家监察委员会,以此来区分中央纪律检查委员会;地方层面以行政区划+监察委员会的方式来命名。① 还有学者认为,监察委员会的名称应命名为国家监察委员会,这与人民监察委员会相比更妥当。这样的命名将监察委员会同人民政府、人民检察院、人民法院相区别,更能凸显出国家监察权的独立性。②

第二种观点提出,名称最好为"人民监察委员会",并区分为中央和地方各级,其主要理由是冠以"人民"限定是我党领导的政权和国家政治传统的属性标志。如前缀为"国家"不仅有同义反复之嫌,也与人民代表大会、人民政府、人民法院、人民检察院等一并排列不相协调。有学者提出,监察委员会是否应当命名为"人民监察委员会"而非"国家监察委员会"关乎宪法确立的社会主义民主形式和监察机关的属性定位,根据新中国的政治传统,国家机关冠以"人民"字样,显示国家机关的人民性,当下设定的国家监察委员会中若没有"人民"字样似乎没有很好的解释,应审慎研究。③ 也有学者提出,"人民"二字是对中国共产党领导的国家政权的传统的体现,是对现行《宪法》中非独性的中央和地方各级各类的国家机关名称的反映,故应该冠以"人民"二字。从监察委员会为国家的反腐机关这一性质作为切入点,并且在考察我国现行宪法所继承的以"人民"二字的政治属性提出了应对监察委员会的名称冠以"人民"二字,即人民监察委员会,并以中央人民监察委员会和地方各级人民委员会作区分。④ 这是对人民代表大会制度的尊重。⑤ 如果强调自下而上的民主监督这一社会主义宪法对权力制约与监督的传统做法,那么需要重视监察委员会的民主正当性,在名称上将其称之为"人民监察委员会",而非"监察院"。⑥ 我国《宪法》长期以来在法院、检察院前面冠以"人民",为了达到名称上的统一,遵循先例,尊重"前辈",有利于监察体制与人民代表大会制度的协调一致,监察委员会应命名为人民监察委员会。⑦ 其名称为"人民监察委员会"更能体现其与其他国家机关的关系,如人民政府、人民法院、人民检察院,表明其产生于人民代表大会制度。

另有学者提出,当前《监察法(草案)》的名称的方案并不可取,监察委员会的命名需要符合作为国家机关的性质,不与党的机关混同;需要与国家机构体

---

① 参见马怀德:《国家监察体制改革的重要意义和主要任务》,载《国家行政学院学报》2016年第6期。
② 参见焦洪昌、叶远涛:《监察委员会的宪法定位》,载《国家行政学院学报》2017年第2期。
③ 参见秦前红:《国家监察体制改革宪法设计的若干问题思考》,载《探索》2017年第6期。
④ 参见童之伟:《将监察体制改革全程纳入法治轨道之方略》,载《法学》2016年第12期。
⑤ 参见童之伟:《国家监察立法预案仍须着力完善》,载《政治与法律》2017年第10期。
⑥ 参见翟国强:《设立监察委员会的三个宪法问题》,载《中国法律评论》2017年第2期。
⑦ 参见马岭:《监察委员会如何纳入宪法的国家机构体制》,载《财经法学》2017年第6期。

系中的其他国家机关尤其是宪制机关的名称保持协调一致;要符合"国家""中央""人民"等基本概念使用的传统,所以,应当将未来的国家监察机关称为"人民监察院",中央名称为"中华人民共和国最高人民监察院",简称为"最高人民监察院;地方各级称为省(自治区、直辖市)人民监察院、市人民监察院""县(区)人民监察院"。①

第三种观点认为,监察委与纪委合署办公,"一套班子两块牌子",分别对外简称"中央纪委、中央监察委"。那么,对拟设立的监察委员会应该继承这种传统,区别中央与地方,在中央层面称为中华人民共和国中央监察委员会,地方层面取名"省(市)县+监察委员会"。② 因此,建议中央层面全称"中华人民共和国中央监察委员会";地方各级取名为"省(市)县+监察委员会",简称"某某监察委"。

监察委员会的名称是当时理论界争论的问题之一。我国《监察法》将其定位为"国家监察机关",称之"国家监察委员会"。我国《宪法》第一百二十三条、第一百二十四条规定:"中华人民共和国各级监察委员会是国家的监察机关。""中华人民共和国设立国家监察委员会和地方各级监察委员会。"中央层面的监察委员会采用了"国家监察委员会"的名称。尽管我国早期在《中华人民政治协商会议共同纲领》中曾采用"人民监察机关",与其平行的国家机关的确存在"人民"限定,但因监察机关带有国家监督的特性,且与作为党的机构的纪委合署办公,在其名称之前不采用"人民"限定并无不妥,采用监察委员会的称谓未尝不可。

2. 监察委员会的性质与定位。

《试点方案》提出:"深化国家监察体制改革的目标,是建立党统一领导下的国家反腐败工作机构。"由人民代表大会产生监察委员会,作为行使国家监察职能的专责机关。学者就其表述与监察委员会的性质产生了不同的认识与观点。

第一种观点认为,应当将其直接定位为"监察机关"。有学者对监察委员会的机构性质作出了分析并认为,监察委员会的某些部门在性质上近似政府机关,某些近似检察机关,这些近似于检察机关内部设立的部门,也是检察机关的刑事司法职能,而非批捕、公诉等检察职能。监察委员会的行政性多于司法性,是行政权中具有部分司法权特点的权力,③ 不妨将监察委员会定位为"监察机关",虽有重复之嫌,但相形之下较为简单明了。④

---

① 参见李洪雷:《论国家监察机关的名与实》,载《当代法学》2018年第1期。
② 参见罗亚苍:《国家监察体制改革的实践考查和理论省思》,载《理论与改革》2017年第5期。
③ 参见马岭:《监察委员会的设立与人大制度的完善及宪法修改》,载《苏州大学学报》(法学版)2017年第4期。
④ 参见马岭:《论监察委员会的宪法条款设计》,载《中国法律评论》2017年第6期。

第二种观点认为，应当将其定位为国家机构或国家机关。根据《监察法》规定，监察委员会由人大产生。监察委员会由国家权力机关产生，其性质定位自然是国家机构。另外，尽管党的纪律检查委员会与监察委员会合署办公，这并不是党的机构国家化，不能淡化甚至否认监察委员会作为国家机构的性质。① 也有学者提出，监察委员会与"一府两院"一样，直接由本级人大产生，对本级人大及其常委会负责、受本级人大及其常委会监督的国家机关，在性质上完全不同于目前的行政监察机关；它是同时对上一级机关负责、受上一级机关监督的国家机关；是党统一领导下行使反腐败职能的国家机关。另外，监察委员会虽然不是司法机关，但可以依法行使国家司法机关的某些权限。②

第三种观点认为，监察委员会是新型的国家监察监督机关。有学者提出，监察委员会的地位不具有高于国家权力机关、行政机关、审判机关和检察机关的职能机关，认为监察委员会属于取代检察机关的专门法律监督机关。③ 但从对监察委员会的产生及人员任免情况等表述来看，监察委员会为平行于政府、司法机关的国家机构。④ 监察委员会实质上是整合了地方人民政府监察厅（局）、预防腐败局以及人民检察院查处贪污贿赂、失职渎职以及预防职务犯罪等部门的相关职能而形成的一个全新的国家机构，既不同于现有人大体制下的"一府两院"的宪法定位，也不同于纪检的功能定位，是在人大宪法体制下独立于行政机关、审判机关和检察机关的新的国家机构，其在宪法体制结构中将会行使一种新的国家权力类型即国家监察权。⑤ 也有学者认为，将监察委员会定位为国家反腐败工作机构有失准确且有待调整。监察委员会的第一职能应是监督，是监督的再监督，检查的再检查。当前，行政监察升格为国家监察，监察对象全覆盖，破解当前反腐力量分散的现状，监察委员会成为一个"位高""权重""有力"的机构。⑥ 从试点省市的做法来看，监察委员会是集党纪监督、行政监督与法律监督于一体的综合性、混合性与独立性的机关，既不同于党的机关，也不同于行政机关或者司法机关，其职权具有综合性与混合性。⑦ 监管监察委员会服从党的统一领导，与党的纪律检查机关合署办公，就其自身的性质而言，是国家的"监督执法机关"，

---

① 参见江国华、彭超：《国家监察立法的六个基本问题》，载《江汉论坛》2017年第2期。
② 参见姜明安：《国家监察法立法的几个重要问题》，载《中国法律评论》2017年第2期。
③ 参见侯兆晓：《监察委是行政监察的全面升级》，载《民主与法制》2017年第2期。
④ 参见左卫民、安琪：《监察委员会调查权：性质、行使与规则的审思》，载《武汉大学学报》（哲学社会科学版）2018年第71卷第1期。
⑤ 参见刘茂林：《国家监察体制改革与中国宪法体制发展》，载《苏州大学学报》（法学版）2017年第4期。
⑥ 参见戴立兴：《设立监察委员会为的是啥》，载《人民论坛》2016年第35期。
⑦ 参见韩大元：《论国家监察体制改革中的若干宪法问题》，载《法学评论》2017年第3期。

而非党的机关。① 监察委员会既是我国专门的反腐败机构,又是国家层面的监督机关,而监察委员会的监督与现有的人大监督、党内监督、行政监察都不同,其权威性更高,即监察委员会的监督定性为国家监察监督机关。②

第四种观点认为,监察委员会应定位为专责机关或者执法监督机关。有学者提出,监察委员会并非政府职能部门,也非司法机关,而是行使国家监察职能的专责机关,是一个执法监督机关。监察委员会与一级政府和司法机关相平行,独立行使监察职权,不受行政机关、社会团体及个人的干涉。③ 也有学者提出,监察委员会没有突破中国的人民代表大会制度,属于人民代表大会制度下的一种履行专门监察职能的国家机构;是党的统一政治领导和人大的统一法律领导下的国家机构;是行使独立、专门的国家监察权的国家机构。④ 还有学者提出,国家监察委员会作为独立的国家机关,其性质由"人民民主专政"的国体性质所决定,具有人民性;具有专门性,属于专门的反腐败机构;具有独立性,国家监察委员会成为与行政机关相平行、相对独立的新型国家机构;成为一个与行政权、审判权和检察权平起平坐、相提并论的新型国家监察权力。⑤

第五种观点认为,监察委员会可定位为反腐败工作机构。有学者提出,监察委员会是党统一领导下的国家反腐败工作机构。⑥ 也有学者提出,将监察委员会所行使的监察权强行纳入国家权力体系之中,并配以种种制度限制的这种观点是对监察委员会性质的错误认识,这种观点并不符合国家监察体制改革的初衷,且没有考虑到党对国家生活和社会生活进行政治领导的现实。我国的监察委员会应是具有中国特色的反腐败机构。⑦ 还有学者认为,监察委员会是国家监察机构,其行使国家监察权,监察委员会作为监察机关与行政机关、审判机关、法律监督机关彼此独立,是一个反腐败机构。⑧

我国《监察法》第七条、第三条规定:"中华人民共和国监察委员会是最高监察机关。省、自治区、直辖市、自治州、县、自治县、市、市辖区设立监察委员会。""各级监察委员会是行使国家监察职能的专责机关"。其中,没有特别限

---

① 参见李洪雷:《论国家监察机关的名与实》,载《当代法学》2018年第1期。
② 参见叶青、王小光:《检察机关监督与监察委员会监督比较分析》,载《中共中央党校学报》2017年第3期。
③ 参见马怀德:《国家监察法的立法思路与立法重点》,载《环球法律评论》2017年第2期。
④ 参见王旭:《国家监察机构设置的宪法学思考》,载《中国政法大学学报》2017年第5期。
⑤ 参见徐汉明:《国家监察权的属性探究》,载《法学评论》2018年第1期。
⑥ 参见吴建雄:《国家监察体制改革的法理思考》,载《学习时报》2016年12月15日第6版。
⑦ 参见莫纪宏:《国家监察体制改革要注重对监察权性质的研究》,载《中州学刊》2017年第10期。
⑧ 参见焦洪昌、叶远涛:《监察委员会的宪法定位》,载《国家行政学院学报》2017年第2期。

定是专司反腐的国家机构,相反,将其定位行使国家监察职能的专责机关。尽管我国监察机构的形成源于集中反腐败的需要,在试点阶段整合了行政监察机关以及人民检察院的反贪反渎等部门转隶,实行纪检和监察合署办公。这种模式既有党纪监督,又有国家法律的监督,其监督的对象包括一切国家机关、党团组织、人民团体、武装力量、国有企事业单位及其公职人员,实现反腐败的全覆盖,但党的纪检机关仅仅与其合署办公,但不是合并,作为党内监督的专责机关承担反腐职能不同于监察委员会。反腐败和监督国家机关公职人员的专门机关不仅是监察委员会,而且还包括党的纪委机构。纪委是党内监督的专责机关,将监察委员会定位为行使国家监察职能的"专责机关"与纪委在党章中的定位相匹配。①

二、监察委员会监察权与基本内容

1. 监察委员会监察权的职权属性。

《监察法》第四条规定:"监察委员会依照法律规定独立行使监察权"。监察委员会对所有行使公权力的公职人员独立行使监察权,调查职务违法和职务犯罪,开展廉政建设和反腐败工作,拥有监督、处置、调查的职权。那么,如何定位其职权属性,是将原权力的简单加总还是认为是这些权力的有机耦合抑或监察权不同于原来整合的职权和转隶的职能而具有独特的性质。学术界对此问题作出了讨论,并提出以下不同观点。

第一种观点,监察权属于不同于立法权、行政权、司法权以外的第四种权力。有学者认为,监察体制改革将监察权与行政权剥离,使之成为与行政权、司法权并列的国家权力。新的监察权既非行政权,也非司法权,是一项独立的国家权力。② 也有学者提出,目前,监察委员会在宪法上的性质属于行政性、司法性或者两者兼而有之的观点均难以确定监察权的性质,监察权应当定位为一种与立法权、行政权、司法权相并列的专司反腐败职能的综合性的特定国家权力。③ 还有学者提出,监察委员会独立于政府部门,但监察权具有强烈的行政权特征,如监督权、调查权和处置权不属于立法权和司法权。在推行监察体制改革时,未来所设计的国家权力之中包含监察,这里的监察权或许是一种混合型的权力,包含代表制民主下的代表责任,甚至包含一定的司法性权力。总的来说,监察权处于

---

① 参见中央纪委国家监委法规室编:《中华人民共和国监察法释义》,中国方正出版社2018年版,第62页。
② 参见陈光中:《我国监察体制改革若干问题思考》,载《中国法学》2017年第4期。
③ 参见胡锦光:《论国家监察体制改革的宪法问题》,载《江汉大学学报》(社会科学版)2017年第5期。

立法权、司法权和行政权之外，具有独立于上述三权的属性。监察权从行政权与检察权中"剥离"出来，塑造出来的四权平行并列的状态。① 另有学者认为，将监察委员会定位为国家反腐败工作机构有失准确且有待调整。从域外现代监察权的品性选择和基准定位出发，监察权属于现代公共权力中的第四权，系独立于立法、司法和行政之外的其他独立部门，负责、承担立法权和司法权无法负荷或包括的工作。② 首先，监察委员会的监察权是一种宪法性权力；其次，它是一种与立法权、行政权和司法权相并列的第四权；最后，它是专门承担综合性反腐败职能的权力。③ 监察权是我国政治权力构建中出现的第四种权力，与行政权、监察权和审判权并列，具有单向度、执行性、高效率等方式，具有强烈的行政色彩。④ 当前监察委员会同纪委合署办公，那么监察委员会的权力至少应是现有的纪委权力、行政监察权、检察院反贪局的贪腐等职务犯罪侦查权之总合，监察权乃是各种权源的加总，⑤ 是典型立法权、行政权、司法权之外的一种新型的权力即监督执法权。⑥ 相较于监察权囿于三权学说的观点下，将监察权定位为三权之外的独立权利，形成立法权、司法权、行政权三极之外的另外一极——监察权，将监察权从三权中剥离并赋予其独立的内涵与外延，不仅符合我国的国家政治制度创设，也有助于推进实践中监察体制改革逐步走向深入。⑦

第二种观点，监察权属于行政权。有学者认为，监察委员会拥有的监察权虽然将各种权力予以整合，其性质仍属于行政权，依据立法权、行政权、司法权而言，没有必要再设立三权之外的新权力。监察权属于国家权力的组成部分，若以三权学说划分国家权力，新的监察权仍属于行政权范畴；若不以三权学说自囿，监察权当然可以视为立法权之下与行政权、司法权并立的权力。⑧ 监察体制改革，使行使相应职权的主体和机关发生变化，但是，并没有创制出新的权力类型，也没有根本改变监察措施的性质。⑨

第三种观点，监察权属于一种准司法权。有学者提出，监察权乃是具有"准司法性"的监察权。从当前的规定上来看，监察委员会不能行使检察机关的公诉

---

① 参见秦前红：《国家监察体制改革宪法设计的若干问题思考》，载《探索》2017年第6期。
② 参见魏昌东：《国家监察委员会改革方案之辨正：属性、职能与职责定位》，载《法学》2017年第3期。
③ 参见周佑勇：《监察委员会权力配置的模式选择与边界》，载《政治与法律》2017年第11期。
④ 参见汪海燕：《监察制度与刑事诉讼法的衔接》，载《政法论坛》2017年第6期。
⑤ 参见吴建雄：《国家监察体制改革的前瞻性思考》，载《中国社会科学报》2017年2月15日第5版。
⑥ 参见吴建雄：《监察委员会的职能定位与实现路径》，载《中国党政干部论坛》2017年第2期。
⑦ 参见王迎龙：《监察委员会权利运行机制若干问题——以〈国家监察法〉（草案）为分析蓝本》，载《湖北社会科学》2017年第12期。
⑧ 参见张建伟：《法律正当程序视野中的新监察制度》，载《环球法律评论》2017年第2期。
⑨ 参见陈越峰：《监察措施的合法性研究》，载《环球法律评论》2017年第2期。

权，亦不能行使国家审判机关的审判权；其可以行使检察机关行使的刑事强制措施权和刑事侦查权，其权力应具有准司法权的性质。①

第四种观点，监察权属于新型的混合权力。有学者提出，在对反腐败权力整合并进行转隶的同时，暗含了创设新的权力内容，这是一种复杂的权力结构，实质是兼具转隶和创设双重属性的新型混合型权力，而非单一的行政权或司法权性质或两者的简单相加。② 也有学者提出，第四权的表述有意忽视其与行政权的内在关系和内涵外延，将目前政治学界或现行实践均未提炼或公认的"第四权"与立法权、司法权相并行提出具有明显的逻辑问题，监察权其本质应为具有行政权和司法权等混合性质的权力。③ 还有学者指出，监察权系完全异于其他权力的观点虽然充分肯定了监察权这一宪法性权力，但该观点忽视了国家监察权的基本属性，割裂监察权与来源权能之间的继承性；监察权是各种权源加总的说法则是将国家监察权内部各权能孤立开来的偏颇认知，忽视了权力运行的体制环境，容易产生国家权力行使的混同现象，且忽视了不同法律关系的固有差异；准司法权的说法虽肯定了国家监察权与检察机关职务犯罪侦查权之间的联系与区别，但是，也会容易使人产生对监察权属性的误认。因此，监察权系一种高位阶独立性的复合型权力，其实质是对既有政治资源的再整合与再分配。④ 监察权乃是执政党的执政权与国家机构的国家治理权相混合的产物，是具有中国特色的监察权，是党在长期执政实践中创造的一种执政方式，要依据"把权力关进制度的笼子"的反腐败原则进行创造性构造，避免将监察权完全国家化。⑤

另外，还有学者认为，监察权在有些国家属于行政权，有些国家属于立法权，有些国家属于司法权。对监察权的性质应具体问题具体对待，很难如此将其列为一种新的权种，提出第四种权力的观点是以五权宪法为依据，而在"三权"广为接受的情况下，提出第四种权力难以获得认可。⑥ 监察权是我国现时代监察制度改革的产物，在我国国家权力系谱中属于一种新型的权力，简单地按照传统理论来界定难以解释清楚，只有放置在我国政治改革的背景下对其作出诠释，才能得出不同于立法权、行政权、司法权和执政权的监察权意蕴。监察权就是监察权，在实质上属于国家监察权。对监察权及其监察机关的性质讨论在其他章节中已有论述，这里不再赘述。

---

① 参见朱福惠：《国家监察体制之宪法史观察——兼论监察委员会制度的时代特征》，载《武汉大学学报》（哲学社会科学版）2017 年第 3 期。
② 参见周佑勇：《监察委员会权力配置的模式选择与边界》，载《政治与法律》2017 年第 11 期。
③ 参见罗亚苍：《国家监察体制改革的实践考和理论省思》，载《理论与改革》2017 年第 5 期。
④ 参见徐汉明：《国家监察权的属性探究》，载《法学评论》2018 年第 1 期。
⑤ 参见莫纪宏：《国家监察体制改革要注重对监察权性质的研究》，载《中州学刊》2017 年第 10 期。
⑥ 参见郝建臻：《我国设立监察委员会的宪制机理》，载《中国政法大学学报》2017 年第 4 期。

2. 监察委员会的职权与职责。

根据《监察法》的规定，监察委员会拥有监督、调查、处置等重要职责。一是对公职人员开展廉政教育，对其依法履职、秉公用权、廉洁从政从业以及道德操守情况进行监督检查。二是对涉嫌贪污贿赂、滥用职权、玩忽职守、权力寻租、利益输送、徇私舞弊以及浪费国家资财等职务违法和职务犯罪进行调查。三是对违法的公职人员依法作出政务处分决定；对履行职责不力、失职失责的领导人员进行问责；对涉嫌职务犯罪的，将调查结果移送人民检察院依法审查、提起公诉；向监察对象所在单位提出监察建议。学者对监察委员会所拥有的职权有以下不同的看法与意见。

（1）监督检查。监督是监察委员会的首要职责。监察委员会代表党和国家，依照宪法、监察法和有关法律法规，监督所有公职人员行使公权力的行为是否正确，确保权力不被滥用、确保权力在阳光下运行，把权力关进制度的笼子。面对严峻复杂的反腐败斗争形势，党的十八届六中全会通过的《中国共产党党内监督条例》规定了党内监督的原则、任务、主要内容和重点对象，针对不同主体，明确监督职责，规定具体监督措施，实现党内监督全覆盖。党内监督和国家监察作为中国特色治理体系的重要组成部分，属于一体两面，具有高度内在一致性。国家监察是对公权力最直接最有效的监督，监察全覆盖和监督的严肃性、实效性，直接关乎党的执政能力现代化和治国理政的科学化水平。通过监察制度实现对所有行使公权力的公职人员监察全覆盖，体现依规治党与依法治国、党内监督与国家监察的有机统一。

为了保障依规治党与依法治国、党内监督与国家监察的有机统一，需要纪委、监委合署办公，以便落实其双重职责。《中国共产党党内监督条例》规定，党的各级纪律检查委员会是党内监督的专责机关，履行监督执纪问责职责，加强对所辖范围内党组织和领导干部遵守党章党规党纪、贯彻执行党的路线方针政策情况的监督检查。党内监督的主要内容是：遵守党章党规，坚定理想信念，践行党的宗旨，模范遵守宪法法律情况。维护党中央集中统一领导，牢固树立政治意识、大局意识、核心意识、看齐意识，贯彻落实党的理论和路线方针政策，确保全党令行禁止情况。坚持民主集中制，严肃党内政治生活，贯彻党员个人服从党的组织，少数服从多数，下级组织服从上级组织，全党各个组织和全体党员服从党的全国代表大会和中央委员会原则情况。落实全面从严治党责任，严明党的纪律特别是政治纪律和政治规矩，推进党风廉政建设和反腐败工作情况。落实中央八项规定精神，加强作风建设，密切联系群众，巩固党的执政基础情况。坚持党的干部标准，树立正确选人用人导向，执行干部选拔任用工作规定情况。廉洁自律、秉公用权情况。完成党中央和上级党组织部署的任务情况。党内监督的方式不仅包括党委（党组）的日常管理监督、巡视监督、组织生活制度、党内谈话制度、干部考察考核制度、述责述廉制度、报告制度、插手干预重大事项记录制度，也包括纪委的执纪监督、派驻监督、信访监督、党风廉政意见回复、谈话提醒和约谈函询制度、审查监督、通报曝光制度等。党内监督要求把纪律挺在前面，运用监督执纪"四种形态"，经常开展批评和自我批评、约谈函询等。

在合署办公体制下，纪委的监督、执纪、问责与监委的监督、调查、处置是对应的，既有区别又有一致性，纪检的监督和监察机关的监督在指导思想、基本原则上是高度一致的，其目的为惩前毖后、治病救人，抓早抓小、防微杜渐。党内监督的内容、方式和要求，也适用于国家监察的监督，需要纪委监督与监察委员会监督贯通起来。监察机关履行监督职责的方式包括廉政教育和监督检查。廉政教育是防止公职人员发生腐败的基础性工作。其根本内容是加强理想信念教育，使公职人员牢固树立正确的世界观、人生观、价值观和正确的权力观、地位观、利益观，使讲规矩、守法律成为公职人员的自觉行动，不断增强不想腐败的自觉。监督检查的方法包括列席或者召集会议、听取工作汇报、实施检查或者调阅、审查文件和资料等，内容是公职人员依法履职、秉公用权、廉洁从政从业以及道德操守情况。①

（2）监察调查。监察机关的调查主要是调查职务违法和职务犯罪。理论界对其存在不同的观点。一种观点认为调查与侦查没有本质差异。从调查的内容来看，其与传统职务犯罪侦查权存在重合之处。有学者提出，在英文中调查与侦查系同一个词语，监察委员会行使调查权，当用于违法犯罪案件时，这种调查权与刑事侦查权有相同的实质，只是冠以的名称不同。② 也有学者提出，当前，调查权与侦查权的区别即界限并不明确，所以需要在监察法律立法中明确调查权与侦查权的区别。③ 也有学者提出，从权力行使的目的角度考查，调查权包含"求刑权"，在涉嫌职务犯罪案件中，监察委员会的调查是为司法程序而服务的，是在查清被调查人相关犯罪事实的基础上追究刑事责任，与公安机关、检察机关侦查权性质一样，本质是一种求刑权。调查权与侦查权具有同质性和混同性，从权力渊源或是刑事目的或是刑事的具体方式来看，调查权究其本质就是侦查权。④ 还有学者提出，监察委员会的调查权直接源于检察机关侦查权的转隶，其名称虽改侦查为调查，但其性质并未发生改变，故应将检察机关对职务犯罪的侦查权全部

---

① 中央纪委国家监委法规室编：《〈中华人民共和国监察法〉释义》，中国方正出版社2018年版，第89~91页。
② 参见张建伟：《法律正当程序视野下的新监察制度》，载《环球法律评论》2017年第2期。
③ 参见姜明安：《国建监察法立法的几个重要问题》，载《中国法律评论》2017年第2期。
④ 参见汪海燕：《监察制度与刑事诉讼法的衔接》，载《政法论坛》2017年第6期。

转隶为监察委员会的调查权。① 职务犯罪调查权具有侦查权性质，兼具预防腐败的特点。监察委员会所行使的职权内容具有明显的"强制侦查"色彩。所以，监察委员会在调查职务犯罪时应当遵循《刑事诉讼法》及有关司法解释关于侦查程序的相关规定。但是，调查权在性质上相当于刑事侦查，在整体功能上不局限于侦查。② 在调查终结后才可以将案件移送检察机关依法提起公诉，所以，暗含了监察委员会的调查权实际上是包含侦查权的，因为侦查权本身就是一种特殊的调查权。③

另一种观点认为，根据《监察法》的规定，调查公职人员涉嫌职务违法和职务犯罪，是监察委员会的一项经常性工作，是监察委员会开展廉政建设和反腐败工作，维护宪法和法律尊严的一项重要措施。对公职人员涉嫌职务违法和职务犯罪的调查，突出地体现了监察委员会作为国家反腐败工作机构的定位，体现了监察工作的特色。监察权设置的适当能够有效地强化不敢腐的震慑，完善构筑不能腐的堤坝，减少和遏制腐败的发生，从而维护宪法和法律尊严，保持公权力行使的廉洁性。就调查权的性质来看，有学者认为，调查权与检察院享有的侦查权有所差异，不能完全取代检察院的侦查权。调查权强调过程预防、强调源头控制，系一种常态化；侦查权强调后期追责，系特殊化状态。调查权与侦查权互相兼容、互相补充，监察委员会调查获取资料并移交检察院起诉后，检察院依然可就某些事项开展侦查。检察院所拥有的侦查权、逮捕权、公诉权，监察委员会不能继承。调查权不能取代侦查权，性质上也不同。④ 监察委员会既然不是刑事诉讼主体，对违法案件进行调查与行使侦查权存在实质的区别。由于监察委员会调查权具备"行纪检"三种调查权的特质，在调查职务犯罪时，不能将之割裂开，也不能与刑事侦查权等量齐观。监察委员会调查权兼具纪检调查、行政违法调查、刑事犯罪调查的特性。基于反腐集中、高效的要求以及调查权与侦查权性质界分的需要，不能直接适用《刑事诉讼法》的规定来指导监察委员会调查权的运作。⑤ 还有学者提出，《监察法》的调查权与改革前被赋予的调查权（侦查权）有所重合、具有重要相似之处，但两者在适用的法律、强制手段、非直接强制手段都与差异，权属内涵与外延都具有差异性。⑥

---

① 参见周佑勇：《监察委员会权力配置的模式选择与边界》，载《政治与法律》2017年第11期。
② 参见王迎龙：《监察委员会权利运行机制若干问题——以〈国家监察法〉（草案）为分析蓝本》，载《湖北社会科学》2017年第12期。
③ 参见刘振洋：《论国家监察体制重构的基本问题与具体路径》，载《法学》2017年第5期。
④ 参见马怀德：《国家监察法的立法思路与立法重点》，载《环球法律评论》2017年第2期。
⑤ 参见刘艳红：《监察委员会调查权运作的双重困境及其法治路径》，载《法学论坛》2017年第6期。
⑥ 参见左卫民、安琪：《监察委员会调查权：性质、行使与规则的审思》，载《武汉大学学报》（哲学社会科学版）2018年第1期。

根据《监察法》的规定，监察调查的主要内容包括涉嫌贪污贿赂、滥用职权、玩忽职守、权力寻租、利益输送、徇私舞弊以及浪费国家资财等职务违法和职务犯罪行为，基本涵盖了公职人员的腐败行为类型。该条列举了公职人员7类主要的职务违法和职务犯罪行为。这些行为均为党的十八大以来通过执纪审查、巡视等发现的比较突出的职务违法犯罪行为。其中，"贪污贿赂"，主要是指贪污、挪用、私分公共财物以及行贿受贿等破坏公权力行使廉洁性的行为；"滥用职权"，主要是指超越职权，违法决定、处理其无权决定、处理的事项或者违反规定处理公务，致使公共财产、国家和人民利益遭受损失的行为；"玩忽职守"，主要是指公职人员严重不负责任，不履行或者不认真、不正确履行职责，致使公共财产、国家和人民利益遭受损失的行为；"徇私舞弊"，主要是指为了私利而用欺骗、包庇等方式从事违法的行为。上述行为中的有些行为与刑法规定的罪名和有关法律法规规定的违法行为不完全一一对应。比如，"权力寻租"，主要是指公职人员利用手中的公权力，违反或者规避法律法规，谋取或者维护私利的行为；"利益输送"，主要是指公职人员利用职权或者职务影响，以违反或者规避法律法规的手段，将公共财产等利益不正当授受给有关组织、个人的行为；"浪费国家资财"，主要是指公职人员违反规定，挥霍公款，铺张浪费的行为。[①] 基于《监察法》规定的调查职能是调查职务违法和职务犯罪。前者具有一定行政性；后者显然与转隶的检察机关侦查职能相同。监察调查职能在一定程度上属于行政监察调查违法职能整合和检察机关侦查职能的转隶，其调查职能具有混合性。这种混合性又体现出不同特征，它既不同于原来的行政监察的调查违法职能，也不同于检察机关侦查职务犯罪的职能，拥有其他职权不具有的特殊性。

（3）处置权。《监察法》赋予了监察委员会处置权。这种处置权偏重程序性质。有学者提出，为了保障被调查人的救济权以及从权责统一的角度出发，较为合适的处理方式是监察委员会提出处理建议，原机关处理后向监察委员会反馈结果。[②] 也有学者提出，国家监察委员会的处置权与廉政监督权、腐败调查权共同构成了国家监督权，其中，处置权包括监察委员会对不构成犯罪的腐败行为的处分决定权、涉嫌构成腐败犯罪行为的预审权以及是否已送检察机关提起公诉的决定权等。[③] 还有学者提出，处置权是指根据违纪严重程度不同，依据党内法规或国家法律进行审查定性并予以处分处理，监察委员会可一次给予纪律处分如警

[①] 中央纪委国家监委法规室编：《〈中华人民共和国监察法〉释义》，中国方正出版社2018年版，第91~93页。

[②] 参见马怀德：《国家监察法的立法思路和立法重点》，载《环球法律评论》2017年第2期。

[③] 参见吴建雄、李春阳：《健全国家监察组织架构研究》，载《湘潭大学学报》（哲学社会科学版）2017年第1期。

告、记过等；或将涉及违法犯罪的调查材料移送司法机关追究刑事责任。① 根据《监察法》的规定监察委员会的处分职责主要包括四个方面内容。②

一是对违法的公职人员依法作出政务处分决定。监察委员会根据监督、调查结果，对违法的公职人员依法作出政务处分决定。基于目前还不存在公职人员政务处分规定，对于不同的处分对象应当按照其具有的不同身份和职位，依照法定程序和违法的情节作出警告、记过、记大过、降级、撤职、开除等政务处分决定。其参照依据主要为，处分对象属于公务员的可以参照《公务员法》；属于行政机关公务人员可以参照《行政机关公务员处分条例》；属于事业单位工作人员可参照《事业单位工作人员处分暂行规定》等。就目前而言，监察委员会对公职人员依法作出政务处分仅仅参考其他法律法规的规定，显然属于权宜之计，一旦没有可参照的或者参照明显不适当的，则出现处分上空挡或者处分的无法无据。如果简单地依据《监察法》作出处分，又因缺乏处分的种类而出现困难。这就需要制定统一的公职人员违法犯罪政务处分规定，保障其处分于法有据，依法处分。

二是对履行职责不力、失职失责的领导人员进行问责。问责是指监察委员会根据问责的有关规定，对不履行或者不正确履行职责的，按照管理权限对负有管理责任的领导人员作出问责决定，或者向有权作出问责决定的机关提出问责建议，由有权作出问责决定的机关依法问责。问责的对象是公职人员中的领导人员（主要是指中国共产党机关、人大机关、行政机关、监察机关、审判机关、检察机关、政协机关、民主党派和工商联机关中担任各级领导职务和副调研员以上非领导职务的人员；参照公务员法管理的单位中担任各级领导职务和副调研员以上非领导职务的人员；大型、特大型国有和国有控股企业中层以上领导人员，中型以下国有和国有控股企业领导班子成员，以及上述企业中其他相当于县处级以上层次的人员；事业单位领导班子成员及其他六级以上的管理岗位人员），突出领导干部这个"关键少数"，而非一般的工作人员。主要方式为通报、诫勉、组织调查或者组织处理、处分等问责决定，或者向有权作出问责决定的机关提出问责建议，有权作出问责决定的机关作出问责决定。一般而言，对于有权作出问责决定的机关作出问责决定后，应当函告或者告知提出问责建议的监察机关。

三是对涉嫌职务犯罪的，将调查结果移送检察机关依法审查、提起公诉。对被调查人涉嫌职务犯罪，监察机关经调查认为犯罪事实清楚，证据确实、充分的，制作起诉意见书，连同案卷材料、证据一并移送检察机关依法审查、提起公

---

① 参见江国华、彭超：《国家监察立法的六个基本问题》，载《江汉论坛》2017 年第 2 期。
② 中央纪委国家监委法规室编：《〈中华人民共和国监察法〉释义》，中国方正出版社 2018 年版，第 205~208 页。

诉。为了加强《监察法》与《刑事诉讼法》的有效对接，2018年10月26日，十三届全国人大常委会第六次会议审议通过了关于修改《中华人民共和国刑事诉讼法》决定，对人民检察院审查起诉监察机关移送的案件、留置措施和刑事强制措施之间的衔接机制作出了"对于监察机关移送起诉的已采取留置措施的案件，人民检察院应当对犯罪嫌疑人先行拘留，留置措施自动解除。人民检察院应当在拘留后的十日以内作出是否逮捕、取保候审或者监视居住的决定。在特殊情况下，决定的时间可以延长一日至四日"的规定。这种规定尽管为检察机关决定逮捕留有一定期限，对于是否应当拘留还应当考虑拘留在刑事诉讼中的适用条件，这样不仅可以保障检察机关的拘留符合条件，也可以对于完全符合逮捕条件的案件一般不再将拘留作为先置程序。

监察机关的案件移送不同于行政执法机关的案件移送，无需检察机关再进行立案侦查。但是，对于移送案件的拘留、逮捕和公诉是由一个"捕诉合一"的部门还是实行"拘留、逮捕"由侦查监督部门和审查起诉由公诉部门来负责存在不同观点与主张。当前检察制度改革中，检察机关内部力求"捕诉合一"，而理论界依然主张"捕诉分离"。前者可以提高诉讼的效率，却极易造成"错捕一个""错诉一个"的不良后果，这种"回归性"或者"怀旧式"的方案是否有利于诉讼程序文明以及有无其他替代措施均是亟待研究与实践检验的问题。

四是对监察对象所在单位提出监察建议。监察建议是监察委员会依照法定职权，根据监督、调查结果，对监察对象所在单位廉政建设和履行职责存在的问题等相关单位提出的具有一定法律效力的建议。监察建议是监察机关在履行监察职能过程中，根据监督、调查结果，向监察对象所在单位提出纠正措施、完善管理、健全制约和监督权力制度等建议，促进法律正确实施、推进廉政建设的一种重要方式。监察建议具有以下特点：监察建议本质上是监察职能的体现。监察建议是监察机关履行监察职能的重要载体，由此决定了监察建议是监察机关实现监察职能的一种有效方式。在监察建议的范围上具有特定性。对提出监察建议设定了具体情形，监察机关只能对法律、法规规定的情形提出监察建议。在监察建议适用上具有依附性。《监察法》规定的监察对象是个人，单位不是监察对象，也就是监察建议只能依据对个人的监督、调查结果向有关单位提出。监察建议效果上具有强制性。监察建议是《监察法》明确规定的，是监察建议权的有效载体，具有强制性和普遍的约束力。根据《监察法》第六十二条的规定，有关单位拒不执行监察机关作出的处理决定，或者无正当理由拒不采纳监察建议的，由其主管部门、上级机关责令改正，对单位给予通报批评；对负有责任的领导人员和直接责任人员依法给予处理。因此，作为一项法定的职责，监察建议的行使具有强制性，能够使作用的对象实施或不实施一定的行为。①

《监察法》规定的监察建议，可以对廉政建设和履行职责存在的问题等提出监察建议。同时，按照有关文件，也可以提出取消当选资格或者担任相应职务资格以及调离岗位、降职、免职、罢免的监察建议。监察建议不同于一般的工作建议，它具有法律效力，被提出建议的有关单位无正当理由必须履行监察建议要求其履行的义务，否则，就要承担相应的法律责任。对于指定管辖的案件，其具体承办的监察机关不能向案发单位提出监察建议，应由具有管辖权的监察机关提出监察建议。派驻监察机构只能对其负责监督的部门提出监察建议。

一般而言，监察委员会的处置权不仅针对涉嫌职务犯罪行为不具有刑事处罚权，对于涉嫌贪污贿赂、侵权渎职等腐败违法案件也不应当具有行政处分权。监察委员会本质上行使的监察权属于与行政权相并列的权力束，如果允许其具有刑事处罚权、行政处分权，则不符合权力分立的法理。监察委员会的处置是过程性的处置，而非最终的实体处置权。这种处置权本身偏重程序性质，而非实体性。②但是，监察委员会或者派出监察机构原则上既可以对公职人员涉嫌职务违法进行调查、处置，又可以对涉嫌职务犯罪进行调查、处置，在一定范围内也可以对存在职务违法行为而情节较轻的公职人员按照管理权限，直接或者委托有关机关、人员，进行谈话提醒、批评教育、责令检查，或者予以诫勉。对违法的公职人员依照法定程序作出警告、记过、记大过、降级、撤职、开除等政务处分决定；对不履行或者不正确履行职责负有责任的领导人员，按照管理权限对其直接作出问责决定。其处分具有实体性。

三、监察委员会监察的对象范围

监察制度属于全面覆盖国家机关及其公务员的国家监察体系。这一体系在党内监督全覆盖基础上，将人大、政协、法院、检察院以及行使公权力的企事业党委等纳入监察范围，对行使公权力的公职人员的国家监察全覆盖，实现所谓无死角的全方位和立体式的监督。《监察法》第十五条规定："监察机关对下列公职人员和有关人员进行监察：（一）中国共产党机关、人民代表大会及其常务委员会机关、人民政府、监察委员会、人民法院、人民检察院、中国人民政治协商会议各级委员会机关、民主党派机关和工商业联合会机关的公务员，以及参照《中华人民共和国公务员法》管理的人员；（二）法律、法规授权或者受国家机关依法委托

---

① 参见高伟：《监察建议运用研究》，载《中国纪检监察报》2018年5月23日第8版。
② 参见周佑勇：《监察委员会权力配置的模式选择与边界》，载《政治与法律》2017年第11期。

管理公共事务的组织中从事公务的人员；（三）国有企业管理人员；（四）公办的教育、科研、文化、医疗卫生、体育等单位中从事管理的人员；（五）基层群众性自治组织中从事管理的人员；（六）其他依法履行公职的人员。"监察委员会对以下六类公职人员进行监察，可谓实现了监察对象的全覆盖，那么对依法履行公职人员的认定则有不同的标准。

监察对象和具体范围是法律确定的，具有明确性、具体性，一经确定不容变更，也不得作扩大解释，但如何理解"行使公权力的公职人员"？何为"公权力"？何谓"行使"等问题上存在不同观点。有学者认为，具体监察对象范围应包括中国共产党各级机关、各级人民政府、各级人大机关、各级政协机关和民主党派各级机关的工作人员；法律法规授权组织内行使国家公权力的国家工作人员；科教文卫体等事业单位的工作人员；国有企业管理人员。也有学者认为，监察对象仅适用于行使国家公权力的国家公职人员，应将非行使国家公权力的公职人员排除在外。还有学者认为，监察对象宜确定为所有公职人员，不分政治面貌和党派类别。那么，公职与公权力是否是一个等同的命题。公职是指公共权力，隐含公共职责、公共职能涵摄的公共服务，既体现全面从严，也防止钻空逃避。一方面，容易造成实践理解适用差异和尺度把握不一；另一方面，覆盖不全且为某些人逃避责任留下制度性漏洞。这种界定可借鉴《联合国反腐败公约》的规定，具体包括：无论是经任命还是经选举担任立法、行政、行政管理或者司法职务的任何人员，无论长期或者临时，计酬或者不计酬，也无论该人的资历如何。依照本国法律定义和相关法律领域中的适用情况，履行公共职能，主要包括为公共机构或者公营企业履行公共职能或者提供公共服务的任何其他人员。法律中界定为"公职人员"的任何其他人员。

监察对象不仅包括行使公权力的人员，还包括公权组织。公权组织纳入监察对象的范围，其理由为：一是承接《行政监察法》原有制度的需要，避免产生制度真空；二是强化部门间权力制约的需要，防止出现"超级机构"。监察对象应确定为所有的公职人员，对其不区分政治面貌和党派类别，不限定行使公权力的公职人员，这样可以全面从严、防止钻空逃避的现象出现，另外，也可以减少对行使公权力的理解适用的偏差。[①] 有学者提出，监察委员会的监察对象是国家全体公职人员，人大代表属于国家公职人员，而人大又监督国家监察委员会，在理论上如何协调值得讨论。有观点认为，监察委员会的全覆盖可以监督个人，不能监督机关，可以监督人大的工作人员，不能监督人大代表。但是，如何保持司法中立以及政协机关的纳入是否意味着政协的性质转变都是全覆盖中的问题，依然

---

① 参见罗亚苍：《国家监察体制改革的实践考查和理论省思》，载《理论与改革》2017 年第 5 期。

在理论未能厘清。① 也有学者提出，在国家公职人员中，审判人员也属于其中，也归入了监察委员会的监督对象，所以，审判机关对国家监察委员会的监督是一种双向监督，的确出现了审判机关监督力度更大的、不对等的双向监督，结果就导致对审判机关监督的软弱和局限。② 在试点中，山西省将原由公安机关管辖的国有公司、企业、事业单位人员行贿受贿、失职渎职以及村民委员会等基层组织人员贪污贿赂、职务侵占等罪名调整为监察委员会管辖；浙江省将"国家机关、事业单位、国有企业委派到其他单位从事公务的人员"纳入监察范围。在一定意义上，对事业单位、国有企业等普通员工，如学校普通老师、医院的医护人员等，是否纳入监督范围尚需进一步明确。

我国《监察法》通过列举加兜底的方式规定监察委员会的监察对象，但是，还是有一些问题是不明确的，如政协的工作人员、规章授权组织、对公权力组织、公权力及公权力的行使者的科学分类等，所以，需要确定重点对象与重点领域，需要区分一般与重点两类监察对象，分门别类地进行监察。③ 有学者提出，政协机关公职人员受国家财政资助，在行使公权力的过程中接受监察是没有异议的。④ 也有学者提出，科教文卫体等事业单位的工作人员中需要区分工作性质来进行监察，例如，事业单位的工勤人员多从事服务类工作不参与公权力的实施，需要立法予以明确；国企管理人员中的关键少数需要法律对级别、企业性质等进行界定；⑤ 按照《监察法》的设想，监察委员会对党的公职人员进行监督，也就是说，所有党员身份的国家公职人员都属于监察的身份，实际上，意味着监察委员会可以对整个党的机关进行检查，对党的公职人员的监督可能产生的影响需要有关方面谨慎研究。⑥ 监察对象仅适用于行使国家公权力的国家公职人员，非行使国家公权力的公职人员应当排除在外。⑦

监察委员会的监督对象与范围，不仅需要通过法律来明确公权力主体与公职的范围与界限，而且还应当对目前的公职人员的范围进行适当限制，以突出对"关键少数人"的监督，防止监察监督权泛化。⑧ 随着监察制度改革的深入，监察委员会成为调查职务犯罪职责的专门机关，其监督权的内容涉及面非常广，公

---

① 参见秦前红：《监察体制改革的逻辑与方法》，载《环球法律评论》2017年第2期。
② 参见李声高：《国家监察权运行机制研究——兼论检察机关改革的方向》，载《时代法学》2017年第6期。
③ 参见杨建顺：《国家监察体制改革的十大课题》，载《中国法律评论》2017年第6期。
④ 参见马怀德：《对监察法草案的七点看法》，政府法治网，http：//fzzfyjy. cupl. edu. cn/info/1021/7785. htm，访问时间：2018年12月25日。
⑤ 参见马怀德：《国家监察法的立法思路和立法重点》，载《环球法律评论》2017年第2期。
⑥ 参见刘松山：《对推进监察体制改革的一些建议》，载《中国法律评论》2017年第14期。
⑦ 参见杨解君：《全面深化改革背景下的国家公权力监督体系重构》，载《武汉大学学报》（哲学社会科学版）2017年第3期。
⑧ 参见韩大元：《论国家监察体制改革中的若干宪法问题》，载《法学评论》2017年第3期。

务人员的依法履职、道德操守等都应在其监督调查范围内。① 监察委员会调查职务违法及监督检查的范围方面有权监督检查公职人员的"道德操守"。然而,"道德操守"并不是一个法定概念,其内涵比较模糊、宽泛,应予以明确细化,可参考《公务员纪律处分条例》等将其界定为违反公职人员职业道德、社会公德的情形。② 监察委员会的监察范围应限于涉及公权力事项,对于道德等私德若非要监察不妨留给党纪处理。法律若直接规定可以对道德操守进行监察,那么就属于道德与法律不分的表现,于法治国家并不合适。然而,考虑到监察对象是国家公职人员,对其执行职务时遵守公共道德的情况予以监察是可以的。③ 也就是说,尽管《监察法》对监察监督对象范围有了规定,但从规定的内容与监督范围及其对象的性质来考虑,依然不是十分清晰,有待于总结与探索。

四、监察委员会的监督客体

有学者提出,监察委员会的监察权只是针对人,而不是针对行为;针对公职人员的犯罪行为,也包括违法行为乃至一般的道德廉洁性。④ 也有学者提出,监察委员会的监察重点是"对事监督",即执法监督、重大决策监督与效能监督,有权对行政机关、中国共产党的机关因行使国家权力而做出的决定、规范性文件及重大决策事项进行执法监察和效能监察,对确权、限权、行为等实施监督。⑤ 还有学者提出,"对事监督"的概念是对监察职责与法制监督界限的混淆,导致了政党不分的混淆,而监察委员会监察的重点内容应为反腐败的相关内容,应为公权力组织及其公务人员行为的合法性和廉洁性。⑥ 另有学者认为,强大、全面、高效的"对事监督权"是有效扼止公权腐败的基础。⑦ "对事监督权"也许是发现公权力被滥用与否的最佳观测点,然而,由于主要是对政府及其部门执行法律法规问题的监督检查,必然占用监察机关的大量精力。深化国家监察体制改革,就是要进一步突出反腐败的核心职能,强化事前事中事后监察的有效衔接,在违

---

① 参见叶青、王小光:《检察机关监督与监察委员会监督比较分析》,载《中共中央党校学报》2017年第3期。
② 参见阳平:《论我国香港地区廉政公署调查权的法律控制——兼评中华人民共和国监察法草案》,载《政治与法律》2018年第1期。
③ 参见童之伟:《国家监察立法预案仍须着力完善》,载《政治与法律》2017年第10期。
④ 参见王旭:《国家监察机构设置的宪法学思考》,载《中国政法大学学报》2017年第5期。
⑤ 参见魏昌东:《国家监察委员会改革方案之辨正:属性、职能与职责定位》,载《法学》2017年第3期。
⑥ 参见罗亚苍:《国家监察体制改革的实践考查和理论省思》,载《理论与改革》2017年第5期。
⑦ 参见魏昌东:《国家监察委员会改革方案之辨正:属性、职能与职责定位》,载《法学》2017年第3期。

纪与违法之间层层设置防线，从根本上强化对权力运行的过程性与结果性控制。①

另外，监察对象监督的救济机制。监察权成为继立法权、行政权和司法权之外的第四权，带来了国家监察权的行使对公民权利造成损害的救济途径问题，法律有必要赋予被监察对象专门的救济权和救济程序。确定反腐败特别调查程序启动后被调查对象相关的申诉、陈述、委托直系亲属或者律师适时适度代为申诉、陈述等权利，诬告错告处理、被处分人申诉、复核、复议等救济制度，以及与此相匹配的赔偿制度。② 有学者提出，国家监察体制应设计监察对象的权益救济机制，通过修法或法律解释途径将其纳入国家赔偿的范畴。③ 也有学者提出，国家监察立法有必要适当引入司法救济机制，即对限制人身自由的强制措施、对财产的部分强制措施，以及个别最严厉的行政处分决定（如开除公职）不服，赋予相对提起诉讼的权利。④ 还有学者提出，在保留申诉、复核等原有行政内部救济机制的同时，还应区分监察对象个人和组织，分别设计相应的权利救济机制，增加重大监察事项听证程序、补充法律代理人或辩护人制度，探索建立与监察权力扩大相对称的权利救济机制。⑤

一是救济程序。为了保护被调查人的合法权益，强化对监察机关及其工作人员的监督管理，对监察机关采取相关调查措施过程中，侵害被调查人的人身、财产权等合法权益的，《监察法》赋予被调查人及其近亲属有权申诉权，保障被调查人及其近亲属的救济权。《监察法》第六十条规定："监察机关及其工作人员有下列行为之一的，被调查人及其近亲属有权向该机关申诉：（一）留置法定期限届满，不予以解除的；（二）查封、扣押、冻结与案件无关的财物的；（三）应当解除查封、扣押、冻结措施而不解除的；（四）贪污、挪用、私分、调换以及违反规定使用查封、扣押、冻结的财物的；（五）其他违反法律法规、侵害被调查人合法权益的行为。"

二是实体救济。我国《监察法》第六十四条规定："监察对象对控告人、检举人、证人或者监察人员进行报复陷害的；控告人、检举人、证人捏造事实诬告陷害监察对象的，依法给予处理。"实体救济应当注意两个方面的内容：（1）监察对象对控告人、检举人、证人或者监察人员进行报复陷害。报复陷害包括监察对象滥用职权假公济私，对控告人、检举人、证人或者监察人员实施报复陷害等

---

① 参见刘晓峰：《新中国成立以来我国监察制度发展历程、演进趋势及改革目标》，载《社会主义研究》2018年第2期。
② 参见徐汉明：《国家监察权属性的探究》，载《法学评论》2018年第1期。
③ 参见秦前红、底高扬：《从机关思维到程序思维：国家监察体制改革的方法论探索》，载《武汉大学学报》（哲学社会科学版）2017年第3期。
④ 参见姜明安：《国家监察法立法的若干问题探讨》，载《法学》2017年第3期。
⑤ 参见罗亚苍：《国家监察体制改革的实践考察和理论省思》，载《理论与改革》2017年第5期。

行为。控告权、检举权是宪法赋予公民的基本权利。同时，监察人员在办理监察事项过程中不可避免地会触动一些人的实际利益，特别是"关键少数"的权力系谱，会遇到一些人不同程度地抗拒，其中，包括为了逃避制裁和出于受到制裁后的怨恨，而对监察人员进行报复陷害。实践中，监察对象对控告人、检举人、证人或者监察人员打击报复的表现形式多种多样，如诬蔑陷害，围攻阻挠，谩骂殴打，无理地调动工作，压制提职晋级和评定职称等。监察对象对控告人、检举人、证人或者监察人员进行报复陷害的，应当依法给予政务处分；是党员的，依照《中国共产党纪律处分条例》追究党纪责任；构成犯罪的，依法追究刑事责任。（2）控告人、检举人、证人捏造事实诬告陷害监察对象。这主要是指控告人、检举人、证人捏造事实，告发陷害监察对象，意图使他受党纪政务处分或者刑事追究等行为。控告人、检举人、证人捏造事实诬告陷害监察对象，既包括以使监察对象受刑事追究为目的，也包括以败坏监察对象名誉、阻止监察对象得到某种奖励或者提升为目的而诬告其有违法违纪行为。对于控告人、检举人、证人诬告陷害监察对象的，应当依法给予政务处分；是党员的，依照《中国共产党纪律处分条例》追究党纪责任；构成犯罪的，依法追究刑事责任。①之所以如此规定，主要是保障公民的控告权和检举权，保证监察人员行使职权不受非正当的阻拦和非法侵害。

另外，我国《监察法》第六十七条规定了"监察机关及其工作人员行使职权，侵犯公民、法人和其他组织的合法权益造成损害的，依法给予国家赔偿。"监察机关因其履行职责构成侵权，应承担赔偿责任时，一般要具备以下几个条件：（1）公民、法人或者其他组织受到的损害必须是监察机关或者监察人员违法行使职权所造成的。所谓"行使职权"，一般是指监察机关及其工作人员依据职责和权限所进行的活动。监察人员在从事与行使职权无关的个人活动给公民、法人或者其他组织造成损害的，监察机关不承担国家赔偿责任。（2）损害事实与违法行使职权的行为之间存在着因果关系。违法行使职权的行为既包括侵犯公民、法人或者其他组织财产权的行为，如违法冻结案件涉嫌人员的存款等，也包括侵犯人身权的行为，如采取留置措施时超过法定期限等。（3）损害必须是现实已经产生或者必然产生的，不是想象的、虚拟的，是直接的，不是间接的。（4）赔偿是法律规定的。国家赔偿责任是一种法律责任，只有当法律规定的各项条件具备后，国家才予以赔偿。受损害人提出国家赔偿请求，应当在法定范围和期限内依照法定程序提出。对于不符合法定条件，或者不属于法定赔偿范围的，国家不负

---

① 中央纪委国家监委法规室编：《〈中华人民共和国监察法〉释义》，中国方正出版社2018年版，第271~273页。

责赔偿。《监察法》出台后,《中华人民共和国国家赔偿法》(以下简称《国家赔偿法》)将作相应修改,对监察机关的国家赔偿责任相关内容作出规定。公民、法人和其他组织请求监察机关给予国家赔偿的具体程序,按照《国家赔偿法》的有关规定执行。① 另外,其赔偿的确认机关以及程序将在《国家赔偿法》修改中予以规定。

五、监察委员会制度与司法制度的衔接

监察委员会制度与司法制度的衔接将在最后一章具体论述。这里主要针对关于律师是否需要介入监察机关监督调查程序梳理不同的观点。对此仅仅呈现观点,不进行论证。主要内容在其他章节予以叙述。

第一种观点认为,监察委员会调查程序应当规定律师介入制度。《监察法》未规定在监察委员会调查的过程中允许律师介入,这实际上排除了被调查人的辩护权,不符合法律关于辩护权的规定。有学者提出,《监察法》没有提及律师介入,但是,从价值权衡与妥协的角度来考虑,若能以权力受到某些限缩来换取律师的介入,这种限缩是可以容忍的。在惩罚犯罪与保障人权、实体公正与程序公正等价值的选择之间,应当坚持一个底线,在监察委员会调查阶段应当允许律师介入,而律师的身份、享有的权利需要综合因素予以考量。② 也有学者提出,监察委员会查证案件时不受《刑事诉讼法》的约束,辩护律师无法在调查阶段介入诉讼,这使得辩护制度在反贪腐案件查办领域的进步无法得到体现。监察委员会在查办职务违法犯罪案件中,对被调查人因留置可能被羁押时间长达数月,但律师无法介入其中、不能提供法律帮助,这与我国取得的辩护制度的进步很不相称。③ 也有学者指出,律师在留置措施阶段提前介入,是国家整体法治进步的展现,不能使刑事诉讼辩护权的发展倒退。④

涉及监察委员会调查职务违法犯罪案件对辩护的影响主要涉及律师在检察机关反贪反渎案件的辩护权能否一并转隶到监察委员会反腐案件中,当被监察人的人身自由被限制时,应当为其提供交流的通道,允许其委托律师提供法律帮助。⑤

---

① 参见中央纪委国家监委法规室编:《〈中华人民共和国监察法〉释义》,中国方正出版社 2018 年版,第 283~284 页。
② 参见王迎龙:《监察委员会权利运行机制若干问题——以〈国家监察法〉(草案)为分析蓝本》,载《湖北社会科学》2017 年第 12 期。
③ 参见张建伟:《法律正当程序视野下的新监察制度》,载《环球法律评论》2017 年第 2 期。
④ 参见秦前红、石泽华:《目的原则与规则:监察委员会调查活动法律规制体系初构》,载《求是学刊》2017 年第 5 期。
⑤ 参见郭华:《监察委员会与司法机关的衔接协调机制探究——兼论刑事诉讼法的修改》,载《贵州民族大学学报》(哲学社会科学版)2017 年第 2 期。

为了更好地保护人权、促进依法治国，监察委员会调查期间应当允许律师介入，时间节点可以参照刑事诉讼的介入节点自第一次讯问或采取留置措施之日起，被留置人可以委托律师，律师可以以法律帮助人的身份参与调查，但不具有刑事辩护人的法律身份与权利。① 也有学者提出，既然调查活动包含了侦查，并且在程序上与检察院的审查起诉阶段相衔接，那么公职人员接受调查时就应当允许辩护律师介入，不能让腐败犯罪案件成为例外。当然在这个基础上，可以适当作一些调整，更不宜置被监察人享有的宪法性权利而不顾。② 还有学者提出，在监察体制改革中不能只转权力、不转权力监督，不能顾此失彼。在职务犯罪调查阶段被调查人的辩护权应当得到保障，其应当享有聘请辩护律师的权利。③

律师介入制度既是人权保障的需要，也是防范权力滥用的要求，要充分保障律师在调查阶段的权利。在监察机关第一次开始讯问涉嫌职务犯罪的人或对其采取留置等措施时应告知犯罪嫌疑人有权委托辩护人，如果因经济困难或其他原因没有聘请辩护人的，可以申请法律援助。④ 为了更好地保护被调查人员的权利，保障监察体制改革在法治的轨道内向前推进，应当赋予律师在调查期间介入的权力。在留置期间，自监察人员对被调查人员采取第一次讯问之日起，被调查人员有权委托律师，但危害国家安全犯罪、恐怖活动犯罪、特别重大贿赂犯罪案件的律师介入应当经监察委员会许可。⑤ 在当前监察委员会职务犯罪调查权系由检察院转隶而享有的背景下，辩护律师在侦查阶段即可介入，监察委员会进行职务犯罪调查没有理由不让律师介入。⑥《监察法》中没有明确职务犯罪调查期间律师介入的问题，而该问题涉及人权保障的重要问题，应当允许律师适当介入。允许律师介入，符合程序正义和公民权利的基本要求。不能因为职务犯罪侦查权转隶为监察调查权就使这种权利保障化为乌有；同时，律师介入制度有利于从源头上最大限度地避免冤假错案的发生。⑦ 在留置措施阶段，可以参考法律援助的做法为被调查人提供必要的法律咨询。律师的介入总体上利大于弊。⑧

第二种观点认为，反对律师介入的观点。有学者认为，允许律师在使用留置措施时介入，确保职务犯罪嫌疑人的合法权益，确实是国家整体法治进步的体

---

① 参见郭华：《监察委员会留置措施的立法思考与建议》，载《法治研究》2017年第6期。
② 参见刘松山：《对推进监察体制改革的一些建议》，载《中国法律评论》2017年第14期。
③ 参见熊秋红：《监察体制改革中职务犯罪侦查权比较研究》，载《环球法律评论》2017年第2期。
④ 参见李勇：《对监察委员会的监督制度设计》，载《国家行政学院学报》2017年第2期。
⑤ 参见王晓：《监察委员会的留置措施论要》，载《北京联合大学学报》（人文社会科学版）2017年第2期。
⑥ 参见秦前红、石泽华：《监察委员会留置措施研究》，载《苏州大学学报》（法学版）2017年第4期。
⑦ 参见陈光中、姜丹：《关于〈监察法〉（草案）的八点修改意见》，载《比较法研究》2017年第6期。
⑧ 参见陈光中、邵俊：《我国监察体制改革若干问题思考》，载《中国法学》2017年第4期。

现，但是，在该阶段，正处于证据尚未确定阶段，律师的提前介入虽有利于被调查人的人权保障，但存在极大的证据风险，这种风险可能导致应该查证的腐败分子逍遥法外。所以，此阶段律师不宜介入，只有当监察案件移送检察机关审查起诉时，从检察机关受理开始，律师以刑事辩护人的身份介入才具有合理性、合法性和正当性。① 也有学者提出，法律界对律师不介入会导致被留置人员的权利造成侵害的担忧不无道理，但是，并非只有刑事诉讼程序才能保障被调查人权利，程序完备的监察程序一样可以起到保障作用。当前，留置期间律师无法依照《刑事诉讼法》介入，而不是主张律师不介入。《监察法》没有将调查定性为侦查措施，调查依《监察法》进行，而非《刑事诉讼法》，通过《监察法》规定的完备的程序并进一步细化，可以防止任何可能的权力滥用。② 但是，对于检察机关反腐职能转隶，其中，附在检察机关上的其他配套制度也应当一并转隶，一旦有些制度被削减或者遗弃，其制度运行机制有可能因缺少原有的配置机制而出现异化，影响权力运行的正当性和法治的现代化。

六、监察委员会向人大报告工作问题

我国《宪法》规定了人民政府、人民法院、人民检察院向人大报告工作。这一工作机制的实践表明，向人大报告工作既可以进行意见表达，又可使报告机关产生必要的压力，的确在实践中产生了报告被否决的问题。"向人大报告工作"是我国的政治实践的传统，而《监察法》未规定监察委员会需向人大报告工作，③ 学界普遍认为，不向人大报告工作易使人大的监督权落空。

第一种观点认为，没必要设置监察委员会向人大报告制度，监察委员会也无须向人大报告工作。有学者提出，根据《监察法》的规定，监察委员会实行委员会负责制，实践中出现的权责归属不明的情况使监察委员会难以公正分配责任；同时，监察委员会的监察对象包含部分人大代表，若要求监察委员会向人大报告工作则会产生冲突。④ 也有学者提出，监察委员会由同级人大选举产生，但在组织原则上只服从上级监察委员会的决定，无须向同级人大报告工作，并认为向人大报告工作的观点是不正确的，在实践中是有害的。这种报告工作的形式可能形

---

① 参见吴建雄：《监察体制改革试点视域下监察委员会职权的配置与运行规范》，载《新疆师范大学学报》（哲学社会科学版）2018 年第 5 期。
② 参见马怀德：《对监察法草案的七点看法》，政府法治网，http：//fzzfyjy.Cupl.edu.cn/info/1021/7785.htm。访问时间：2018 年 12 月 28 日。
③ 《监察法（草案）》第五十一条规定："各级人民代表大会常务委员会可以听取和审议本级监察机关的专项工作报告，并组织执法检查。"
④ 参见马怀德：《国家监察法的立法思路和立法重点》，载《环球法律评论》2017 年第 2 期。

成监察委员会的监察权与人大的监督权之间的相互制约，可能产生不良的政治后果，干扰中国特色监察权的有效运行。① 还有学者提出，监察权的运行需要监督制约，要强化人大及其常委会的权力监督机制，宪法赋予人大监督权，接受人大监督是国家监察机关的法定义务，各级人大常委会可以听取和审议本级监察机关的专项工作报告；县级以上各级人大代表及其常委会组成人员可以就监察工作总的问题提出询问或质询，并没有提及人大可以听取工作报告的规定。②

第二种观点认为，监察委员会应当建立向人大报告制度。从目前的状况来看，赞成监察委员会向人大报告的声音占多数。有学者提出，监察委员会如果像中央军事委员会一样完全不向人大报告工作，则将有违人民代表大会制度所确认的"议会至上"的体制，也不符合"把权力关进制度笼子里"的权力监督理论。③ 也有学者提出，如果仅仅是为了防止握有实权且作为监察对象的人大代表出现的情绪性投票，或者为了缓解监察委员会的压力，这确实是值得考虑的因素。但是，如果监察委员会不向人大报告工作并接受其评议和表决，而"一府两院"却要这样做，四者本应属于同等地位，监察委员会无法持有构成例外的充足的法理依据。④

从理论上讲，基于"产生—负责"机制，监察委员会由各级人大产生，自然应该对人大负责，受同级人大及其常委会的监督，并以适当的方式向人大报告工作。⑤ 有学者提出，在对监察委员会的监督过程中，为了更好地落实各级人大及其常委会的监督职责，监察委员会需要定期向本级人大及其常委会报告有关工作。⑥ 也有学者提出，监察委员会在位阶上同政府、法院、检察院是并列的，监察权应当独立于行政权、审判权与检察权，不受其他部门的干预，但是，监察委员会不能超越人大，其由人大产生，应受到人大的监督，同人民法院和人民检察院一样，要向人大进行报告。⑦ 还有学者提出，与监察委员会平行的其他国家机构都依法向人大负责并报告工作，而《监察法》没有规定监察委员会向人大报告工作，与其他国家机构明显不同，这会大大削弱各级人大及其常委会对本级监察委员会的监督。此外，监督方式采用"可以"二字，弹性化的规定也削弱了各级

---

① 参见莫纪宏：《国家监察体制改革要注重对监察权性质的研究》，载《中州学刊》2017年第10期。
② 参见吴建雄：《监察体制改革试点视域下监察委员会职权的配置与运行规范》，载《新疆师范大学学报》（哲学社会科学版）2018年第5期。
③ 参见刘松山：《监察体制改革的冷思考》，载《中国法律评论》2017年第2期。
④ 参见张建伟：《法律正当程序视野下的新监察制度》，载《环球法律评论》2017年第2期。
⑤ 参见郝建臻：《我国设立监察委员会的宪制机理》，载《中国政法大学学报》2017年第4期。
⑥ 参见李勇：《对监察委员会的监督制度设计》，载《国家行政学院学报》2017年第2期。
⑦ 参见王迎龙：《监察委员会权利运行机制若干问题——以〈国家监察法〉（草案）为分析蓝本》，载《湖北社会科学》2017年第12期。

人大常委会的监督职能。① 有学者提出，为了使监察权的运行不偏离其制度安排，其目的与法治轨道，需要建立上下统一、内部协调等的运行机制，其中，上下统一就要求监察委员会必须与"一府两院"一样，向其报告工作，接受其监督。②

在我国推进监察体制改革需要遵循人民主权原则。也就是说，监察委员会必须由同级人民代表大会产生，对它负责、受它监督，主要是通过听取工作报告等方式进行监督。要使监察委员会所拥有的权力不过大、过于集中，必须对其有外部及内部的有效监督制约，充分发挥好人民代表大会制度的优势，充分发挥好向本届人民代表大会报告工作的作用，接受人大的表决评价。③ 监察委员会行使监察权不得违背人大制度这一根本制度，需要接受其合法监督和制约，在行使监察权时需要对人大作工作报告。④ 从目前的职权安排和规定的内容来看，监察委员会可以不向人大报告工作，其背后的意图或许是将其建设成为不受人大制度约束的社会特权机构，但是，这或许违背宪法规定、精神以及人民代表大会制度的要求。⑤ 有学者提出，监察委员会由于其在性质上更接近政府，而非法院、检察院，所以，监察委员会应该和行政机关一样，要向人大报告工作，接受其质询和监督。⑥ 也有学者提出，在人民代表大会制度下，所有的国家机构都必须对人大负责，这种负责是全覆盖性的，监察委员会也不例外，需要向人大报告工作，并接受其质询、询问。⑦ 还有学者提出，本质上监察委员会行使的监察权属于人民，确保人民授予的权力不被滥用，因此，有关立法应明确监察委员会与人民政府、人民法院、人民检察院一样，向人大及其常委会报告工作，受其监督。⑧ 另有学者提出，基于监察委员会的民主正当性与受人大监督的必要性，也是监察委员会权力受限制的重要机制。作为对公权力的监督者，监察委员会理应遵循民主原则，不宜把行使职权的独立性置于民主正当性基础之上，应同"一府两院"一样向人大报告工作。⑨ 我国《监察法》仅仅规定了"国家监察委员会对全国人民代表大会及其常务委员会负责，并接受其监督。""地方各级监察委员会对本级人民

---

① 参见陈光中、姜丹：《关于〈监察法〉（草案）的八点修改意见》，载《比较法研究》2017年第6期。
② 参见徐汉明：《国家监察权的属性探究》，载《法学评论》2018年第1期。
③ 参见焦洪昌、古龙元：《从全国人大常委会授权看监察体制改革》，载《行政法学研究》2017年第4期。
④ 参见秦前红、石泽华：《论监察权的独立行使及其外部衔接》，载《法治现代化研究》2017年第6期。
⑤ 参见童之伟：《国家监察立案预案仍须着力完善》，载《政治与法律》2017年第10期。
⑥ 参见马岭：《监察委员会的设立与人大制度的完善及宪法修改》，载《苏州大学学报》（法学版）2017年第4期。
⑦ 参见王旭：《国家监察机构设置的宪法学思考》，载《中国政法大学学报》2017年第5期。
⑧ 参见徐汉明：《国家监察权的属性探究》，载《法学评论》2018年第1期。
⑨ 参见韩大元：《论国家监察体制改革中的若干宪法问题》，载《法学评论》2017年第3期。

代表大会及其常务委员会和上一级监察委员会负责，并接受其监督。"没有明确监察委员会是否向人大报告工作，但规定了"各级人民代表大会常务委员会听取和审议本级监察委员会的专项工作报告，组织执法检查。"由于监委承担的反腐败工作具有特殊性，事关重大，保密要求高，认为不宜在人大会议上公开报告。向人大作工作报告不符合监察委员会的特点和工作要求，基于监察委员会和纪委合署办公，需要向同级党委报告工作。尽管这种做法坚持了党的领导，但与监察委员会作为国家机关尤其是与其作为人大产生的国家机关的性质不完全吻合。

七、审计机关并入监察委员会问题

在监察制度改革中曾经存在将审计机关并入监察委员会的观点。尽管监察制度改革试点和《监察法》没有将审计机关并入监察委员会，学界对其讨论与观点依然对于目前深化党和国家机构改革有一定的价值与意义。对于审计机关是否需要并入监察委员会存在以下不同的观点。

第一种观点，反对将审计机关并入监察委员会。有学者提出，审计机关虽然也承担着一定的反腐功能，但其工作重点并非完全的反腐败，而是为了监督财政资金能否得到合理有效地利用，系财政经济领域的专项监督，无必要整合到监察委员会之中。① 审计机关除在反腐败方面外，其在财政资金的合理有效利用方面任务很重，其健全的机制体制若要整合到监察委员会中存在较大的难度。② 也有学者提出，审计权属于不必要也不宜划归监察委员会的权力。虽然审计权具有反腐的重要作用，但基于效率考虑而对权力的集中要以权力功能的总体一致为前提，审计权承载着审计监督、促进廉政建设、维护国家财政经济秩序、提高财政资金使用效益等多种职能，划入监察委员会会影响审计权及其他功能的有效实现；另外，审计权与监察委员会监察对象范围全覆盖存在差异，不能忽略此点将审计机关划入监察委员会。③ 还有学者提出，审计机关的审计权独立行使于国务院为代表的行政系统之下，形成了一个在总理垂直领导之下的庞大审计体系，若通过修宪将其并入监察委员会中则耗费巨大的成本，且具有财政监督的独特性和特殊性，所以，不必要把审计机关整合至监察委员会内，然而，这两者可以实现协同办案，发挥制度合力。④

第二种观点，赞成将审计机关并入监察委员会的观点。有学者提出，政府的

---

① 参见马怀德：《国家监察法的立法思路和立法重点》，载《环球法律评论》2017年第2期。
② 参见马怀德：《国家监察体制改革的重要意义和主要任务》，载《国家行政学院学报》2016年第6期。
③ 参见周佑勇：《监察委员会权力配置的模式选择与边界》，载《政治与法律》2017年第11期。
④ 参见王旭：《国家监察机构设置的宪法学思考》，载《中国政法大学学报》2017年第5期。

监察（预防）和检察的职务犯罪侦查或预防部门力量，以及行政审计中对领导干部及国家工作人员的履职和离任审计力量涵盖了反腐败行政执纪和反腐败国家执法，具有发现、查办国家工作人员违纪违规和违法犯罪的关联性、协同性和一致性。① 理想的监察委员会应具有集中性，应将国家所有相关监察职权的部门整合，审计监察特别是政府审计监察，是对公职人员监察的一种重要监察方法，侧重于对国家机关或国有企事业单位的财政、财务收支以及其他有关经济活动的监察，属于国家监察权中的重要组成部分，应当合并整合进来。② 也有学者提出，就监察委员会的组成架构来看，监察委员会内部机构应设置审计部，主要承担国家机关及其公务人员的财务监督职责，出于整合政府内部的审计部门、监察部门及检察院内部的反贪腐部门相关职能的考虑，设立监察委员会，必须把审计署囊括在内。③ 还有学者提出，审计机关并入监察委员会中，审计是监察机关的重要手段，而且审计署政体并入监察委员会的改革成本也不太高。④ 在职务犯罪案件中，审计是重要的发现犯罪线索的手段，如若将审计机关合并进监察委员会中，需要重点研究监察委员会与审计署的张力问题。⑤

根据《深化党和国家机构改革方案》的要求，为加强党中央对审计工作的领导，构建集中统一、全面覆盖、权威高效的审计监督体系，更好发挥审计监督作用，组建中央审计委员会，作为党中央决策议事协调机构。其主要职责是，研究提出并组织实施在审计领域坚持党的领导、加强党的建设方针政策，审议审计监督重大政策和改革方案，审议年度中央预算执行和其他财政支出情况的审计报告，审议决策、审计监督其他重大事项等。中央审计委员会办公室设在审计署。随着国家监察体制改革的逐步推进，国家监察委员会应根据扩权的需要，逐步将政府的审计机构整合进来，行使审计权。⑥ 有学者提出，审计机关的监督体现的是同体监督，削弱了监督的实效。由于审计工作较强的专业性，不是经短期培训就可以掌握的；而且审计在反腐工作中起到重要作用，财务凭证等需要专业的审计来为案件侦破提供依据；此外，如果委托外面的会计师事务所进行审计最重要的是可能会造成案件的泄密，所以，不排除审计机关或审计机关部分职能部门整合到监察委员会的可能性。⑦ 在监察制度改革中，没有将审计整合到监察委员会中。

---

① 参见吴建雄：《国家监察体制改革的前瞻性思考》，载《中国社会科学报》2017 年 2 月 15 日第 5 版。
② 参见王春业：《论法治视野下监察委员会体制的构建》，载《江海学刊》2017 年第 5 期。
③ 参见焦洪昌、叶远涛：《监察委员会的宪法定位》，载《国家行政学院学报》2017 年第 2 期。
④ 参见何家弘：《论反腐败机构之整合》，载《中国高校社会科学》2017 年第 1 期。
⑤ 参见秦前红：《国家监察体制改革宪法设计的若干问题思考》，载《探索》2017 年第 6 期。
⑥ 参见姬亚平：《国家监察委员会的设立与运行制度研究》，载《财经法学》2018 年第 1 期。
⑦ 参见刘振洋：《论国家监察体制重构的基本问题与具体路径》，载《法学》2017 年第 5 期。

审计作为一种独立性的经济监督活动,是党和国家监督体系的重要组成部分,其体制改革需要深化。为此,《中共中央关于深化党和国家机构改革的决定》宣布组建中央审计委员会作为党中央决策议事协调机构,并提出"构建党统一指挥、全面覆盖、权威高效的监督体系,保障依法独立行使审计监督权"。2018年5月23日,中央审计委员会召开了第一次会议。① 会议审议通过了《中央审计委员会工作规则》《中央审计委员会办公室工作细则》《2017年度中央预算执行和其他财政支出情况审计报告》《2018年省部级党政主要领导干部和中央企业领导人员经济责任审计及自然资源资产离任(任中)审计计划》等文件。中央审计委员会对国家审计工作实行全方位的领导,为构建集中统一、全面覆盖、权威高效的审计监督体系奠定了基础。

八、监察委员会的领导方式

根据《监察法》的规定,监察委员会在人事管理体制上实行的是双重领导,这种双重领导体制引发了一些学者的讨论。有学者认为,当前的双重领导体制其特点是掌握了人事大权的人,才起真正作用的领导,实际上主要是地方的领导,上级只是业务指导而已,而地方人事的决定权难以保证监察委员会摆脱地方的干预,由地方介入对监察委员会的组成难以摆脱地方化桎梏,所以,应该实行独立的垂直的管理体制而非双重领导方式。② 也有学者提出,在组织体系方面,监察委员会更应该像检察系统保留内部上下级之间的服从性,即上级监察委员会领导而非监督下级监察委员会。在监察委员会内部,监察权在性质上与人大的民主议事功能有较为明显的差异,人大的合议制并不完全适合监察机关;此外,监察委员会不应采纳政府的首长制模式。监察委员会应该像检察院那样的准合议制模式,决定一切案件应经过集体讨论,实行民主集中,而不是主任一人决断。③ 还有学者提出,如果强调自下而上的民主监督这一社会主义宪法对权力制约与监督的传统做法,那么需要重视监察委员会的民主正当性,在运作机制上应采取"委员会集体负责制",而非"首长负责制"。④ 我国的监察体制改革对监察机关的工作责任制不宜实行首长负责制,可实行类似检察院的民主集中制,由监察委员会主任统一领导行政工作,各级监察委员会实行民主集中制,在监察委员会主任的主持下,讨论决定重大案件和其他重大问题。如果监察委员会主任在重大问题上

---

① 中央审计委员会主任由习近平担任,副主任由中共中央政治局常委、国务院总理李克强和中共中央政治局常委、中央纪律检查委员会书记赵乐际担任。
② 参见王春业:《论法治视野下监察委员会体制的构建》,载《江海学刊》2017年第5期。
③ 参见马岭:《论监察委员会的宪法条款设计》,载《中国法律评论》2017年第6期。
④ 参见翟国强:《设立监察委员会的三个宪法问题》,载《中国法律评论》2017年第2期。

不同意多数人的决定，可以报请本级人大常委会决定。从中央到地方，各级国家监察机关的纵向关系，也可以采用类似检察院现有的垂直领导体制。①

对于国家监察委员会的领导体制，我国《宪法》规定，中华人民共和国国家监察委员会是最高监察机关，国家监察委员会领导各级监察委员会的工作，上级监察委员会领导下级监察委员会的工作。我国《监察法》第十条规定："国家监察委员会领导地方各级监察委员会的工作，上级监察委员会领导下级监察委员会的工作。"国家监察委员会在全国监察体系中处于最高地位，主管全国的监察工作，率领并引导所属各内设机构及地方各级监察委员会的工作，一切监察机关都必须服从其领导。地方各级监察委员会负责本行政区域内的监察工作，除了依法履行自身的监督、调查、处置职责外，还应对本行政区域内下级监察委员会的工作实行监督和业务领导。

第四节 监察委员会的监督问题

对于监察委员会的监督因其与纪委合署办公表现得较为复杂。有学者认为，现在监察委员会与党的纪律检查委员会完全合署，实行两块牌子、一套班子，在性质上与此前国务院的行政监察与中纪委的合署有重大区别。它意味着在人民代表大会之下，有一个同政府平行的一级国家政权机关与党的纪律检查委员会完全重合了。类似情况已有先例，就是国家中央军事委员会的设立。1982年，宪法设立了国家中央军事委员会，作为一级国家政权机关。为了保证党对军队的绝对领导，我们实行了党的中央军事委员会和国家中央军事委员会合署办公的做法，即两块牌子、一套班子。由于国家武装力量的特殊性，《宪法》没有规定国家中央军事委员会向全国人大及其常委会报告工作，实际上大大削弱了对中央军委的监督力度。所以，几十年来，全国人大及其常委会行使监督权，实际主要针对的是"一府两院"，没有把中央军事委员会纳入具体的监督范围。理论中，有人呼吁全国人大及其常委会对中央军事委员会也进行监督，当然是指对作为国家机关的中央军事委员会进行监督。全国人大及其常委会对作为国家机关的中央军事委员会进行监督，从宪法体制上是说得通的，符合人民代表大会制度的要求，但是，应当特别注意的是，由于党的中央军事委员会与国家中央军事委员会合署办公，这就带来一个重大问题，对国家中央军事委员会的监督，实际就是对党的中

---

① 参见童之伟：《国家监察立法预案仍须着力完善》，载《政治与法律》2017年第10期。

央军事委员会的监督,而党的中央军事委员会并不是由全国人大及其常委会产生的,①军委作为特殊组织不同于监察委员会,于是,衍生出人大及其常委会能否监督监察委员会的疑问,谁来监督监察委员会无疑成为公众关注的一个无法回避的现实问题以及不能绕开的制度问题。

这些疑问与观点不仅得到立法部门的重视,而且部分内容与建议在制定《监察法》时被吸收,但有关如何践行依然存在需要讨论的空间。有学者提出,对于监察委员会这样的位高权重而又掌握和运用国家强制力的新型国家机关来说,可以设立专门委员会。在层次较高的各级人民代表大会内增设对应的常设机构,对口加强监察委员会监察工作的监督,在相应级别人大常委会的专门委员会机构对监察委员会监督,称为监察监督委员会;此外,还包括政协中的专门委员会。②也有学者提出,可以考虑在各级人大常委会下设计一个专门委员会负责对监察委员会不作为和乱作为的举报调查工作,实行不告不理,使监察委员会得到人大及其常委会的监督。③

对此学者有如下几个方面的建议。

一是设立专责的监督机关。有学者提出,自我监督是国家为监察委员会设计的监督机制之一,但自我监督具有局限性,应当将自我监督纳入整个监督体系中进行审视,或者与其他监督机制相结合,或者引入外部监督力量。可以考虑在各级监察委员会内部设立由人大代表、专家学者、律师等人员组成的投诉委员会,专门受理对监察委员会及其工作人员的投诉举报。④也有学者提出,为监察委员会设立内部监督即自我监督,需要充分发挥好监察干部监督室的作用。监察干部监督室是专门负责监督国家监察委干部的机构,对违法犯罪的国家监察干部坚决处理、绝不姑息。⑤

二是检察机关作为监督机关。目前,专门法院和检察院的改制方式大部分并入普通法院和检察院系统中,所以,监察委员会内部最好也以只设军事监察委员会、不设其他专门监察委员会为好,避免多头管理,防止部门保护主义形成制度后带来的困扰,破坏监察机关的独立性。⑥由于国家监察委员会调查案件,名义上是调查而不是侦查,这就使人民检察院作为法律监督机关对于侦查活动的监督权在这个领域没有用武之地。从国际视野来看,《联合国反腐败公约》并没有为

---

① 参见刘松山:《对推进监察体制改革的一些建议》,载《中国法律评论》2017年第2期。
② 参见童之伟:《对监察委员会自身的监督制约何以强化》,载《法学评论》2017年第1期。
③ 参见李勇:《对监察委员会的监督制度设计》,载《国家行政学院学报》2017年第2期。
④ 参见马怀德:《再论国家监察立法的主要问题》,载《行政法学研究》2018年第1期。
⑤ 参见姬亚平:《国家监察委员会的设立与运行制度研究》,载《财经法学》2018年第1期。
⑥ 参见马岭:《论监察委员会的宪法条款设计》,载《中国法律评论》2017年第6期。

反腐败工作摆脱刑事司法惩处的限制提供依据。①

三是通过诉讼来实现司法监督。有学者提出,应采取有限的司法监督,允许被监督者起诉,但应将可诉性行为控制在较小的范围。②

对于监察委员会的监督制度问题,是一个需要探讨的问题。监察委员会是一个新的国家机关,监察的对象又是比较特殊的公权力群体,所以,在监察法制定过程中,社会各界均很关心如何实现对它的监督。现有的制度设计充分体现了监督的特性,监督委员会并非无人监督和无从监督。关于部分学者提出的在对监察委员会的监督方式中,如果再设立一个专门的外部机构,对监察委员会的工作进行专门监督,这并不可取,一方面,其不符合"精兵简政"的要求;另一方面,也会陷入永无止境的设立机构的怪圈之中,可能会出现机构设立的无限化,这是不现实的,③也不符合我国党政机关改革的基本方向。在监察委员会的组织架构上,将执纪监督部门和执纪审查部门分设,执纪监督部门负责联系地区和单位的日常监督,不负责具体案件查办;执纪审查部门负责对违纪违法行为的初核和立案审查,不固定联系某一地区或者部门,一案一指定、一事一授权,形成了执纪监督和执纪审查分设的内部监督体制。但是,如何从制度制约上解决过去曾经存在的纪检监察干部被围猎腐败的一些情况,特别是严防"灯下黑"以及衍生出来的其他问题,依然需要进一步研究和深入探索。对此问题论述将在其他章节予以展开。

另外,《监察法》立法不仅需要坚持正确的立法方向,还要处理好《监察法》与宪法和其他法律的关系。有学者提出,设立监察委员会优先需要的法律,应优先制定的是《中华人民共和国人民监察委员会组织法》,再制定监察机关行使所需的其他法律。④还有学者指出,在中央一级的国家机构中,只有中央军事委员会没有组织法,但是,监察委员会显然与中央军事委员会不属于同类机构,监察委员会既然在地位上与"一府两院"平行,那么它也应该有自己的组织法,同时,也要有相关的行为及程序法,不应该只享受"一府两院"的地位,而在法律规制方面搞特殊待遇。在立法问题上,最好是先制定相关组织法,再出台《监察法》,组织法是不能避免的。⑤也有学者提出,按照惯例,设立监察机关的法律全称,最好是《中华人民共和国人民监察委员会组织法》,但出于某些因素采用《中华人民共和国监察法》的名称,则要把监察机关组织法的全部应有内容纳

---

① 参见张建伟:《法律正当程序视野下的新监察制度》,载《环球法律评论》2017年第2期。
② 参见姜明安:《国家监察法立法的若干问题探讨》,载《法学》2017年第3期。
③ 参见郝建臻:《我国设立监察委员会的宪制机理》,载《中国政法大学学报》2017年第4期。
④ 参见童之伟:《国家监察立法预案仍须着力完善》,载《政治与法律》2017年第10期。
⑤ 参见马岭:《关于监察制度立法问题的探讨》,载《法学评论》2017年第3期。

入其中，形成一部综合性的法律，甚至也可以考虑把监察官法的内容也置于其中。① 另有学者提出，应制定《监察委员会组织法》，在现行宪法中新增条款，可以对监察委员会作出相对宏观的规定，但对于其他较为具体的内容，则需另行立法予以规定。对于监察委员会的组织结构、机构设置、职权范围等内容，可规定在《监察委员会组织法》当中；对于监察委员会的工作机制、具体职权、监察程序、法律责任等内容，则可规定在《监察法》中。② 我们认为，对于本章的问题除上述谈论的问题外，还需要从以下方面予以再认识与再思考。

一是监察制度改革作为政治改革，不仅需要"积极稳妥推进国家监察体制改革"，③ 也需要通过宪法法律的形式对改革成果予以固定，将党的主张转化为国家法律，进而巩固监察体制改革成果，保障反腐败工作在法治轨道上能够蹄疾步稳、行稳致远。2017年12月28日，全国人大常委会办公厅发布了《关于立法中涉及的重大利益调整论证咨询的工作规范》《关于争议较大的重要立法事项引入第三方评估的工作规范》的重要工作规范。旨在健全立法起草、论证、咨询、评估、协调、审议等工作机制，发挥人大在立法工作中的主导作用，发挥社会力量在立法工作中的积极作用，深入推进科学立法、民主立法、依法立法，努力使每一项立法都符合宪法精神、反映人民意志、得到人民拥护。因此，上述学界在监察改革试点和《监察法》制定过程中提出的建议对于监察制度深化改革依然具有一定的参考价值。

二是《宪法》与法律的制定之间的关系，特别需要先修改《宪法》，然后再制定法律，从而保障法律的制定有《宪法》依据。《宪法》是国家的根本法，是治国安邦的总章程，是党和人民意志的集中体现。"在本次人民代表大会上，先通过宪法修正案，然后再审议监察法草案，及时将宪法修改所确立的监察制度进一步具体化，是我们党依宪执政、依宪治国的生动实践和鲜明写照。"④

三是法律的制定需要坚持科学立法、民主立法、依法立法，同时，还需要听取不同意见，甚至包括反对意见，保证监察制度改革的正确性。本章中对监察法制定过程的不同争议与不同观点呈现，尽管是监察制度改革和《监察法》制定过程中的讨论和争议，有些内容随着《监察法》的实施已经过时，但多数问题还需要在监察法实施过程中予以解决，特别是监察权的控制，还需要充分体现权力制约机制以及保障权利程序约束，以便《监察权》在法治的轨道上有序运行。

---

① 参见童之伟：《国家监察立法预案仍须着力完善》，载《政治与法律》2017年第10期。
② 参见秦前红：《国家监察体制改革宪法设计中的若干问题思考》，载《探索》2017年第6期。
③ 参见2016年1月12日，习近平在第十八届中央纪律检查委员会第六次全体会议上的讲话。
④ 参见2018年3月13日，李建国在第十三届全国人民代表大会第一次会议上关于《中华人民共和国监察法（草案）》的说明。

第四章

我国香港地区廉政公署考察与监察制度改革

我国香港地区廉政公署经历了隶属警署到作为独立的反腐机构的变迁,在权力配置上也历经了扩权到控权的历史演进,形成了权力法定和调查权制约的程序架构。其积累的经验与付出的代价及教训均值得内地监察制度改革参考与借鉴。我国最早成立的反贪局是广东省检察院仿效香港的廉政公署成立的。从1987年开始,内地检察机关与香港廉政公署开展了个案协查。检察机关可以赴港调查取证,最高人民检察院在广东成立了"个案协查"办,专门负责需要香港廉政公署配合工作,它隶属于最高人民检察院,由广东省人民检察院代管,工作人员也都来自广东地方检察院。现在成立了监察委员会,检察机关反腐职能转隶到监察委员会,基于这种历史渊源,有必要与香港廉政公署进行比较研究,同时参酌新加坡反腐机构的经验,对监察法的正确实施具有参考价值。香港经验表明,将反腐败机构的权力集中,有利于提升反腐的效率,增强反腐权威,获得了民众的信任。但香港的经验尤其是权力配置的变化以及反腐败机构的权力的制度性制约,对防止反腐权力滥用以及获得反腐的民众信心具有重要的意义。

"基于比较法的功能性原则,被比较的国家或地区有相同或相似的社会问题和需要,可以对其运用不同的解决方法进行比较。"[①] 对于我国香港地区廉政公署(Independent Commission Against Corruption,简称"廉政公署""ICAC"),国内学术界向来存在两种不同的看法与观点。有学者认为,我国内地与香港地区分属不同的政治制度和法律体系,不存在可比性。内地与香港所属的法律体系不同,权力架构存在差异,民众基础存在不同。这些差异和不同并不代表对香港地区廉政公署展开分析研究没有实质的价值,也不代表香港地区廉政公署经验和发展历程对内地的监察制度改革不具有启发意义。香港地区廉政公署与监察委员会具有相同的反腐职责,同属于反腐败的专门机关。对二者进行比较分析,可以暂

[①] 刘兆兴:《试论比较法的研究方法》,载《中国社会科学院院报》2006年8月17日第3版。

时抛开权力结构、法律概念、法律模式等方面的约束，从机构设置、职责权限、权力运行以及功能等方面展开研究，从中获得一些制度改革与建设上的启示与思考。

第一节 香港廉政公署的成立背景与职权设置

香港廉政公署肇起于腐败和原有组织的失控。"港英总警司葛柏（Peter Godber）贪污案"则是其导火线。香港廉政公署自成立以来，一直以执法、预防及教育等方法惩治贪污腐败，并致力维护香港地区公平正义、安定繁荣，并获得香港地区政府及广大市民的广泛支持，建立了深厚的民众基础。对香港地区廉政公署成立的背景进行考察以及职权安排与运行机制进行分析，对推进监察制度改革的深化改革不失为一定的参考意义。①

一、香港地区廉政公署的成立背景

20世纪六七十年代，香港社会经历了急剧的转变，人口快速增加，经济渐次腾飞，社会发展步伐迅速。面对这些转变，政府一方面需要专注维持社会秩序，同时积极为市民提供住房及其他基本公共服务。随着人口的不断膨胀，社会的资源远不能及时满足实际需求，在此种环境下衍生出一些贪污的歪风邪气，并有愈演愈烈的漫延趋势。市民为了维持生计以及尽早获取公共服务，被迫使用"走后门"的行贿方法。当时，"茶钱""黑钱"等各种代替贿赂的名目层出不穷，市民只能无奈接受并作为日常生活的一部分。据相关资料记载，当年香港地区腐败问题的高发行业一是警队；二是服务业。当时，收取保护费和贪污在香港警察队伍中是一种生活方式，甚至不觉得这是犯罪。② "据估计，60年代至70年代初，警察部门每年从黄、赌、毒场所获得的贪污贿金多达十几亿元。"③ 受贿的警务人员包庇黄、赌、毒等各种非法罪行，甚至与黑社会同流合污。社会治安、日常秩序受到严重威胁。除了政府部门之外，公共服务机构中的腐败现象也比比皆是。例如，消防队救火，要收"开喉费"才会打开水枪，如果业主不出钱，消防员可以看着大火将一切烧为灰烬而无动于衷；救护人员在接送病人去往

---

① 以下有关香港地区廉政公署的内容参考了陈春祺：《监察委员会职务犯罪调查制度研究——以香港特别行政区廉政公署为借鉴》，中央财经大学法学院2018年硕士论文。
② 参见何亮亮：《解密香港廉政公署》，中信出版社2006年版，第12页。
③ 参见陈昕、郭志坤主编：《香港全纪录》，中华书局（香港）有限公司1997年版，第153页。

医院前，向病人索取"茶钱"；轮候公共房屋、申请入学等本应享受的公共服务，也要通过贿赂有关官员才能获得。当时的香港成为世界上腐败最厉害的城市之一，其腐败现象的盛行对香港的经济繁荣、社会发展产生了巨大的冲击与影响。

当时香港的反贪机构设在警察署内，作为香港警察系统的一个下属机构。而警察部门恰恰又是贪腐最为严重的部门。这种自己监督自己的反腐败体制自然难以发挥真正的作用，其肃贪多为形式化或者"走过场"，其形式化反腐效果不仅不明显，而且极不理想，更令人担忧。据相关数据显示，仅在1963年到1973年这10年时间里，香港警察贪污受贿的数额达到100亿港币，相当于现在的5000多亿港币。港英政府对此未能采取有效措施来抑制，致使香港民众民怨沸腾，越来越多的市民就政府对此问题的不作为态度公开表达愤慨。20世纪70年代初期，香港社会汇聚了一股强大的舆论压力。公众人士不断向政府施压，要求采取果断行动，打击贪污。[1] 1973年，时任香港总警司的葛柏被发现拥有远超其合法收入的逾437万港元的巨额财富。葛柏作为香港英籍警察，其技术职务为总警司，是九龙区警方的第三号人物。葛柏从事警察工作22年间，曾数次立功，受到过英国女王的嘉奖，其身份地位极其特殊。1971年，加拿大对一笔存在某银行的1.2万港币存款产生怀疑。当有关方面得知户主为香港警察时，加拿大便将案件交给了警署下属的反贪污室。由于葛柏在香港的关系盘根错节，警方刚开始调查，他就得到了消息，逃离香港到英国。[2] "葛柏案"成为反贪斗争的导火索，点燃了民怨并引发了大规模的学生示威游行，抗议和批评政府未能恰当处理贪污问题，集会获数以千计的群众响应，各种抗议活动接连不断，甚至出现了此起彼伏的不正常现象。

香港政府面对市民的强烈要求，不得不立即采取行动。负责调查葛柏潜逃事件的高级副按察司百里渠爵士在发表的调查报告书指出："有识之士一般认为除非反贪污部能脱离警方独立，否则大众永不会相信政府确实有心扑灭贪污。"港督麦理浩不得不就此组织了一个特别调查委员会，并迅速接纳了该委员会报告书的建议，研究该事件，检讨反贪法例的效用，就有关此方面的法律提出修改建议。基于该委员会的调查结果和民众的诉求，总督决定成立一个独立的"反贪污独立调查机构"。1974年2月15日，依据《香港总督特派廉政公署条例》，总督特派廉政专员公署宣告成立，称为"总督特派廉政专员公署"。廉政公署建立后，葛柏案件的相关档案都由警务处反贪部门转到了廉政公署，得到了彻查，终于在1975年将葛柏带回香港归案。廉政公署建立以来，香港掀起了一场静默的革命，

---

[1] 参见石东坡、石东伟：《香港廉政公署的组织法分析》，载《法治研究》2009年第5期。
[2] 参见陈翰东：《香港廉政公署诞生的前前后后》，载《档案与社会》2014年第2期。

从贪腐遍地到社会高度诚信、廉洁，香港发生了质的改变，经济、社会发展步入了一个全新时代。① "总督特派廉政专员公署"也更名为"香港特别行政区廉政公署"，廉政专员改由受行政长官指示和管辖。

二、廉政公署的机构设置与职权配置

廉政公署制度自创立以来，经历了英人治港和港人治港两个不同的历史阶段。1997年香港回归后，更名为"香港特别行政区廉政公署"后继续作为反腐败独立机构履行职能。《香港特别行政区基本法》第五十七条规定："香港特别行政区设立廉政公署，独立工作，对行政长官负责。"廉政公署作为一个独立于政府机关的专门机构，拥有相对独立的运作体系，廉政专员不得兼任政府其他职务。在人员方面，廉政公署由廉政专员、副廉政专员及获委任的廉署人员组成。廉政专员由行政长官提名并报请中央人民政府任命，②并"在符合行政长官命令及受行政长官管辖下，负责廉政公署的指导及行政事务。"③廉政专员直接向行政长官负责，除此之外，不受任何组织和人员的指挥和管辖。副廉政专员由行政长官委任，其他的廉署人员则由廉政专员聘任。廉政公署拥有职员约一千三百多人，基本以合约形式受聘，并不隶属政府公务员架构，自成独立系统。廉政公署在经费方面开支独立，职员享有独立津贴和基金待遇。廉政公署经费是一个独立的开支总目，由政府每年一般收入中拨付，最终的审批权和决定权掌握在行政长官手中。廉署职员享有廉署职位津贴，按合约享受在职酬金，并设有廉政公署福利基金，提供政府一般收入不予拨付的援助、方便或其他福利以及贷款等待遇，使廉署职员工作无后顾之忧。④廉政公署是一个与所有的政府机关相脱离的独立的反贪机构，廉政公署的职员并不隶属政府公务员架构，其首长廉政专员直接向政府最高首长负责，也仅仅向他负责，并依据《香港基本法》第五十七条在香港特别行政区全权独立处理一切反贪工作。为了有效揭发、调查和打击贪污，《廉政公署条例》《防止贿赂条例》及《选举（舞弊及非法行为）条例》分别赋予其特别权力。

在廉政公署内部有一个特殊的内部调查组。该调查组的任务是接受对廉政公

---

① 香港廉政公署官方网站对于廉政公署的历史简介，http://www.icac.org.hk/sc/about/history/index.html，访问日期：2017年8月19日。需要说明的是，由于香港地区廉政公署建于回归大陆之前，对其的阐述采用不同的法律。
② 参见《香港特别行政区基本法》第四十八条第五项。
③ 参见《廉政公署条例》第五条第一款。
④ 参见陈永革：《论香港廉政公署制度的特色及其对内地廉政法治的启示》，载《清华法学》2003年第2期。

署工作人员的投诉，然后独立调查，小组由一名执行处处长管辖。廉政公署实行严厉执法、制度预防及倡廉教育的"三管齐下"策略，这一策略强调以标本兼治的方法杜绝贪污。除了对腐败行为进行调查和打击外，还需要积极推行防贪措施以堵住贪污缝隙，积极开展公众廉政教育，培养公众对抗贪污的意识，从而维持社会的廉洁文化，从根本上防止贪污滋生，使反贪工作成效持久。根据调查、预防、教育的三大职责，廉政公署设置内部机构，分别为执行处、防止贪污处和社区关系处。执行处主要负责接受市民举报贪污和调查怀疑贪污的罪行。防止贪污处主要负责审视各政府部门及公共机构的工作常规及程序，以减少可能出现贪污的情况，并应私营机构的要求，提供防贪顾问服务。社区关系处负责教导市民认识贪污的祸害，并争取市民积极支持反贪的工作。三个部门的工作相辅相成，明确分工、相互配合，以求发挥根治腐败的最大效果。署内的行政工作则由行政总部负责。

1. 执行处。

执行处是廉政公署最大的一个部门，专职负责贪污案件的接报、调查等任务。副廉政专员兼任执行处首长，直接向廉政专员负责。执行处设两个执行处处长，分别负责政府部门和私营机构的案件调查。执行处处长各管辖两个调查科，各调查科下设调查组或支援组。执行处还设有技术支援部，由一名技术顾问带领，负责技术支援、电讯、研究及发展工作。

根据《廉政公署条例》的规定，执行处的法定职责包括：接受及处理贪污指控；调查任何被指控或涉嫌触犯《廉政公署条例》《防止贿赂条例》及《选举（舞弊及非法行为）条例》的罪行；调查任何订明人员涉嫌滥用职权而犯的勒索罪；调查任何与贪污有关联或会助长贪污的订明人员行为，并向行政长官提交报告。[①] 具体而言，其主要职权有以下几种。

一是调查权。负责接受、审阅有关触犯《防止贿赂条例》《廉政公署条例》和《选举（舞弊及非法行为）条例》的投诉；调查任何涉嫌触犯上述条例的罪行。此外，如果有公职人员的行为与贪污有关或可能引致贪污，该处亦须依法调查，并向行政长官作出报告。廉政公署有权要求涉嫌贪污的公务人员说明合法收入以外财产的来源，对不能作出合理解释的，即认定为非法收入。执行处的所有调查工作均绝对保密。《防止贿赂条例》规定任何人不得直接或间接通知受疑人，从而让他知道正被调查，否则要负法律责任。

二是强制权。凡获得廉署专员授权的廉署人员，可无需拘捕令而拘捕涉嫌

[①] 根据香港《防止贿赂条例》，订明人员指（a）担任政府辖下的受薪职位的人，不论该职位属永久或临时性质；及（b）在以下人士不属于（a）段所指的人的范围内，指该等人士——(i) 任何按照《基本法》委任的政府主要官员；根据《外汇基金条例》（第六十六章）第5A条委任的金融管理专员及根据该条例第5A（3）条委任的人；公务员录用委员会主席；廉政公署的任何职员；担任于《司法人员推荐委员会条例》（第92章）附表1指明的司法职位的司法人员，以及司法机构的任何职员。

者，并进行审问；在调查时，有权直接调查涉案人员的银行账号；执行公务时，有权进入和搜查任何楼宇，必要时还可使用武力。此外，调查人员在调查涉嫌触犯《防止贿赂条例》或《选举（舞弊及非法行为）条例》的案件时，如揭发其他有关罪行，包括《盗窃罪条例》和《刑事诉讼条例》所列出的某些罪行，以及与妨碍司法公正有关的罪行，有权采取拘捕行动。

三是移交起诉权。调查结束后，如未有足够证据提出检控，有关案件便会呈交审查贪污举报咨询委员会审议，只有该委员会才有权终止调查工作。执行处调查员的职责是搜集证据，而无权作出检控，但应向律政司司长提交调查结果。律政司负责审阅执行处所搜集的证据，并建议应否进行检控，凡根据《防止贿赂条例》第Ⅱ部提出检控的案件，在进行检控前，必须获得律政司司长的同意。①

执行的工作策略为：一是主动出击。根据贪污腐败行为授受相悦、不易被人发现的特性，执行处秉持主动出击的调查方法，成效显著。扩大联系网络，加强与公营及私营机构的交流及合作；利用先进资讯科技搜集及分析犯罪情报；细心策划以线人及卧底进行的调查工作。二是组建支援组，加强科技及专业支援。执行处利用先进电脑资讯、专业知识及技术支援，令调查工作更见成效。为了减少对受疑人证供的接纳性引起法律上的争辩，执行处安装了完善的录影及录音设备，记录廉署人员与受疑人进行会谈。使用计算机鉴证科技，保存、检取、审查及分析电子资料，为前线调查工作提供支援，以便该种资料能用作被法庭所接纳的呈堂证据。组建法证会计组，通过专业的财务调查技巧追踪日趋复杂的犯案手法及贿款的下落，在搜查行动中提供协助，并成立犯罪得益小组，负责根据《有组织及严重罪行条例》处理限制、披露及没收资产的工作。三是个案协查。廉政公署一直与中国内地、澳门特区及海外执法机构保持紧密的合作关系，开展个案协查工作。其中，与执法机构及政府部门保持密切联系，组成行动联络小组，有利于降低公务员队伍内贪污的机会。另外，廉政公署与最高人民检察院和广东省人民检察院订立贪污个案协查计划，通过联络内地机关全力打击跨境贪污活动。四是国际联系。执行处通过各种途径扩大及巩固国际协作，促进与其他反贪机构的紧密合作，共同对抗贪污问题。例如，与美国联邦调查局、伦敦都会警队、新加坡贪污调查局等海外执法机构、反贪机构建立沟通渠道，从而交换情报、彼此互访及举办培训。②

2. 防止贪污处。

防止贪污处设一名处长指挥工作，下设两个审查科，各设一个助理处长。一

---

① 参见石东坡、石东伟：《香港廉政公署的组织法分析》，载《法治研究》2009年第5期。
② 香港廉政公署官网对执行处的介绍，http://www.icac.org.hk/sc/ops/strategy/op/index.html，访问日期：2017年8月25日。

个审查科内设审查工作组和管理组,审查工作组负责对政府部门及公共机构进行防贪审查,审查范围包括公务员的诚信、纪律部队、教育及福利、选举、法律服务、采购及投标程序等工作规定及程序。管理组负责行政支援委员会的行政管理工作以及防贪分析、策略制定、内部审计等工作。另一个审查科的审查工作组负责对政府部门及公共机构在建筑及基建工程、房屋、医疗卫生、规划、环境保护、土地、公私营协作等方面的工作进行防贪审查。防止贪污处的法定职责可以归纳:一是审查各政府部门及公共机构的工作常规及程序,并建议修订容易导致贪污的工作方法及程序;二是应私营及公共机构的要求,提供防贪建议。在日常工作中,防贪处经常与各机构及公司的管理层紧密合作,并担当顾问。

防止贪污处制定的工作策略包括:(1)防贪的预防。主要致力于通过强化程序的透明度及问责强度对权力行使加强管理及监督、改善系统管制及预防舞弊的机制来实现事前预防、堵塞贪污漏洞。(2)防贪审查。防贪处对政府部门和公共机构的工作常规和程序进行深入研究并提出改善建议。在具体工作中会优先审查已出现贪污的范畴,并与有关的公营机构紧密合作,发现容易出现贪污行为的职能和系统。(3)防贪建议。防贪处一直监察公共政策、法律和政府措施的发展,向政府政策局、部门及公共机构提供适时的建议,以确保在制定机制之初已预设防贪措施。(4)反贪协作。防贪处与各政府部门及公共机构成立防止贪污工作小组,为私营机构管理层提供免费和保密的防贪咨询服务。①

3. 社区关系处。

社区关系处的主要职责是进行反贪宣传,设处长一名,下设两个社会关系科:一科分设管理及策略组,国际与内地联络组、传媒宣传组以及香港商业道德发展中心。通过大众传媒和新媒体宣扬肃贪倡廉的信息、制订商业道德推广策略以及与内地反贪机关和国际机构保持联系。二科分为青年及德育组和分区办事处。分区办事处分布全港各区,深入社群,作为与社会人士紧密联系、开展宣传活动的场所,旨在争取香港地区各阶层的市民支持廉署的工作。

社区关系处的法定职责是教育公众认识贪污的祸害,获得公众支持肃贪倡廉的工作。为了实现这一目标,社区关系处采用"全民诚信"策略,为不同服务对象提供适合的倡廉教育项目,包括政府部门、商业机构以及市民公众等。并且广泛借助大众传媒及新媒体实现廉政公署工作透明化,向社会各阶层宣扬反腐倡廉信息。②

---

① 香港廉政公署官网对防止贪污处的介绍,http://www.icac.org.hk/sc/cpd/index.html,访问日期:2018年3月25日。
② 参见香港廉政公署官网对社区关系处的介绍,http://www.icac.org.hk/sc/crd/index.html,访问日期:2018年3月25日。

廉政公署执行处、防止贪污处、社区关系处的组织架构，不仅能够保证廉政公署的调查、预防、教育工作覆盖和渗透到香港地区的整个社会，还能够推动"三管齐下"反腐理念的实现，这种成功经验已引起了世界诸多法治发达国家的关注。廉署专员在2014年年报中认为，"回顾四十载廉政建设岁月，廉署几经风雨，但我们一直站在反贪防贪的最前线，坚持推行调查、预防和教育三管齐下的肃贪倡廉策略。四十年来，这一套全方位的反贪策略行之有效，防贪教育工作深入每位香港市民的心中，造成了移风易俗的效果。"[①]

第二节 廉政公署贪污贿赂案件调查机制

在廉政公署的组织结构中，执行处是调查部门。执行处的权力也称为调查权。执行处调查权的行使范围包括：触犯《廉政公署条例》《防止贿赂条例》及《选举（舞弊及非法行为）条例》的犯罪行为；任何订明人员（prescribed officer）涉嫌滥用职权而犯的勒索罪；任何与贪污有关联或会助长贪污的订明人员行为。如果执行处经过调查认为该行为构成犯罪，则提交律政司进行刑事检控。

一、调查权的来源

贪腐犯罪授受相悦，极具隐蔽性，对其发现、调查及定罪均存在一定的难度。为了有效揭发、调查和打击贪污罪行，廉政公署通过《廉政公署条例》（香港法例第二百零四章）、《防止贿赂条例》（香港法例第二百零二章）及《选举（舞弊及非法行为）条例》（香港法例第五百五十四章）获得特别权力。

香港地区《廉政公署条例》主要是惩治贿赂犯罪的机构组织法，它将权力授予专门的机关——廉政公署。为有效打击贪污腐败，该条例规定了廉政公署的设立、使用经费、人事任命、职权设置等内容，明确了廉政公署调查工作的范围、处理受疑人的程序以及处置与罪行有关联财产的规则，并赋予廉政公署相应的调查权力。这一条例可以说是廉政公署的工作准则，廉政公署依据这一准则打击贪腐行为，行使其具体职权。

香港地区《防止贿赂条例》属于专门的惩治贿赂犯罪的单行法，同时，规定了贿赂犯罪的实体法和程序法。其条款规定内容较为具体，且适用范围广泛，成为香港地区反腐工作最有力的法律之一。香港地区法律未对贪污与贿赂行为进行

---

① 参见《香港特别行政区廉政公署2014年报》第13页。

严格区分，而是将贪污、贿赂方面的犯罪统称为贿赂罪。①《防止贿赂条例》将各种贿赂犯罪的核心归于利益。根据该条例对"利益"的解释，可以发现收受"贿赂"的范围非常广泛，不仅包括财物，还包括其他各种财产、权利、权益、服务、优待以及债务或责任的免除等任何利益。贿赂罪的犯罪主体主要包括以下几类：一是订明人员。受《防止贿赂条例》第三条、第四条、第五条及第十条规范与监管。② 二是公共机构雇员。如电力公司、巴士公司及医院等的雇员，只受第四条及第五条监管；③ 订明人员与公共机构雇员合称公职人员。④ 三是代理人。包括公职人员及受雇于他人或代他人办事的人，通常为雇员。私营机构雇员也包含其中。根据《防止贿赂条例》第九条的规定，代理人在未得主事人（通常为雇主）的许可下，不得因办理其主事人的事务或业务而索取或接受利益；而提供利益者亦同样有罪。四是一般主体一般民众也有可能构成贿赂犯罪，"提供利益者亦属违法"。这几类贿赂犯罪主体是廉政公署调查权的主要行使对象。

香港地区《选举（舞弊及非法行为）条例》是为了确保公共选举得以公平、公开和诚实地进行，防止贪污贿赂犯罪进入选举领域，在一定程度上把住用人关。其中，规定了一些与贿赂有关的犯罪行为：贿赂候选人或准候选人的舞弊行为、在选举中贿赂选民或其他的舞弊行为、在选举中向他人提供茶点或娱乐的舞弊行为、受贿撤回选举呈请或选举上诉，前三类犯罪同时包含行贿和受贿行为。⑤《廉政公署条例》《防止贿赂条例》以及《选举（舞弊及非法行为）条例》被称为廉政公署反贪"三法则"，构筑了一套严密的预防和惩治贿赂的法律体系，赋予廉政公署特殊权力，从而加大了腐败的成本，避免公职人员的侥幸心理，有利于保证香港地区政府和整个社会的廉洁氛围。

二、调查程序

香港地区廉署的调查程序主要包括以下几个方面。
1. 获得线索。
廉政公署总部及各个分区办事处均设有全年全天 24 小时工作的举报中心，

---

① 参见杨建安：《香港与内地贿赂犯罪之比较研究》，载《中国刑事法杂志》1998 年第 5 期。
② 香港《防止贿赂条例》第三条规定："订明人员如无行政长官一般或特别许可，不得索取或接受任何利益。""任何公职人员索取或接受利益，作为执行职务的诱因或报酬，即属违法；而提供利益者亦属违法。"第五条规定："任何公职人员索取或接受利益，作为在合约事务上给予协助或运用影响力的诱因或报酬，即属违法；而提供利益者亦属违法。"第十条规定："订明人员享有的生活水平或拥有、支配的财富若与其公职收入不相称，即属违法。"
③ 香港《防止贿赂条例》第四条、第五条内容详见注释②。
④ 参见香港《防止贿赂条例》第二条第（1）款。
⑤ 参见余高能：《香港地区贿赂犯罪的立法特色及其对内地立法的启示》，载《未来与发展》2013 年第 11 期。

且全年每天24小时运作，方便公众人士投诉及咨询。接受投诉的廉政公署人员必须按照妥善程序对举报资料进行详细记录，确保投诉不受干预及绝对保密。执行处通过与本地各类机构的合作以及与内地、外国反贪部门的情报联络，主动获得贪污线索，这也是调查的线索来源之一。

2. 分流案件。

举报中心会将所有的举报、线索提交执行处处长级人员会议进行集体审议，并提出处理意见。任何人在会议内外都无法仅以个人身份对线索处理作出决定，只能通过会议决定由廉署调查或转交其他部门处理。对于举报中心受到的贪污举报，执行处应在收到后的48小时内对投诉人作出回应、安排会见，并将处理结果及时告知举报人。如果举报人对处理结果不满意，可向廉政公署投诉事宜委员会提出控告。执行处对全部举报及其处理情况必须呈交审查贪污举报咨询委员会进行审查，并根据该委员会的审查决定继续开展调查工作。

3. 案件调查。

案件分流后，需要逐级向下分配到具体的调查人员手中。执行处所有的调查工作均绝对保密的。为了保证执行处的调查工作能够独立、有效地进行，《廉政公署条例》《防止贿赂条例》赋予其广泛的调查权力，如无证逮捕、搜查、扣押、查阅、调取资料权，要求单位或个人提供协助等。由于贪腐案件具有隐蔽性、复杂性，调查取证的难度较大，廉政公署在调查过程中往往需要动用大量的人力、物力资源，而且还会采用一些特殊的调查手段，如监听、跟踪、线人、卧底等。廉政公署可以通过安排线人和策划"卧底行动"调查、搜集情报，能够获取未被举报的案件线索，实现主动打击。另外，针对罪行轻微但知悉关键案情的嫌疑人，调查人员可以争取其作为污点证人指证罪行重大的嫌疑人，这一措施在调查实践中也取得了良好的效果。

为了保障调查工作的顺利进行、不受干扰，廉政公署对调查工作予以严格保密。《防治贿赂条例》第三十条明确将披露受疑人身份或案情的行为规定为犯罪，并受到严厉惩罚，即"罚款20000港币及监禁1年"。为了实现贿赂犯罪的有效打击，条例均赋予了廉政公署执行处较之警察机关更灵活、更为广泛的调查权力。其权力主要有以下几种：

（1）逮捕及扣留权。在香港地区法律中，逮捕包括"由任何人实行的逮捕""由警方实行的逮捕"和"依据手令的逮捕"。"由任何人实行的逮捕"类似于内地刑事诉讼法规定的"扭送"；"由警方实行的逮捕"前提是警察有合理怀疑认为行为人犯有会被判处刑罚的行为或其姓名、地址、身份不明。这两种逮捕都属于无证逮捕。"依据手令的逮捕"是警察在调查后发现犯罪嫌疑人的行为应当被指控，而向裁判法院的法官申请逮捕手令而实施逮捕。廉政公署调查人员在调查过程中也有无证逮捕权。根据《廉政公署条例》第十条的规定，如果获廉政专员授权的调查人员合理地怀疑某人涉嫌贿赂犯罪，可以无需手令将其逮捕。如果在调查中发现另一罪行，是调查中的罪行引致的或者与之有关联的，调查人员也可无需手令逮捕该罪行的嫌疑人。

根据《廉政公署条例》第十A条规定，被逮捕的犯罪嫌疑人，可以被带往廉政公署办事处。如果高级廉政主任或以上的廉政公署人员认为，为了进一步调查的需要而有必要继续扣留该人，犯罪嫌疑人可以被扣留在该处，即被羁押。但"羁押"是警察或调解人员押解嫌疑人的一种行为状态，而不是强制措施。如果该嫌疑人缴纳担保金或者提供符合要求的担保人，便可以申请保释。被扣留在廉政公署办事处的嫌疑人，除非已经获释的，必须在其被捕后48小时内，在切实可行范围内尽快被带到裁判官席前。调查人员只能将嫌疑人扣留48小时，而且没有规定可以延长的情形。

另外，如果廉政公署人员有合理理由认为获释的嫌疑人之前被释放或者被保释所依据或所须遵守的条件，已遭违反或相当可能会遭违反，或者其担保人书面通知廉政公署人员，该获释的人有相当的可能会违背其指定时间及地点出庭应讯并且希望免除其担保人的义务，获廉政专员授权的廉署人员可以在无须手令而逮捕获释的嫌疑人。逮捕后，必须在24小时内，或在该期限届满后在切实可行范围内尽快被带到裁判官席前。

（2）搜查及检取、扣留证物的权力。香港地区法律中的搜查分为人身搜查和处所搜查。警察进行搜查时需要搜查手令，廉政公署调查人员对房屋进行搜查时一般也需要裁判官签发的手令。香港地区的《廉政公署条例》第十B条规定："裁判官如根据经宣誓的告发，认可有理由相信在任何处所或地方内有任何物件是有关贿赂罪行的证据或含有这些证据，可藉向廉政公署人员发出搜查令，授权该廉政公署人员以及其他协助他的廉署人员，进入及搜查该处所或地方。"根据《廉政公署条例》第十C条的规定，获廉政专员授权的调查人员可以搜查犯罪嫌疑人的人身，但必须由同性别的调查人员进行；逮捕嫌疑人时，可以在其所在处所进行附带性搜查，包括嫌疑人被逮捕时所在的处所或地方和嫌疑人为逃避逮捕所在的处所或地方；如果有合理理由相信搜查发现的某物品是案件的证据或包含证据，可以将其检取并扣留。廉政公署调查人员的搜查权力远远超过警察的搜查权。

（3）获取指模、照片、非体内样本的权力。香港地区《廉政公署条例》第十D条规定，对于被逮捕的犯罪嫌疑人，廉政公署人员可以为其拍摄照片、套取指模以及测量身高体重，作为辨别身份的资料。如果经过调查决定不控告或者虽然被控告，但在定罪前获法庭释放或获原审法庭或上诉法庭判无罪释放，那么这些资料连同有关的底片、复制品或复本，须在合理可行范围内尽快予以销毁，或按该人的意愿交给本人。

香港地区《廉政公署条例》第十E条赋予了调查人员提取嫌疑人非体内样本作法证科学化验的权力。① 但应符合以下条件：一是已依据第十条A将该嫌疑人逮捕和扣留；二是需由一名职级在高级廉政主任或以上的廉署人员对此进行授权。廉署人员在向嫌疑人收取非体内样本前，须告知他相关事项。非体内样本只可由注册医生或接受过训练的廉政人员、在政府化验所工作的公务人员收取。

（4）特别调查权。为了确保查明贿赂犯罪案件事实、收集相关证据和追查腐败分子隐藏的资产，证明贿赂犯罪与有关资产之间的关系，为贿赂案件的顺利侦破奠定基础，香港地区《防止贿赂条例》第十三条赋予廉政公署调查人员特别调查权，需要廉政公署专员在申请原讼法庭同意后进行授权。调查人员的特别调查权包括：第一，调查和查阅与犯罪嫌疑人及本案相关的账目、簿册、文件或其他物品；要求任何人交出调查所需的与嫌疑人及本案相关任何账目、簿册、文件或其他物品，并要求其披露与以上物品有关的全部或任何数据，抄录账目、簿册、文件或其中任何有关记载或复印其副本，以及拍摄物品的照片。如果任何人对调查人员的要求无合理辩解而不遵照或忽略遵照该要求办理，或者妨碍调查人员执行其授权书，均属犯罪，一经定罪，可处20000港币罚款及监禁1年。第二，调查嫌疑人经济问题，查阅税单是最重要的手段之一，但香港税务局和税务人员应遵守《税务条例》规定的保密义务。《防止贿赂条例》第十三A条规定，廉政专员或其批准的调查人员可以要求税务局长或税务工作人员提供与所调查的贿赂罪行有关的税务资料以及必要的协助。其他的资料，如受疑人过去三年内的资产、收入以及开支情况，受疑人在指定期间调离香港地区的任何款项或其他财产以及与受疑人有关的公共机构、银行的文件、户口账目等，调查人员都可以向原讼法庭申请，发出书面通知调取。

（5）限制财产处置的权力。根据香港地区《防止贿赂条例》第十四C条的规定，廉政专员或获得批准的调查人员可以向法庭申请限制令，防止被调查的受疑人或已被提出检控的人管有或控制的以及其他人代受疑人持有的财产被随意处置。

（6）获得协助的权力。根据《防止贿赂条例》第十六条的规定，任何调查

---

① 根据《廉政公署条例》第十E条，"非体内样本"指头发样本；从指甲或从指甲底下所取得的样本；用拭子从人体任何不属私处的部分或从口腔（但不包括口腔以外的其他人体孔口）取得的样本；唾液；人体任何部分的印模，但不包括私处的印模、面部的印模、《警队条例》（第二百三十二章）第五十九（六）条描述的鉴别资料。

人员在对指称或怀疑犯了该条例所订罪行的受疑人进行调查时,可请求任何公职人员协助其行使权力或执行职务。

(7) 限制受疑人出境的权力。根据《防止贿赂条例》第十七 A 条的规定,调查人员可以向裁判官申请"扣件通知书",扣留受疑人的旅行证件以限制其出境。这一权力有利于防止受疑人在调查期间逃逸。

(8) 截取通讯、秘密监听的权力。根据香港地区《截取通讯及监察条例》的规定,廉政公署在案件调查中可以运用截取通讯手段。根据秘密监察对公民权利侵扰程度的不同被分为两类,对侵扰程度较高的截取通讯和第 1 类秘密监察,由法官授权;对侵扰程度较低的第 2 类秘密监察,由行政授权;在紧急情况下,可由司法授权变更为行政授权。

在调查过程中受疑人享有以下权利。

一是享有获得保释权。对于被廉政公署逮捕的受疑人,可以在其提供担保人或者交纳保证金的情况下,获得保释。如果调查人员认为有必要将其继续关押超过 48 小时,必须在 48 小时内将带至法官席前,由法官决定是否允许其保释。如果受疑人的保释申请被法官拒绝,嫌疑人还有权提请复核。

二是享有获得律师的帮助权。受疑人被廉署拘留期间,可以聘请律师为其提供法律帮助,可以与律师进行通讯、会面。与代表律师会面时,廉署人员会在听不到谈话内容的情况下在场。受疑人有权要求在律师陪同下接受廉署调查人员的问话。在问话前,调查人员需告知受疑人有权保持缄默。在一般情况下,受疑人接受廉署问话后,廉署会向其本人或授权律师提供会谈的录影、录音记录。获得律师帮助权是受疑人的一项重要权利。

三是享有知情权。知情的范围主要包括了解自身的处境、享有的权利、如何获得保释等内容。根据《香港人权法案条例》第五条第二款规定,受疑人被执行逮捕时,有权获知逮捕原因,并应随即被告知受控的案由。

四是享有沉默权。《香港人权法案条例》第十一条规定庚款规定:"不得强迫被告自供和认罪。"廉署调查人员在讯问受疑人之前,应告知其有保持沉默的权利,而且有义务告知受疑人放弃该项权利将会产生的法律后果。如果廉政公署人员没有履行该告知义务而取得嫌疑人供述,在日后开庭审理时可能被作为非法证据而予以排除。

除了以上几项主要权利外,廉政公署调查的受疑人还享有以下权利:获得翻译的权利、尽快获得审判的权利以及获得法律援助的权利等。

4. 提交检控或移交其他部门。

香港地区的公诉机构是律政司,廉政公署无权向法庭提出控诉。在调查结束后,如果调查人员认为有足够证据证明该受疑人构成贿赂犯罪,则将案件移交律政司处理；如果律政司认为证据不足，不足以提出检控的，可以要求廉政公署补充侦查；如果律政司认为案件只涉及轻微罪行，对其进行检控并不合乎公众利益，当事人已经承认所犯罪行，廉政公署会对其作出警戒。对于律政司是否作出检控的结果均需要提交审查贪污举报咨询委员会。对于其中涉及公职人员行为不检或舞弊的个案，如果情况合适，委员会可以批注转交其他政府部门或公共机构，以考虑作出纪律或行政处分。另外，即使廉政公署经调查认为案件证据不足，也不能自行决定结束调查，必须交由审查贪污举报咨询委员会审议，审议通过才能终止侦查工作。

5. 出席法庭。

香港地区的庭审方式基本沿用对抗制庭审方式。廉政公署调查人员与警察一样，以证人身份出席法庭。在法庭上，廉政公署调查人员需要陈述调查过程、接受控辩双方质询，其调查所得证据才能作为定案证据。

第三节 廉政公署调查权监督机制

廉政公署被赋予强大的反贪权力，为打击贪污贿赂犯罪、震慑贪腐分子做出了巨大贡献。拥有巨大权力的同时也存在一定的隐患。一旦权力被滥用，或被私欲所挟持，非但不能实现肃贪倡廉的初衷，反而会给社会带来加倍的危害。为了防止这种现象的出现，廉政公署的制度体系中设置了一套较为完善的内外监督机制，不同监督主体之间相互配合形成有效监督合力，保证反贪机构廉政公署自身的廉洁高效。

一、内部监督机制

在廉政公署内部，设有专门针对廉署人员的调查及监察部门——执行处L组，L组由一名首席调查主任领导，分为三个调查小组，共三名总调查主任及九名高级调查主任以及一小队文职人员组成。L组由执行处处长掌管，由其直接向廉政专员汇报有关职员违纪违法的内部调查结果。L组负责接获对廉署人员的投诉，并对廉署人员违纪行为、贪污指控以及涉及廉署或廉署人员的非刑事投诉进行秘密、独立的调查。有关廉政公署人员的所有刑事投诉，不论是否涉及贪污指控，均须向律政司司长报告，由他决定应否由廉政公署或其他执法机构调查。针对廉署人员的非刑事投诉数量较多，一般由L组进行调查。这类投诉会向廉政专员报告，正式记录在案。然后就有关投诉，分别致函投诉人、有关职员、被投诉人及廉政公署事宜投诉委员会，通知各方廉政公署已将投诉记录在案并展开调查。如果有关投诉涉及尚在调查或审理中的刑事案件，则可能暂时停止调查，等待有关的刑事调查或诉讼程序的结果。对于廉署人员涉嫌贪污的投诉，如果律政司决定交由廉政公署内部调查，则由 L 组负责。不涉及贪污的投诉一般交由警方或者其他执法机构处理。

调查结束后，廉政公署会将所有的调查结果向律政司司长及审查贪污举报咨询委员会提交报告。另外，L 组会在廉政公署事宜投诉委员会的建议下作出决定是否需要对有关人员采取内部行政或纪律处分。为使廉署人员了解公众投诉的情况，L 组会发表内部报告，概述一年内所接到的投诉情况，投诉调查的结果以及作出的行政或纪律处分结果，从而保证其工作的公开、透明。

除了内部调查部门之外，廉政专员解雇廉署人员的权力也在一定程度上发挥了保证廉署廉洁、高效工作的作用。根据《廉政公署条例》第八条的规定，廉政专员如果认为终止一名廉署人员的委任是符合廉政公署利益的，则在咨询贪污问题咨询委员会后，可终止该人员的委任。另外，廉政公署自身也制定有《使命宣言》《专业守则》等工作守则，主要依靠廉署人员的自觉自律。所以，还需要完善的外部监督机制才能更好地对廉政公署的权力进行制约和监督。①

二、外部监督机制

香港地区针对廉政公署的外部监督机制集聚了多个部门力量以及社会力量，能够对廉政公署运行机制的方方面面实现有效监督。

1. 行政长官、行政会议监督。

廉政公署独立运行，直接对行政长官负责。行政长官对廉政公署的监督主要是依靠审阅每年 3 月廉政公署提交的工作年报、廉署开支预算报告等。行政长官有权决定廉政公署工作的整体方向，但不对廉政公署的个案调查进行干涉。这是保障廉政公署独立性的必然要求。另外，行政会议是协助行政长官的决策机构，廉政专员要定期向行政会议汇报廉署的工作方针和工作情况。

2. 咨询委员会监督。

为了紧密结合廉政公署各项业务和职能的特点，对廉政公署各方面的工作实现有效监督，行政长官委任社会贤达组成四个独立的咨询委员会。贪污问题咨询委员会负责对廉署工作进行全面监督。对应于廉政公署执行处、防止贪污处和社

---

① 参见陈永革：《论香港廉政公署制度的特色及其对内地廉政法治的启示》，载《清华法学》2003年第2期。

区关系处而建立的审查贪污举报咨询委员会、防止贪污咨询委员会和社区关系市民咨询委员会，则根据不同部门的业务内容和工作情况进行监督。其中，审查贪污举报咨询委员会负责监督廉政公署执行处的调查工作。四个咨询委员会每年均向行政长官提交工作报告，内容须向市民公开，便于市民监督各咨询委员会的运作情况。

贪污问题咨询委员会负责就香港地区的贪污问题向廉政专员提供意见，并对廉政公署在职务配置、人员编制等政策方面进行监督，并就廉政专员终止廉署人员委任的行为提供意见，听取廉政专员报告对廉署人员所采取的纪律处分；审核廉政公署每年的开支预算；在廉政公署年报呈交行政长官前予以审阅；委员会在其认为有必要时，可向行政长官反映委员会所关注有关廉署运作或所面对的任何问题。

审查贪污举报咨询委员会的职责包括：听取廉政专员报告接到的贪污举报及其处理情况；听取廉政专员报告所有调查超过一年以及疑犯获保释超过六个月的调查个案；听取廉政专员报告由其授权进行搜查的次数及理由；听取廉政专员报告廉署已完成调查的个案；并就律政司决定不予检控或警戒的案件处理提出建议；听取廉政专员报告廉署提交检控的案件结果及其后的上诉结果；对案件调查中获得资料的处理提供建议。向行政长官反映任何值得关注的执行处运作或者该委员会所面对的任何问题。

3. 投诉委员会监督。

除四个咨询委员会外，还设有廉政公署事宜投诉委员会，委员由行政长官委任，包括立法会议员和社会贤达。投诉委员会负责监督及检查所有涉及廉政公署及廉政公署人员的非刑事投诉，对廉政公署处理投诉的方法和程序进行监督并可以提出改进建议，并且听取和审议针对廉政公署人员的所有非刑事投诉的调查报告，并对廉政公署应采取的行政或纪律处分提出建议。

4. 立法会监督。

通过制定修改廉政公署反贪条例，立法会有权赋予、限制或撤销廉政公署的权力，从而对其权力形成制约。另外，立法会可以在审查行政长官施政报告时，对廉政专员提交行政长官的施政方针以及工作报告进行审阅，也可以要求廉政专员出席立法会会议，就有关廉政公署的政策及经费的问题作出说明。

5. 其他行政机构的监督。

廉政公署虽然独立于其他政府机构，依然是行政机构的一部分，行政监察机构有权对廉政公署工作进行一般性监督。香港地区政府的行政监察机构除了廉政公署外，还包括审计署、申诉专员公署、个人资料私隐专员公署以及截取通讯及监察事务专员等部门。审计署是《香港特别行政区基本法》规定的法定监察机构,廉政公署财政独立,但受制于审计署的审计。例如,2013年,审计署报告揭露前廉政专员汤显明在任期间,以"分拆账单"及改作"宣传费用"入账手法,违反标准宴请官员。

申诉专员并非《香港特别行政区基本法》规定的主要官员,按照《申诉专员条例》规定,更像一个独立的调查人员。申诉专员公署是仿照瑞典监察官制度建立的单一法团,可以以法团名义参与诉讼。申诉专员是为了监察公共机构的行政行为、调查公共机构的行政失当而设立。申诉专员是廉政公署事宜投诉委员会的当然委员,与专门委员会协调配合。调查结束后,申诉专员会将有关廉政人员的调查报告提交给廉政专员,并在其中指明应处理该行为的适当方式,如果廉政专员未做处理或者申诉专员认为情况严重,应向行政长官另行提交报告,并在指定期间内将该报告呈交立法会省览。

另外,为限制廉政公署截取通讯、秘密监听等对公民基本权利影响重大的权力,保护公民隐私权,香港地区政府建立了截取通讯及监察事务专员和私隐专员公署。通讯专员是依据《截取通讯及监察条例》建立的监督机构负责监督执法机关,包括廉政公署在案件调查中截取通讯及秘密监听的行为。通讯专员依条例规定向行政长官提交周年报告及其他报告,并向保安局局长提出建议。2008年,时任通讯专员的胡国兴法官在报告中指出了廉政公署窃听违规的行为,引发社会对廉政公署的广泛批评。私隐专员公署是依据《个人资料(私隐)条例》建立的,可以独立参与诉讼。私隐专员公署的组织职能是负责监督公权力机关和私营机构对个人资料保护的情况,特区政府根据《个人资料(私隐)条例》建立了个人资料(私隐)咨询委员会,为私隐专员提供关于该条例实施的意见。①

6. 律政司监督。

廉政公署仅负责案件的调查工作,是否提起检控是由律政司决定。调查权和检控权分立,可以确保不会单以廉政公署的判断而作检控决定,而是由律政司对廉政公署的调查工作进行把关,这是对廉政公署权力的一种监督和制约。

7. 司法监督。

司法独立可确保廉政公署不会越轨或越权。在司法监督下,廉政公署行使某些权力前,必须事先获得法庭的准许,如廉政专员要在获得原讼法庭同意的情况下授权调查人员行使特别调查权力;调查人员从税务局获取资料、非执行逮捕的搜查等权力的行使均需要经过原讼法庭或裁判官的审查。同时,廉政公署会谨慎研究法官就调查工作所提出的意见或批评,并检讨执法程序,确保权力不被滥用。

---

① 参见杨晓楠:《国家机构现代化视角下之监察体制改革——以香港廉政公署为借鉴》,载《浙江社会科学》2017年第8期。

8. 社会监督。

社会监督包括市民监督、新闻传媒监督等。市民可以通过向廉政公署、咨询委员会、投诉委员会等多个机构、多种途径进行举报或投诉，也可以向议员反映情况，或者通过廉政公署每年的民意调查表达意见，市民监督的途径十分广泛。新闻传媒作为社会监督的重要力量，能够有效吸引公众对于廉政公署工作的关注。通过新闻传媒监察，能够不断加强廉政公署对公众的问责性。

第四节　廉政公署制度的评价与借鉴

香港地区廉政公署从最初的将贪污作为一种与其他犯罪行为无异的行为来处理，到后来逐步认识到腐败需要有专门的机构予以解决，继而发展到借助一个半独立的机构，最后彻底建立一个独立的专业机构，这一变迁反映出香港地区腐败治理腐败思路的调整。早在香港廉政公署成立之初，机构威望尚未建立，很多市民担心廉政公署想在肃贪问题上是"不可能完成的任务"。廉政公署经过不懈努力，贪污现象呈现下降趋势，香港全社会逐渐形成了对贪污"零容忍"的清廉之风，为香港打击贪污的工作做出了卓越的贡献。但也存在一些需要关注及警惕的问题和教训。

一、廉政公署的基本经验

廉政公署在反贪污中积累了制度与机制上的经验。这些经验主要为以下几个方面。

1. 调查机构的独立性。

廉政公署高度的独立性是其最显著的特征。由于这一独立的专门性反腐机构建立，才使得香港的反腐败工作相较之前有了一个质的飞跃。廉政公署实现机构独立、人员独立、经费独立，使其能够在政府之外独立运行，不受干扰地开展反腐败工作，对其职能的充分发挥具有重要意义。香港地区的反腐败机构从隶属于警察系统内部发展为完全独立的执法机构，也表明了反腐败需要赋予反腐败机构独立的权力。缺乏独立的权力，反腐败会受制于复杂的层级隶属关系，削弱反腐效能。廉政公署专员有完全的人事权，署内职员采用聘用制，不是公务员，不受公务员事务局管辖。其经费由香港地区最高行政长官批准后在政府预算中单列拨付，不受其他政府部门节制。廉政公署的年度报告显示，廉政公署作为香港地区的专门肃贪机构获得了有力的财政支持。

2. 权力的相对集中性。

廉政公署的反腐败是具有较高效率的专业肃贪机构。之所以具有如此高效，其中最主要的原因在于廉政公署的三位一体的功能设置。惩治、预防与教育的三种功能有机设置于一体，分工明确，集中高效。这种集权制度设置，可以将分散的功能与资源整合，从而实现了权力最大化配置。廉政公署有《廉政公署条例》《防止贿赂条例》《选举（舞弊及非法行为）条例》等赋予的独立调查权，包括搜查、扣押、拘捕、审讯等，必要时亦可使用武力，而抗拒或妨碍调查者则属违法。上述四个独立性，使廉政公署从体制及运行上切断了与可能形成掣肘的各部门的联系，从而令反贪肃贪"一查到底"成为可能。这四个方面的独立权力，使得香港地区廉政公署的独立性得到实质性保障。香港地区的经验表明，在腐败治理上，集中权力设置有利于提高反腐败效率与效果。

3. 调查权的广泛性。

廉政公署的调查权力具有广泛性和高效性，对于干预、阻碍廉署调查的行为，法律明确了处罚措施。如《廉政公署条例》第十三A条规定，抗拒或妨碍廉署人员执行职责即属犯罪，一经定罪，可处罚款5000港币及监禁6个月。廉政公署成功的关键之一便是其具有强大的调查权力：一方面，能够提高办案效率，通过有效的调查措施使贪腐分子难以抵抗、犯罪证据无处藏匿，从而顺利认定犯罪，对贪腐活动进行有力打击。这也是香港地区的贪腐分子面对廉署"喝咖啡"而胆战心惊的原因。另一方面，能够对其他潜在的职务犯罪人起到慑于廉政公署的巨大威力以及不敢越雷池半步的约束。

另外，香港地区廉政公署"三管齐下"的反贪策略注重开放和合作，积极寻求与其他政府部门、香港地区社会以及国际力量的协作，彼此配合形成合力，从而建立庞大、高效的反贪网络。据统计，2017年1月到11个月，廉政公署共接获共2648宗贪污投诉，较2016年同期微跌2%。当中涉及私营机构的投诉占67%，涉及政府部门的投诉占27%，而与公共机构有关的投诉则占6%。可追查投诉则上升7%，达到1993宗，而具名投诉比率亦由73%微升至74%。[①] 由于有2/3的贪污投诉涉及私营机构，廉政公署将投放额外资源在私营机构的防贪教育工作上。廉政公署与香港地区政府各部门建立反贪伙伴关系，廉政公署人员协助政府部门、公共机构制定防贪政策，对工作程序和规则进行审查和完善。政府部门、公营机构在工作中收到涉及贪污的举报、线索一律移交廉署处理，并积极推行廉政公署提出的防贪建议。廉政公署与私营机构联系紧密，积极向其提供防贪

---

① 参见《香港廉政公署最新贪污举报数据出炉！》，中华通讯社中华在线网站，http://zhtxs.net/fazhi/2017-12-22/67017.html，访问时间：2018年12月28日。

意见。对于其中一些重点行业建立了防贪网络，如银行业，配合廉政公署严格防贪反贪，防止重点行业的贪污活动对社会造成严重危害。廉政公署注重与内地反贪机构的联络与协作，为各自越境贪污案件的调查提供便利，彼此配合、共同打击贪腐分子。廉政公署还与内地检察机关开展合作，将防贪工作覆盖到跨境商贸领域。廉政公署与很多其他国家的反贪执法机构确定了合作关系，建立跨国贪污案件的协助调查机制。

4. 监督制约的机制性。

香港地区法律通过建立完善的内外监督机制，实现对廉政公署权力的有效监督和制约，使廉政公署在拥有充足权力发挥肃贪倡廉职能的同时，能够有效防止权力滥用，保证其正常、高效运行。在廉政公署的内外监督机制中，四个咨询委员会和投诉委员会发挥了最为灵活和及时的监督作用。这五个委员会的组成人员均来自社会的各阶层，并且由非官方人士担任主席，这种监督并非行政权力，而是来自专业权威和公众权力，能够相对独立、公正。通过这五个委员会的工作，实际上能够实现对廉政公署各个部门以及廉署人员所有工作环节的全覆盖监督。委员会监督的本质是通过公众问责来制约廉政公署的权力行使。

二、廉政公署调查权的问题

有学者认为，香港地区的廉政公署调查权历经了以犯罪控制为主导的初创阶段、犯罪控制模式受到正当程序挑战的成长阶段和犯罪控制与正当程序平衡的成熟阶段。香港地区廉政公署不仅被赋予了打击腐败所必需的强大权力，其权力还受到了有效的法律控制，实现了犯罪控制与正当程序这两种价值的相对平衡。[①]随着廉政公署反贪斗争的严密化，贪腐作案的手段也越来越隐蔽，许多利益交易通过复杂的流程和变化的形式进行隐藏，给廉政公署的调查造成了极大的障碍。调查权的不断扩张导致了公众的指责、投诉和司法制约。这些问题主要集中在以下几个方面。

1. 廉政公署拥有比警察侦查更大的权力。

调查权力过大极易造成行使过程中滥用而导致对人权的侵犯，必然会导致了新的权力制约机制的形成。廉政公署出于办案效率的考虑，利用偷拍、监听等特殊调查方式。偷拍与窃听等调查手段在《廉政公署条例》中并未得到许可，因为它会对隐私权造成侵犯。在"冼锦华免费接受性服务"一案中，除人证外，最有力的证据便是通过偷拍和窃听手段获得的。在该案中，法官采信了这些证据，导

[①] 参见阳平：《论我国香港地区廉政公署调查权的法律控制》，载《政治与法律》2018年第1期。

致高级警司冼锦华被定罪处罚，但廉政公署的这一调查手段颇具争议，导致了警察与廉政公署的冲突。在有些案件中，法官裁定廉署提供来自偷拍和窃听的证据违反了《基本法》。根据《基本法》第三十条的规定，香港地区居民的通信自由和通信秘密受法律的保护。除非有关机关依照法律程序对通信进行检查外，不得予以侵犯。而香港地区并未曾授权检查通讯的权力，法官认为廉政公署调查案件没有合法窃听的可能，因而，窃听录音均属非法证据。香港廉政公署引入了《公民权利和政治权利国际公约》并由立法会颁布了《香港人权法案》之前，其进行办案的权力只需受到港督的制约。但这一权力被认为不受限制而有可能会被滥用，甚至可能侵犯个人权利。在这次事件之后，廉政公署的搜查、逮捕等权力需要经过律政司授予。

2. 公众对廉政公署执法越界的投诉与指责。

香港地区廉署执法方式遭遇更多的投诉，且集中在权力腐败领域。根据香港地区廉署事宜投诉委员会在2010～2015年期间向立法会提交的历年年报，在这六年中该委员会平均每年审议的香港民众对廉署的投诉为24.6宗，涉及指控8.6项，2007年和2008年该类投诉分别为18宗、22宗，涉及指控43项、46项，相比之下，投诉案数和涉及的指控数都呈现增多趋势。① 例如，2004年7月，香港地区上市公司"先科国际"涉嫌做市案因证人保护披露涉嫌妨碍司法公正，为获得证据，廉政公署采用代号为"驿马星"的行动，一日之内大举搜查7家报馆，还拘捕了6名人士，其中，包括两名律师，由此陷入了公关危机。② 近年来有人认为，廉政公署的这种集权型反贪污机构存在一种"特工运动型"的"弊病"，③ 对此已引起公众的担忧，对其应当保持高度警惕。

3. 廉政公署权力的监督机制问题。

廉政公署虽然有较为完善的内外监督机制，但在个案调查中的权力行使受到的限制较少，委员会监督虽然能够实现对廉政公署各项工作的监控，但是缺少直接制约其权力行使的能力。行政长官监督、立法会监督等主要是对廉政公署工作进行整体监督，难以保证对个案嫌疑人的权益保护。在实际的个案调查中，司法监督、司法审查其实是最有力的监督机制。如房屋搜查、查账、冻结财产等，行使需要经过司法审查，但更多的逮捕、扣留、逮捕时的人身、场所搜查以及照片、指模、身体资料、非体内样本的搜集等并不需要经过司法审查，而仅仅在调查人员有"合理怀疑""有理由相信"的基础上即属于合法行为。从此可以发现，廉署调查权力的行使一大部分来源于其自身的主观判断，而任何人配合廉署

---

① 参见阳平：《论我国香港地区廉政公署调查权的法律控制》，载《政治与法律》2018年第1期。
② 参见何亮亮：《零容忍——廉政公署40年肃贪记录》，中国友谊出版社2012年版，第183页。
③ 参见胡锦光主编：《香港行政法》，河南人民出版社1997年版，第196～198页。

的调查是无条件的，被调查对象只有在被限制自由时才发生相应权利，这样的制度设计很明显存在危险隐患。近年来，多名香港地区廉署人员因对犯罪嫌疑人威胁逼供或教唆证人作伪证，先后被判入狱，其教训也是深刻的。

三、香港地区廉政公署的启示与思考

我国监察体制改革适应新时代反腐败工作的特点，通过将分散的机构整合，将反腐败权力有效集中，从而减少机构之间的权力内耗，提升反腐败效率，同时，增强反腐败机构的权威功能。有学者认为，"廉署是一个具有内地公安、检察和行政监察职能和手段的特殊机构"。[①] 也有学者认为，"香港个案对我们的启发是：如果说国家（政府）的坚定决心和领导者的坚强意志以及独立的反腐败制度设计是一个国家（地区）治理腐败必不可少的，那么社会公众参与则是一个国家（地区）从腐败到廉洁改革进程中必须重视的要素。只有民众真正视腐败为必须铲除之恶疾，能够参与监督公共权力，才能使得所有的制度设计落到实处。"[②] 廉政公署一方面完善管理制度，另一方面改造公众观念，持续努力肃贪倡廉，终于使得香港地区发生了巨大的改变，由昔日饱受贪污肆虐之地，变成今日广受国际社会推崇的廉洁之都。另有学者认为，香港地区廉署的经验提醒我们，在内地的监察制度改革中，应注意科学地设置监察委员会的职权和职能，推动反腐败教育、培育全社会的廉洁意识，应该是监察委员会的应有职能和重要责任。[③]

我国监察制度改革不仅整合行政监察和检察院反腐职能转隶到监察委员会，而且还拥有公安机关的部分案件的管辖权，更为重要的是，还与党的纪委机关合署办公，在独立性上与香港廉政公署相比，可以说有过之而无不及。实践表明，监督机构的强势形态是在实现腐败治理方面所必须和必要的。所有的制度建设都不会是一帆风顺的，需要根据时代的要求不断地进行调整、完善。对廉政公署制度进行借鉴和学习，不仅要看到其成功经验，更要看到其在制度建设过程中存在的问题，对该制度进行一个综合的、立体的考量，才有可能提出真正有益于监察委员会建设的意见和建议。香港廉政公署强大的调查权力是廉政公署建立时贪污盛行的社会背景决定的，当时，全香港市民形成了共同的利益诉求，即"严打"贪污腐败。时至今日，香港地区社会的贪污风气已经被扭转，达到了较高的廉洁程度，市民的防贪反贪观念也已塑造成形，这样一来，公众利益的诉求已经悄然转变。在新的社会环境下，廉政公署的权力配置和权力运行也应当及时进行调

[①] 参见纪相忠：《由香港廉政公署得到的启示》，载《党风与廉政》2001年第2期。
[②] 参见李莉：《社会中心主义视角下的腐败治理》，载《经济社会体制比较》2015年第5期。
[③] 参见李洪勃：《香港廉政公署的廉洁社会改造运动》，载《中国政法大学学报》2018年第1期。

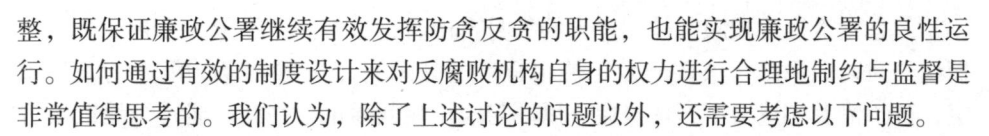

整，既保证廉政公署继续有效发挥防贪反贪的职能，也能实现廉政公署的良性运行。如何通过有效的制度设计来对反腐败机构自身的权力进行合理地制约与监督是非常值得思考的。我们认为，除了上述讨论的问题以外，还需要考虑以下问题。

一是香港地区廉政公署不仅是"三权分立"体制生长的产物，更为重要的是它的发展历史表明了监察机关在成长时从隶属警察署到作为独立的廉政公署的变化缘由。对于香港地区廉政公署享有的调查腐败案件的权力尽管与英国存在一定不同，但其调查依然属于侦查，英美法系国家的调查与侦查同义，均受刑事诉讼法的调整。不宜简单地以香港地区廉政公署的调查权与《监察法》的监察机关的调查权等同。同时，多数国家由于涉及人身和财产的限制措施是通过司法审查的，其不涉及人身和财产的调查措施也就无需像我国刑事诉讼那样的立案限制，但我国刑事诉讼除了逮捕以外（检察机关自侦的逮捕）均可自行决定，不受司法审查，因此对刑事诉讼程序实行监督制度具有必然性。香港地区的廉政公署实施搜查、扣留被调查人旅行证件、特别调查权、限制被调查人财产，均须事先向法院申请，获得法院通知书或手令后才能执行，但是，在实施某些措施时仍具有较大的自由裁量权。根据香港地区《廉政公署条例》第十A条的规定，如廉政公署高级人员认为有需要或适宜，被扣留在廉署办事处的人，可在廉署人员羁押下往返任何其他地方，属于合法羁押。其立法对廉署在实践中经常使用的线人及卧底行动依然没有严格规范。

二是监察机关行使监察权也需要监督，"信任不能替代监督"。这样"有利于加强党委对纪委的领导和监督，有利于把纪委的自我监督同接受党内监督、民主监督、群众监督、舆论监督等有机结合起来，形成发现问题、纠正偏差的有效机制，确保党和人民赋予纪委的权力不被滥用，用担当的行动诠释对党的忠诚。"① 我国《监察法（征求意见稿）》第十条曾规定，"监察机关依法独立行使监察权，任何组织和个人不得拒绝、阻碍或者干涉监察人员依法执行职务，不得对其打击报复。"其中，不受任何组织的"组织"被正式通过的《监察法》删除，监察委员会同纪委合署办公行使监察权应当坚定不移地坚持党的领导，也要接受同级和上级党委的领导，作为国家机关更不能放逐人大的监督、民主监督、群众监督、舆论监督之外。为此，《监察法》将其修改为"不受行政机关、社会团体和个人的干涉"与人民法院依照法律独立行使审判权、人民检察院依照法律行使监察权，不受行政机关、社会团体和个人的干涉保持一致，体现其作为国家机关的同等法律地位。

---

① 王岐山2017年1月20日"关于《中国共产党纪律检查机关监督执纪工作规则（试行）》的说明。"

三是检察机关在限制被调查人的人身自由时，是否需要律师介入是一个值得探讨的问题。根据《廉政公署（被扣留者的处理）令》第四条、第十七条的规定，被扣留者须被给予合理机会，以便与法律顾问通讯，并在一名香港地区廉署人员在场、但听不见的情况下与其法律顾问商议，获准与法律顾问及亲友通电话。为了做好辩护准备，被扣留者须获供应书写用品，而他写给法律顾问及亲友的书信，须在尽量没有延迟的情况下邮寄出或递送出；在不会对调查的进行或执法构成阻碍的前提下，可打电话给他人。犯罪嫌疑人有权要求在律师陪同下接受廉署问话，在问话前，香港地区廉署人员应提醒他可行使"保持缄默"的权利。因为律师介入对职务犯罪调查是维护程序公正和实现宪法尊重保障人权的不可或缺的重要内容，监察机关在对涉嫌腐败犯罪案件的查处并采用影响人身自由的措施，如采用留置措施，也应当允许律师介入，提供法律帮助，尽可能促进其与联合国《关于律师作用的基本原则》要求的所有的人都有权请求由其选择一名律师协助保护的辩护权利相一致，吸收我国《刑事诉讼法》在人权保障取得的文明成果，况且我国目前试点的值班律师制度在一定程度上可以满足其要求。[①] 因此，监察机关在调查职务犯罪尤其是采取留置措施时，也应当允许值班律师参与。尽管被留置人在身份上不同于犯罪嫌疑人、被告人，可能只涉及职务违法，但这毕竟是少数，对于涉嫌职务犯罪的被留置人，其就具有犯罪嫌疑人的身份，理应享有委托律师作为辩护人的权利。赋予被留置人委托律师作为辩护人的权利，不仅是维护宪法权威的体现，具有尊重和保障人权的价值正当性，而且也有利于更准确查明案件事实，减少错案风险。[②] 这种律师的介入不一定就是刑事诉讼上的辩护律师，监察调查不属于刑事诉讼，当然不存在刑事诉讼作为辩护人的律师，并非不需要律师为被隔离的被调查人提供法律帮助，也并非律师制度就是为刑事诉讼专门设置的。特别是我国的值班律师制度，可以作为监察调查中被留置人提供法律帮助的人，在认罪认罚制度中被告人自愿认罪、被告人程序选择、被告人接受检察机关量刑建议的时候，律师应当提供法律帮助。

[①] 2017年8月，最高人民法院、最高人民检察院、公安部、国家安全部、司法部联合出台的《关于开展法律援助值班律师工作的意见》对法律援助值班律师提供的法律帮助服务从五个方面作了进一步明确界定：（一）解答法律咨询；（二）引导和帮助犯罪嫌疑人、刑事被告人及其近亲属申请法律援助，转交申请材料；（三）在认罪认罚从宽制度改革试点中，为自愿认罪认罚的犯罪嫌疑人、刑事被告人提供法律咨询、程序选择、申请变更强制措施等法律帮助，对检察机关定罪量刑建议提出意见，犯罪嫌疑人签署认罪认罚具结书应当有值班律师在场；（四）对刑讯逼供、非法取证情形代理申诉、控告；（五）承办法律援助机构交办的其他任务。

[②] 参见阳平：《论我国香港地区廉政公署调查权的法律控制》，载《政治与法律》2018年第1期。

第五章

监察调查权的界限与程序控制

监察委员会作为不同于行政机关和司法机关专司反腐职能的国家机构,其调查反腐权能因整合了行政监察和侦查职务犯罪职能染指了行政执法和刑事侦查的双重特性。这种腐败违法犯罪的调查权在性质上不同于监督执纪权、行政执法权和司法权,也不同于转隶前检察机关的侦查权。这种调查权蕴涵了前置性的纪委违纪审查权和违法犯罪调查权,在调查程序中形成"纪行检一体化"的特殊调查权,负责统筹调查违纪、行政违法、职务犯罪行为。监察委员会在制度安排上需要接受党的领导;在查办案件上应与纪委相互衔接并保持相对的独立性;腐败犯罪案件调查权的程序节制应不低于刑事诉讼被追诉人的最低标准,体现法律面前人人平等的原则,调查权的行使除接受党的领导或者纪委监督、人大监督、社会监督等外,在程序上接受严格的约束外,还应接受检察机关的检察监督与司法权、执法权的制约。

《全国人民代表大会常务委员会关于在北京市、山西省、浙江省开展国家监察体制改革试点工作的决定》(以下简称《决定》)暂停了检察机关适用刑事诉讼法关于检察机关反腐的"立案侦查权限",检察机关的反贪反渎和预防职务犯罪部门行使的反腐职能在"试点中要转隶到监察委员会,但是不能代行检察院的检察职能,检察院的侦查、批捕、公诉等权力,监察委员会不能一并享有。'国家监察委员会的职能主要有三项,包括监督、调查和处置,其中,调查权不能取代检察院的侦查权,调查权可能包括调取资料、甚至进入、扣押、查封场所驻地等……处置权包括对违纪违法人员进行处分,还包括初步查清违法犯罪事实之后将涉嫌犯罪的人员移送司法机关。'"① 基于《中共中央办公厅〈关于在北京市、山西省、浙江省开展国家监察体制改革试点〉方案》《决定》和《监察法》发展线索以及学者对监察制度改革的诸多观点,亟待理论厘清的问题是,检察机关反腐职能转隶到监察委员会后的职权犯罪侦查权是否发生了质的变化,即监察机关

---

① 参见《中纪委特邀监察员:监察委不能有侦查批捕公诉等权力》,中国新闻网,http://news.china.com/domestic/945/20161130/30058956.html,访问时间:2018年3月13日。

"调查权"的性质如何？如果监察机关的"调查权不能取代检察院的侦查权"，检察机关是否还存留职务犯罪侦查权？对涉嫌职务犯罪的，"监察机关经调查犯罪事实清楚，证据确实、充分的，""移送人民检察院依法审查、提起公诉"，①这种跨越我国刑事诉讼"立案侦查"程序径直跳入审查起诉程序的做法如何形成对调查权的制约？目前，这些问题不仅在理论上存在不同意见，而且试点中也暴露出调查程序的正当性的不足，②以至于引发学界对《监察法》规定的监察机关职务犯罪调查权性质理解上的分歧与执行上的偏差。本章以监察委员会的性质、纪检与监察委员会合署办公的体制机制为进路，对监察委员会调查权的本质属性予以探讨，以期对监察机关职务犯罪调查职权获得一个较为清晰的认识，保证调查权受到制约并得到程序控制。

第一节 监察委员会调查权性质或者属性的争议

根据《监察法》和《决定》的规定，监察委员会的调查权主要包括谈话、讯问、询问、查询、冻结、调取、查封、扣押、搜查、勘验检查、鉴定、技术调查、留置以及限制出境、通缉等措施。这些措施大致可以分为四类：一是对人身自由的限制权，如谈话、讯问、询问、检查、留置、限制出境、通缉等。二是对场所的限制权，如搜查、勘验等。三是对财产的限制权，如查询、冻结、查封、扣押。四是对信息的限制，如调取材料、鉴定、技术调查等。监察委员会的调查权是由监察职权的性质决定的，与监察工作的必要或者需要有关。就性质而言，调查权因行使主体的不同呈现出的性质不同。例如，人大调查权、行政调查权和司法调查权等。我国监察体制改革实质上吸收了检察机关的职务犯罪侦查权，并将违法调查权和职务犯罪侦查权合并为新的"调查权"。然因纪检和监察委员会合署办公，其调查权似乎又拥有违纪的调查权，取代分散的纪委调查权、行政调查权以及职务犯罪刑事侦查权。

一、监察委员会调查权的不同观点

基于监察委员会调查权能的复杂性，理论上对调查权性质存在不同观点，特

---

① 参见《监察法》第四十五条第三项。
② 据山西省纪委监委网站发布消息称，经省委批准，山煤集团原党委书记、董事长郭海涉嫌严重违纪，目前，正接受组织审查。据北京市通州区委常委、区纪委书记、区监委主任郑宇介绍说，"对留置措施的使用和解除，是由区委书记杨斌审批的。在留置调查期间，他也多次听取情况汇报。"学界对上述试点的监察委员会采用留置措施由省委或者区委书记审批的做法多有不同意见。参见王梦瑶：《山西监察委首案：山煤原董事长被留置》，载《新京报》2017年4月15日第A12版；李泽伟：《北京监察机关首次采取留置措施办案》，载《北京青年报》2017年6月2日第A05版。

别是监察委员会的调查权能否取代或者包含检察机关的职务犯罪侦查权，目前一直存在争议。①

第一种观点认为，监察委员会拥有职务犯罪调查权，但该项调查权不能完全替代检察机关的侦查权，检察机关依然保留特殊自侦权。换言之，调查权与侦查权是相互兼容、相互补充的，监察委员会调查获取资料并移交给人民检察院起诉之后，人民检察院就某些事项依然可以展开补充侦查。也就是说，监察委员会的调查权不同于检察机关的侦查权，检察机关也不因侦查职务犯罪职能的转隶而不再拥有侦查权，即使具有补充性的侦查权，在性质上仍是侦查权。

第二种观点认为，监察委员会职务犯罪调查措施的性质是对刑事案件的侦查行为。对职务违法行为采取非刑事侦查措施，系行使行政性权力，不难形成共识。依照这种观点，监察委员会的调查措施分为刑事（犯罪）调查措施与非刑事调查措施。前者具有刑事侦查的性质；后者则属于行政性的调查权。问题在于，如果监察委员会的职务犯罪调查具有刑事侦查行为的性质，那么为何会排除监察机关在查处职务违法犯罪中适用《刑事诉讼法》呢？如果监察委员会所有非刑事调查措施均系行政性权力，是否意味着监察委员会没有纪律检查的功能？这样定位与《试点决定》促进"行纪检合一""建立集中统一、权威高效的监察体系"的改革目标不相一致。

第三种观点认为，监察委员会调查权既可以运用于违纪案件，也可以适用于违法犯罪案件，"当调查范围覆盖刑事案件的时候，这种调查权就与'刑事侦查权'有着相同的实质，只是不冠以'侦查'之名，规避了《刑事诉讼法》的约束"。易言之，不论是违纪案件还是行政违法案件抑或是刑事犯罪案件，监察委员会均有调查权，且在调查刑事犯罪案件时，监察委员会调查权的行使不适用《刑事诉讼法》的规定。② 也就是说，监察委员会的职务犯罪调查权不源于《刑事诉讼法》，而是基于《监察法》拥有的一项不同于刑事诉讼侦查的权力。

有学者认为，虽然监察委员会调查权的具体内容与改革前被赋予的调查权（侦查权）有所重合，但机构整合与人员转隶并不简单等于各部门职能的相互叠加，更不意味着监察委员会当然具有整合前的机构权属，如检察机关逮捕、监视居住等强制措施在规定中并无涉及。具体而言，监察委员会调查手段的强制程度严于原行政监察机关，与侦查权有所类似，均通过对物、对人以及场所的较高程度的强制实现查证犯罪，监察委员会针对职务犯罪以"调查"为名展开的一些手

---

① 参见戴涛：《监察体制改革背景下调查权与侦查权研究》，载《国家行政学院学报》2018年第1期。

② 参见刘艳红：《监察委调查权运作的双重困境及其法治路径》，载《法学论坛》2017年第6期。

段及其强制性均与检察机关职务犯罪侦查手段相似，但二者存在较大的差异。这种差异主要体现在以下几个方面。

一是调查行为与侦查行为适用的法律不同。监察机关调查职务犯罪适用《监察法》，其调查权的行使不受作为法律监督机关人民检察院的监督；案件移送检察机关后适用《刑事诉讼法》，而侦查权的行使则受到《刑事诉讼法》的规范和约束。

二是调查权的强制措施不同。监察机关的调查措施尽管多数与刑事诉讼的侦查措施相同，但不拥有拘传、取保候审、监视居住、拘留和逮捕等刑事诉讼法中所规定的强制措施，在此方面不同于侦查行为中的强制措施。

三是在行为实施和措施上内部控制不同。监察委员会因外部主体参与调查的不充分，其内部审批控制程序相当复杂，其行为和措施的行使程序不具有诉讼化形态；而侦查行为仍然受到检察机关的监督和律师参与的制约。

二、监察委员会调查权的特点

从以上方面来看，监察委员会对职务犯罪行为的调查权不能简单地等同于侦查机关的侦查权，其权属内涵与外延具有一定的差异性。调查权与侦查权所需达到的刑事诉讼标准与程序规范具有相当的一致性。也正因为此，监察委员会的调查行为将显著区别于曾经的党内调查或行政监察。[①] 监察机关行使的调查权不同于刑事侦查权，是因为监察委员会是由国家权力机关设立的监督机关，是专责反腐败工作机构，履行监督、调查、处置与公安、检察机关等执法和司法机关性质不同的职权。反腐针对的职务犯罪不同于一般刑事犯罪，因其与违纪相重合，以至于监察机关调查职务违法和职务犯罪案件上具有前置后续的程序衔接。对于监察机关违法犯罪调查权，有学者认为具有以下特征。[②]

第一，调查权的国家化。我国纪委属于执政党内部纪律的检查机关，依据党规党纪等党内规范文件，有权对党员党组织的违纪行为展开调查，体现"党治"的特征。而监察委员会监察对象为行使公权力的公职人员，调查权源于国家法律的授权，但因监察委员会与纪委采用合署办公的模式，体现出我国反腐特色的党政关系，尽管纪委审查行为与监察委员会在调查的权源、性质具有差异性，但在反腐上具有一致性，外在体现出国家权的权力面相，具有毋庸置疑的国家权威性。这也是监察委员会被称之为国家监察机构的缘由。

第二，调查措施的强制性。在反腐职能的定位引导下，监察委员会调查权的

[①②] 参见左卫民、安琪：《监察委员会调查权：性质、行使与规制的审思》，载《武汉大学学报》（哲学社会科学版）2018 年第 1 期。

行使无疑需要借助一定的强制手段。《监察法》规定的监察委员会15类不同类型的调查措施，有些调查措施，如"留置"依然具备暂时性剥夺公民人身自由的强制性特征，但对被调查人而言具有限制人身自由的强制性。

第三，调查职能的复合性。较之其他国家机关所享有的调查权，监察委员会调查权具有构成复合性：一方面，从调查措施的内容来看，囊括了职能整合前不同调查权（侦查权）行使主体的部分权力措施，如行政监察机关查询权、检察机关的搜查权等，呈现出多样化；另一方面，监察委员会调查对象包括一般职务违法行为和触犯刑法的职务犯罪行为。这一复合性调查权体现了决策者的反腐决心，也为实践中监察委员会职能发挥提供助力。

就调查权在调查职务犯罪的实质而言，监察机关的调查程序与刑事侦查程序在犯罪案件的审前阶段发挥着相同作用。特别是检察院对监察机关调查案件的"补充侦查"机制，更加表明了调查与侦查在内容上的延续性。监察委员会的职务犯罪调查权直接源于检察机关侦查权的转隶，按照权能转隶本身而言，其性质未发生改变。基于分权模式的考量，对职务犯罪的逮捕权和公诉权仍应保留在检察院，在权力平面化上，监察委员会的调查权与检察院的逮捕权、公诉权和法院审判权之间存在相互制约的关系。行政监察部门、腐败预防部门以及职务犯罪预防部门与整合转隶监察委员会，监察委员会即拥有"行纪检一体化"之调查权，取代分散的纪委调查权、行政调查权以及职务犯罪刑事侦查权。监察委员会调查权具有复合属性。

针对调查权的上述特征，难免会产生一些疑问，监察委员会调查权能否完全取代纪委、行政以及检察三机关的调查权，即在涉及职务犯罪调查时，监察委员会调查权能否完全替代职务犯罪侦查权。监察委员会在调查违纪事项、行政违法事项以及职务犯罪事项时，是否存在不同的调查程序？监察调查的对象并非仅限于职务犯罪的嫌疑人，不能把监察调查完全等同于刑事侦查，即使是对职务犯罪调查，也与刑事侦查具有措施的强制性、调查目的不完全一致，但不可否认其具有类似侦查之属性。[①] 由于监察委员会调查权是监察制度改革的产物，相对国外在性质界定上也不曾有相似的参照，再加上与纪委合署办公的特殊性，使得对监察委员会的调查权属性的理论探讨与论证在短期内不可能完全达成共识，但不同观点对于深入研究其性质具有重要的意义。

---

① 参见陈卫东：《职务犯罪监察调查程序若干问题研究》，载《政治与法律》2018年第1期。

第二节 监察委员会调查权限的探讨与论证

监察机关对职务违法犯罪行使的调查权。根据《监察法》的规定,行使调查权的主体是与党的纪律检查机关合署办公的监察机关;监督调查的对象是行使公权力的公职人员;调查的事项既有职务违法又有职务犯罪甚至未区分违纪违法;调查活动既要严格依法收集证据,查明违法犯罪事实,也要用党章党规党纪、理想信念宗旨做被调查人的思想政治工作,靠组织的关怀感化被调查人,让他们真心认错悔过,深挖思想根源。监察机关的调查权相对原来检察机关职务犯罪的侦查权的权力内涵及外延更丰富,即调查的不是一般的刑事犯罪行为,也不是普通的刑事犯罪嫌疑人,不同于纯粹的职务犯罪侦查。《监察法》第三十三条规定:"监察机关在收集、固定、审查、运用证据时,应当与刑事审判关于证据的要求和标准相一致"。"以非法方法收集的证据应当依法予以排除,不得作为案件处置的依据。"这一规定又使得调查权与侦查权在程序上的要求具有较多的相似性。那么,如何界定调查权的性质以及如何架构调查权行使程序,如何避免其滥用影响被调查人的合法权益,已成为学界关注与讨论的焦点和热点问题。

一、监察委员会监察权的调查权的性质

《决定》规定:"在北京市、山西省、浙江省暂时调整或者暂时停止适用《中华人民共和国行政监察法》,《中华人民共和国刑事诉讼法》第三条、第十八条、第一百四十八条以及第二编第二章第十一节关于检察机关对直接受理的案件进行侦查的有关规定……其他法律中规定由行政监察机关行使的监察职责,一并调整由监察委员会行使。"基于暂停检察机关在刑事诉讼中的职务犯罪侦查权逻辑来看,其暂停的权力"一并调整由监察委员会行使",监察委员会的职务犯罪调查权是否等于检察机关职务犯罪拥有的所有侦查职权存在疑问。有学者认为,"而监察委的定位是执法监督机关,并非司法机关,也就意味着它不能代行检察院的检察职能。所以说随着检察系统相关部门的整合,它不能一并享有检察系统所拥有的侦查权力。"① 也有学者持不同观点并认为,"随着检察机关查处贪污贿赂、失职渎职以及预防职务犯罪等工作力量的转隶,职务犯罪侦查权将归属监察委员会,成为监督执法权的基本权能之一。""监督执法权包括查处腐败违法行为

---

① 参见李晓明:《法治反腐:反腐败机构的整合与重构》,载《法治研究》2016年第6期。

的调查权和非刑事处罚权,查处腐败犯罪的刑事侦查权。"[①] 我国2012年《刑事诉讼法》规定的侦查包括"依照法律进行的专门调查工作和有关强制性措施。"[②] 其中,专门调查工作也是侦查工作的内容之一。也就是说,侦查包括调查,其监察机关的职务犯罪调查就是侦查。

为了解决法定术语上的包含关系以及理论上的争议,2018年修正的《中华人民共和国刑事诉讼法》将第一百零六条改为第一百零八条,其第一项修改为:"(一)'侦查'是指公安机关、人民检察院对于刑事案件,依照法律进行的收集证据、查明案情的工作和有关的强制性措施"。这种将《刑事诉讼法》的侦查中"专门调查"术语被取消,这是否能够解决刑事侦查与监察委员会调查争议值得反思。监察委员会调查权能否完全取代纪委、行政以及检察三部门的调查权,或者确切地说,在涉及职务犯罪调查时,监察委员会调查权能否完全替代职务犯罪侦查权?监察体制改革可以看作是以行政监察体制为中心轴分别扩散至纪检监督、检察监督中,改革后公职人员违纪、行政违法主要适用《监察法》,违纪与行政违法事项调查权的融合难度相对较小。由于监察委员会调查权具备"行政""纪委""检察"三种调查权的特质,即便在调查职务犯罪时,也不能将之割裂开,而应与刑事侦查权等量齐观。[③] 当涉及职务犯罪时,由于公诉活动以《刑事诉讼法》为依据,监察委员会调查后还涉及与刑事诉讼法衔接的问题,如调查笔录是否满足刑事诉讼证据的要求,是否要经过转化才可能在刑事诉讼中作为证据使用。作为调查措施的讯问、搜查、留置均涉及人权保障事项,类似于刑事诉讼中的讯问、搜查与羁押,而讯问方式、搜查条件、羁押手段等在《刑事诉讼法》中均有严格的审批程序限制,这些限制公权力的规范不适用于调查活动,有可能出现权力的滥用。《监察法》第四十七条规定了人民检察院"认为需要补充核实的,""必要时可以自行补充侦查"。对检察机关的补充侦查应作何理解,补充的是侦查还是补充的是调查?对这些问题还需要从《决定》和《监察法》的规定和监察委员会在政治体制、政治关系中的权力构造与性质上予以分析。

1.《决定》规定内容与监察制度改革的逻辑。

《决定》规定了"在北京市、山西省、浙江省暂时调整或者暂时停止适用《中华人民共和国行政监察法》,《中华人民共和国刑事诉讼法》"等有关规定,同时赋予了"试点地区监察委员会按照管理权限""履行监督、调查、处置职

[①] 参见吴建雄:《监察委员会要不要行使腐败犯罪侦查权?——和马怀德教授商榷》,中国反腐法治网,http://www.fffzcn.com/redianjj/12991.html,访问时间:2017年5月17日。
[②] 参见我国2012年《刑事诉讼法》第一百零六条规定:"'侦查'是指公安机关、人民检察院在办理案件过程中,依照法律进行的专门调查工作和有关强制性措施"。现已修改为一百零八条。
[③] 参见刘艳红:《监察委员会调查权运作的双重困境及其法治路径》,载《法学论坛》2017年第6期。

责"。按照《决定》暂时停止检察机关的有关职务犯罪侦查权限以及"将试点地区人民政府的监察厅（局）、预防腐败局及人民检察院查处贪污贿赂、失职渎职以及预防职务等部门的相关职能整合至监察委员会"的内容来看，整合的仅仅是"职能"而非是划转的"职权"。《决定》明确规定了"调整"法律对行政监察机关的规定，并对"其他法律中规定由行政监察机关行使的监察'职责',① 一并调整由监察委员会行使。"但未明确检察机关的职务犯罪侦查"职权"是否可"调整由监察委员会行使。"也就是说，检察机关的职务犯罪侦查"职权"仅仅被暂停，并未随从反腐职能一并转隶监察委员会行使。监察委员会也未因检察机关部分反腐机构及其人员以及职务犯罪的"职能"转隶而拥有检察机关暂停的职务犯罪侦查权。监察委员会调查权不同于检察机关转隶的侦查权，针对检察机关对监察委员会"调查"进行"补充侦查"，其调查权与侦查权在程序上依然具有转换的功能，其本质应该无区别，仅具有名称的不同与程序阶段上的差异。无论是监察委员会对职务犯罪的调查抑或原来检察机关对职务犯罪的侦查均具有天然强制他人的权力，除需要完善内控机制外，还需要通过保障人权程序予以制约。从试点地区自 2017 年 1~8 月的留置实践来看，"二省一市"共实施留置措施 183 人（其中，北京市 43 人、山西省 42 人、浙江省 98 人），而作为犯罪案件移送检察机关案件共 219 件 281 人。② 留置人数占监察委员会移送检察机关依法提起公诉的人数的留置率为 65.12%。基于移送审查起诉的留置率较高，在留置的程序安排上需要遵从正当程序，在制度设计上理应符合法治的要求，避免监察委员会的留置重蹈检察机关在侦查职务犯罪的自行决定逮捕的覆辙。在监察委员会的调查措施中，由于影响与限制被调查人人身自由的措施仅有留置措施，不像刑事诉讼存在监视居住、拘留、逮捕等多种措施，这一单一的措施在调查案件中极易出现误用或者滥用，为了留置措施采用的正当性和必要性，程序安排上不仅应严格审批程序控制，也应当准许被留置人申请复议，对复议有异议，还应当建立检察机关对留置措施的必要性审查制度，体现宪法赋予检察机关的法律监督职能。

2. 监察委员会的调查职权的源泉。

《监察法》规定了监察委员会对"涉嫌贪污贿赂、滥用职权、玩忽职守、权力寻租、利益输送、徇私舞弊以及浪费国家资财等职务违法和职务犯罪调查"的权力，并在《决定》中规定了"监察委员会可以采取谈话、讯问、询问、查询、

---

① 这里的"其他法律中的规定"是否包括宪法有关监察的规定存在争议。全国人大常委会有权解释宪法，但无权修改宪法，"其他法律中的规定"不应包括宪法的规定。

② 新华社记者：《积极探索实践　形成宝贵经验　国家监察体制改革试点取得实效——国家监察体制改革试点工作综述》，载《检察日报》2017 年 11 月 6 日第 2 版。

冻结、调取、查封、扣押、搜查、勘验检查、鉴定、留置"的基础上又新增了"技术调查措施""通缉"以及"限制出境"等措施。这些措施,一方面移植了《刑事诉讼法》的侦查措施,如讯问、询问、查询、冻结、调取、查封、扣押、搜查、勘验检查、鉴定、通缉等,其程序正当性与《刑事诉讼法》相比还存在差距;另一方面借鉴了《中国共产党纪律监察机关执纪工作规则(试行)》(以下简称《规则(试行)》)的相关规定,如谈话、技术调查、封存、冻结、暂扣、限制出境等。这些调查措施不仅与《行政监察法》规定的"暂时扣留、查封材料""查询""两指(指定时间、地点就有关事项解释和说明)""提请有关部门冻结"等措施相比更为丰富,即使是留置措施也与《规则(试行)》第二十六条第三项规定的"对严重违纪涉嫌犯罪人员采取审查措施"相比更为复杂。十九大报告明确指出的"用留置取代'两规'措施",① 而《规则(试行)》用"审查措施"替代"'两规'措施",《监察法》直接规定留置。留置措施作为《监察法》赋予监察委员会调查职务犯罪的新权力,在一定程度上体现了监察改革试点中的鲜明特色,也体现了与《规则(试行)》审查措施的统一。纪委对严重违纪涉嫌犯罪人员的审查时间不得超过90日,在特殊情况下,经上一级纪检机关批准,可以延长一次,延长时间不得超过90日。这与《监察法》第四十三条将留置的期限一般为三月,"特殊情况下可以延长一次,延长时间不得超过三个月"的规定基本一致。《监察法》在24小时通知家属的基础上又增加了"所在单位",显然在立法上是一个进步。如果对于涉嫌职务犯罪的被调查人,先由纪检机关根据《规则(试行)》采取审查措施90日,然后再由监察机关根据《监察法》留置90日,其限制被调查人的人身自由时间就存在过长而有违反作为"措施"的本质,纪委审查期限与留置期限在适用对象上是一致的。因此,监察委员会不得在纪检监督执法程序与监察调查程序交替使用,也不得利用检察机关的退回补充调查,重新计算留置期限,以免影响依法反腐的制度威信。

3. 监察委员会职权的特征。

监察委员会"履行监督、调查、处置职责"是对"涉嫌贪污贿赂、滥用职权、玩忽职守、权力寻租、利益输送、徇私舞弊以及浪费国家资财等职务违法犯罪行为"进行调查并作出处置决定。"对没有证据证明被调查人存在违法犯罪行为的,应当撤销案件",② 同时,"遇有不成立犯罪的违法行为,应当按照国家的法律规定进行行政处罚或交由相关机关处理。"③ 然而,这种对职务犯罪行为调

---

① 本书编写组:《〈中国共产党纪律检查机关监督执纪工作规则(试行)〉学习问答》,中国方正出版社2018年版,第58页。
② 参见《监察法》第四十五条的规定。
③ 参见李晓明:《法治反腐:反腐败机构的整合与重构》,载《法治研究》2016年第6期。

查"之所以说是'调查权',而非'侦查权',可见在改革设计中,未来监察委调查贪腐案件时的手段和措施,是有别于现在检察机关的'侦查'的"。① 这与《决定》规定暂停《刑事诉讼法》和《人民检察院组织法》有关职务犯罪侦查职权保持逻辑上的一致性。监察委员会的反腐调查权不仅包括对腐败犯罪的侦查权,还包括违反法纪的记录处分、行政性处置权,无论是对违纪违法的一般调查程序还是涉嫌腐败犯罪的特殊调查程序需要予以区分,② 构建一般调查和特殊调查程序之间的内部衔接机制,关注调查权运行中的有效性和正当性,才能保障《宪法》和《监察法》规范特殊调查权具有制度上的正当性。

《决定》暂停检察机关反贪反渎等案件的立案侦查权和使用技术侦查措施职权,在检察机关审查起诉讯问犯罪嫌疑人等核实证据、补充证据等问题上的补充侦查权并未规定暂停,《监察法》对此作出了检察院可以"补充侦查"的规定。这种规定与我国《刑事诉讼法》检察机关对公安机关侦查的补充侦查权未有实质性区别。对于反腐案件除了监察委员会行使调查权外,检察机关拥有对这类案件的调查合法性的审查以及特定条件下的补充侦查权。目前,多数大陆法系国家的检察机关拥有侦查权,况且多数国家的检察机关有权对所有案件进行侦查。日本不仅赋予检察官侦查权,而且还在检察机关内部设立"特别侦查部",专门行使侦查权。我国澳门特区尽管设立了廉政公署,检察机关依然对所有案件包括对腐败案件进行侦查的权力。当然,这些国家或者地区侦查权的配置不是我国检察机关保留侦查权的依据。就目前而言,"行之有效的措施是,保有检察机关一定程度的侦查权,保障法律监督机关的权威性,"③ 特别是对监察委员会有关人员的职务犯罪、国家机关工作人员非职务犯罪(如公安人员涉嫌的非职务犯罪),还需要由检察机关立案侦查。为此,《刑事诉讼法》将第十八条改为第十九条第二款,修改如下:"人民检察院在对诉讼活动实行法律监督中发现司法工作人员利用职权实施的非法拘禁、刑讯逼供、非法搜查等侵犯公民权利、损害司法公正的犯罪,可以由人民检察院立案侦查。对于公安机关管辖的国家机关工作人员利用职权实施的其他重大的犯罪案件,需要由人民检察院直接受理的时候,经省级以上人民检察院决定,可以由人民检察院立案侦查。"这种修改与上述论述调查的特殊性保持一致。

在监察制度较为成熟之后,有必要修改《监察法》,制定专门的《反腐特别程序法》作为《刑事诉讼法》的特别法,保持与《监察法》的法律位阶上的机

---

① 参见程姝雯:《马怀德:国家监察委不会成为"超级机构"》,载《南方都市报》2016年11月30日第AA09版。
② 参见陈光中:《我国监察体制改革的几点看法》,载《环球法律评论》2017年第2期。
③ 参见秦前红:《我国监察体系的宪制思考:从"三驾马车"到国家监察》,载《中国法律评论》2017年第1期。

制衔接和程序上的协调。同时，还能够保障涉及限制公民人身自由必须有法律规定的宪法要求得以实现，也为检察机关履行检察监督和律师提供法律帮助介入职务犯罪的调查提供空间，从而保证法律授权和监察委员会特别调查权的安排不能脱离宪法的"尊重和保障人权"的规定和《监察法》规定的"保障当事人合法权益"的程序权利的最低标准。

4. 监察委员会调查措施的本质。

从监察委员会可以采取"讯问、询问、查询、冻结、调取、查封、扣押、搜查、勘验检查、鉴定"以及"技术调查、通缉、限制出境"等措施来看，这些措施与检察机关刑事诉讼中的自侦案件侦查措施没有本质的区别。特别是"讯问、搜查、技术调查、通缉"措施，原来的行政监察措施不曾拥有，仅存刑事诉讼的侦查措施之中。就监察委员会对"对涉嫌贪污贿赂、滥用职权、玩忽职守、权力寻租、利益输送、徇私舞弊以及浪费国家资产等职务犯罪行为"调查权而言，在权力本质特征上与检察机关职务犯罪侦查权没有实质性差异。如果将其调查权按照侦查权程序控制对待，不仅有利于严格规范这些措施的行使，也有利于控制这些措施对公职人员个人权利的不当侵害，更有利于总结《刑事诉讼法》修改在保障人权上的进步成果以及如何规定监察委员会在查办腐败案件侦查权经验，特别是如何通过检察机关作为法律监督机关行使立案侦查、决定逮捕以及提起公诉（包括不起诉）等权力予以制约监察委员会在反腐上的"侦查权"。我国《宪法》规定："监察机关办理职务违法和职务犯罪案件，应当与审判机关、检察机关、执法部门互相配合，互相制约。"如果监察委员会调查权仅仅存在配合而没有相应的制约机制，难免其不受程序制约和制度隔离而出现侵犯个人权利问题。

另外，《决定》在暂停检察机关立案侦查职务犯罪职权的同时未暂停辩护律师在检察机关反腐案件上的介入权，律师介入是否跟从检察机关反腐职能转隶而转移，监察委员会调查职务犯罪中是否允许律师介入依然是监察制度改革需要特别注意的，也是修改《刑事诉讼法》需要特别关注的。[①]《监察法》对此也未作任何规定，在一定意义上意味着律师不得介入监察机关的调查，其调查行为仅仅存在内控而无外在的监督制约，在程序上必然显示出对被调查人员人权保障的不足和调查权制约的程序不善。

[①] 参见郭华：《监察委员会与司法机关衔接协调机制探索——兼论刑事诉讼法的修改》，载《贵州民族大学学报》2017年第2期。

二、纪委与监察委员会合署办公的反腐权

《决定》规定:"党的纪律检查委员会、监察委员会合署办公"。我国《监察法》第四条规定:"监察委员会依照法律规定独立行使监察权,不受行政机关、社会团体和个人的干涉。"这种"监察委员会组建后的合署办公格局,将会呈现出党纪检查、廉政调查和反腐侦查相互独立、相互衔接和相互配合的崭新格局。"[①] 然而,这种崭新格局是否会因纪委强势致使实践中的监察委员会成为党的纪检部门的附属机构或者协助办案机关,监察权失去作为依法反腐的独立性?纪委与监察委员会合署办公是否会带来刑事诉讼"侦查中心主义"在监察委员会监察权行使中因纪检特殊的政治地位续造出刑事诉讼的"纪检中心主义",进而导致"推进以审判为中心的诉讼制度改革"在未脱离"侦查中心主义"之时又陷入新的困境。这些疑问以及实践中的纪委与监察委员会合署办公的一些做法引发人们对监察委员会作为反腐机构职权能否独立行使的担心,也会产生人们对办案过程中"纪""法"不分影响依法治国法治原则实现的忧虑。对此,不仅需要理论予以澄清,更需要制度安排在组织和权力结构上借助于程序制约予以隔离,以此来保障监察委员会监督"百官"的独特功能得到真正发挥,以免影响监察委员会作为专司反腐机构制度的目的预期与现实功能的流失。

我国的纪委与监察委员会合署办公源于《中共中央纪律检查委员会、监察部关于中央直属机关和中央国家机关纪检、监察机构设置的意见》。1993年,中共中央、国务院批转中央纪委、监察部《关于中央纪检、监察部机关合署办公和机构设置有关问题的请示报告》要求中央纪检、监察部机关实行"一套工作机构、履行党的纪律检查和行政监督两项职能"的合署办公体制。这种合署办公体制在一定程度上可以使党的纪律检查和行政监察两个方面的工作更能紧密配合,在党政监督上形成整体合力,从而改变反腐力量的过于分散和反腐不力的现状。然而,这种体制的确存在监察机关的行政监察权因独立性不足而影响行政监察职能发挥的问题。党的纪检部门作为政治机关,其作为执政党的领导机构拥有行政监察机关不具有的独特优势地位,而行政监察部门实质上就是行政机关的一个内设部门,其政治地位与党的纪检机关相比较低,行政监察权独立性不足凸显,在反腐的实际工作中难以形成行政监察制度应有的权威性。基于监察委员会的试点经验与现实中行政监察的教训,监察制度改革应当在纪检与监察委员会合署办公体

---

① 参见陈霄:《聚焦国家监察体制改革试点》,半月谈网,http://www.banyuetan.org/chcontent/zx/mtzd/2017110/217899.shtml,访问时间:2017年11月5日。

制中需要解决好"依规治党"和"依法治国"的不同机制以及监察委员会监察权在实践运行中独立性不足的问题,监察权也就会淹没于党的纪律审查权之中,其预设的监察委员会作为国家专司监察职能的反腐机关随之转变为协助纪检办案的辅助机构,监察委员会作为国家的依法反腐机构的独立地位难以彰显,监察委员会依照法律规定独立行使监察权就会大打折扣。

1. 监察委员会与纪委合署办公机制下的党委反腐权。

纪委与监察委员会合署办公有助于克服反腐职能的重叠、交叉、重复乃至冲突等问题,有利于加强党对反腐败工作集中统一领导,把党的主张转化为国家法律,也有利于推进反腐败斗争法制化,但在理论上也饱受争议。① 在党的十八届四中全会全面推动"依法治国"的新形势下,"法治反腐"的呼声愈加强烈,"我国以党的体制或纪委体制为主体的反腐败机制及其机构的设置在具体运行中存在许多体制性与机制上的弊端。"② 在反腐体制上,目前,世界上较为典型的模式是议会主导的反腐体制和执政党主导的反腐体制。前者是指议会在反腐体制中处于领导地位,在反腐进程中发挥主导作用。在这种体制中,反腐机构由议会产生,对议会负责,受议会监督。③ 后者是指执政党在反腐败体制中处于领导地位,执政党的反腐败机构在反腐败进程中发挥主导性作用。根据我国《监察法》的规定,我国监察委员会由人大产生,向人大负责,受人大监督,其体制与议会主导的反腐体制类似。根据《方案》的规定,党的纪委和监察委员会合署办公,使得我国这种议会主导的反腐体制耦合了执政党主导的反腐体制特征。这种耦合型体制可以通过纪检与监察委员会合署办公的工作模式推动党纪与国法的紧密衔接,达到了对公权力监督的"全覆盖",从而实现依规治党和依法治国、党内监督与国家监督的有机统一,为构建具有中国特色的合理、合法、高效的现代廉政反腐机构奠定了基础。纪委主要是"用纪律管全党",其工作重在"廉政";而监察主要是"用法律管全体",其职能侧重于"反腐"。由于"廉政"与"反腐"的一体两面,纪委和监察委员会合署办公体制有利于发挥减缩权力监督的真空地带,也可以限缩权力主体的"任性空间",有利于防止党在反腐上的领导弱化、机制腐化和功能蜕化,有利于"构建党统一指挥、全面覆盖、权威高效的监督体系,把制度优势转化为治理效能"。④ 由于纪委的领导地位和在我国的特殊政治优势,监察委员会与其合署办公后有可能在一定程度上顺从纪委的办案工作模式,如果再加上纪律挺在法律之前,监察权的运行有可能失去反腐工作独立

---

① 参见李张光:《关注国家监察体制改革》,载《民主与法制时报》2017年1月1日第5版。
② 参见李晓明:《法治反腐:反腐败机构的整合与重构》,载《法治研究》2016年第6期。
③ 任建明主编:《反腐败制度与创新》,中国方正出版社2012年版,第323~324页。
④ 参见2018年3月18日时任全国人大常委会副委员长李建国向十三届全国人大一次会议作关于《中华人民共和国监察法(草案)的说明》。

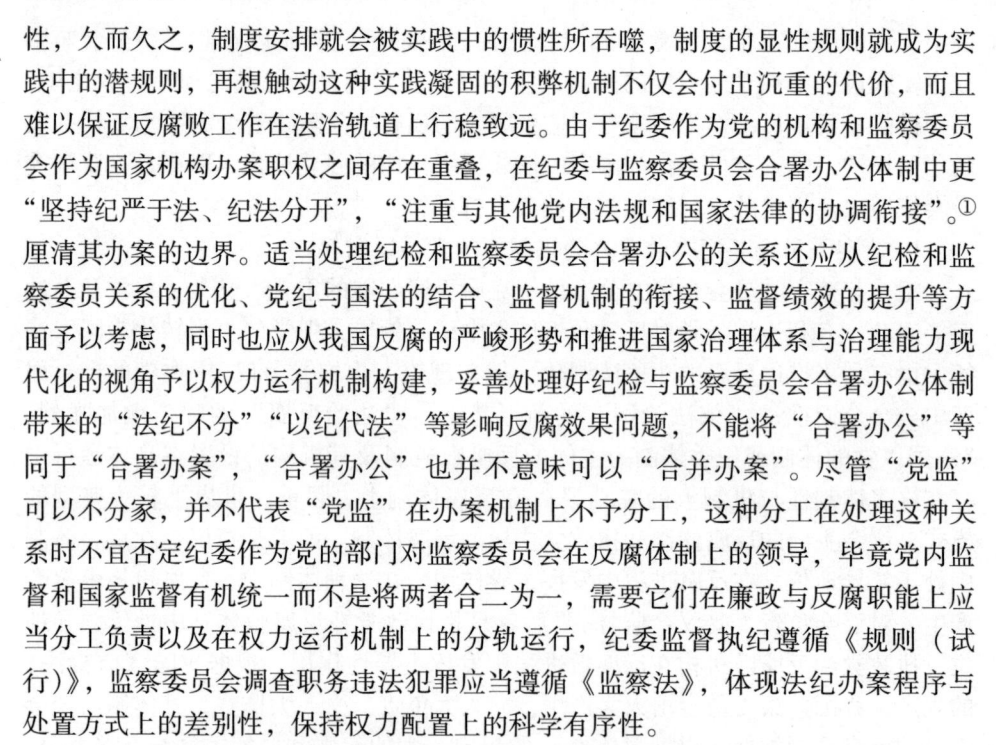

性，久而久之，制度安排就会被实践中的惯性所吞噬，制度的显性规则就成为实践中的潜规则，再想触动这种实践凝固的积弊机制不仅会付出沉重的代价，而且难以保证反腐败工作在法治轨道上行稳致远。由于纪委作为党的机构和监察委员会作为国家机构办案职权之间存在重叠，在纪委与监察委员会合署办公体制中更"坚持纪严于法、纪法分开"，"注重与其他党内法规和国家法律的协调衔接"。①厘清其办案的边界。适当处理纪检和监察委员会合署办公的关系还应从纪检和监察委员关系的优化、党纪与国法的结合、监督机制的衔接、监督绩效的提升等方面予以考虑，同时也应从我国反腐的严峻形势和推进国家治理体系与治理能力现代化的视角予以权力运行机制构建，妥善处理好纪检与监察委员会合署办公体制带来的"法纪不分""以纪代法"等影响反腐效果问题，不能将"合署办公"等同于"合署办案"，"合署办公"也并不意味可以"合并办案"。尽管"党监"可以不分家，并不代表"党监"在办案机制上不予分工，这种分工在处理这种关系时不宜否定纪委作为党的部门对监察委员会在反腐体制上的领导，毕竟党内监督和国家监督有机统一而不是将两者合二为一，需要它们在廉政与反腐职能上应当分工负责以及在权力运行机制上的分轨运行，纪委监督执纪遵循《规则（试行）》，监察委员会调查职务违法犯罪应当遵循《监察法》，体现法纪办案程序与处置方式上的差别性，保持权力配置上的科学有序性。

2. 纪委与监察委员会合署办公机制下的国家反腐权。

监察制度改革不仅仅是将分散的反腐机构进行整合以及实行纪检与监察委员会合署办公，更为重要的是，保障监察委员会能够独立履行监督、调查、处置职责，通过与纪检部门有机贯通以及与审判机关、检察机关、执法部门相互配合，相互制约来提升其应有的政治地位和反腐的权威，继而增强其作为国家专司反腐机构的权威性。在一定意义上说，这种体制增加了纪委与监察委员会作为一个整体反腐上的力量，也构筑了监察委员会开展反腐工作上排除外部政治压力和其他不当干预的抗击能力，为其作为国家反腐机构独立行使反腐职权提供了较好的政治环境与生态。那么，这种合署办公体制是否会转过来影响监察委员会作为国家监察机关的独立性，监察委员会淹没在纪委执纪工作中甚至仅仅为纪检工作"依法背书"。如此一来，监察委员会就会在反腐败工作机制上因此失去了应有的独立性，导致依法反腐败的公信力有可能会受到影响。

基于以上思考，对此问题可以从如下方面来探讨。

一是党的纪委与监察委员会在反腐对象、目标、价值取向上具有相同性。我

---

① 参见本书编写组：《〈中国共产党纪律检查机关监督执纪工作规则（试行）〉学习问答》，中国方正出版社2018年版，第5~6页。

国 80% 的公务员和超过 95% 的领导干部是共产党员,决定了党内监督和国家监督具有高度的内在一致性。但二者产生的来源不同,以及在行使职权、接受监督和报告工作等方面存在较大差异,分属于不同的制度安排。在国家权力体系中,监察委员会既不是行政机关,也非司法机关,这种机关的性质使其监督调查行政腐败、司法腐败以及其他履行公务上的腐败具有独立性。在反腐中坚持党的领导有利于发挥监察委员会的功能,有利于增强其查处腐败案件力度,由于纪委与监察委员会合署办公体制不同于原来的纪检与检察机关分别作为反腐机关反腐权力的分散和机制运行上的内耗,原有行政监察在体制上的弊端可能会因纪检与监察委员会合署办公而得到消弭。有学者认为,监察委员会在调查违纪行为的过程中,如果发现被调查对象涉嫌职务犯罪,可以进行程序转换,案件就有可能转入犯罪调查程序中。违纪调查和犯罪调查分别属于不同的处理程序,监察机关在两类程序中可以使用的手段措施等都有所差异,如果被调查对象同时涉及违纪和违法犯罪事实,该对象可能被同时纳入不同的调查程序中,导致一个被调查对象在两个以上的调查程序中接受调查,而此时调查主体却仍是固定的一组人员,这种情况下,有必要对两类程序的边界进行划分,这也应当是国家监察法需要予以明确的重要问题之一。① 由于纪委与监察委员会合署办公,实行两个牌子、一班人马,如果在职权运行上与纪委混同,权力行使上混用,监察委员会依法反腐的权威不仅难以形成,其依法反腐的优势也无法显现,监察体制改革的预期目标也就不可能达到。为了实行党纪严于国法,需要把纪律和规矩挺在法律前面,在合署办公体制中更需要对"纪""法"权力运行边界予以区分,更为重要的是明确纪委与监察委员会不同组织体系以及不同法权结构,特别是相同的监察对象在监察管辖上具有不同的分工与调查权限。

二是检察机关作为司法机关在原来反腐上的权力架构无法使其反腐具有权威性。这是因为检察机关在反腐案件上不仅行使立案侦查权,而且还行使决定逮捕权和提起公诉权,这种反腐权力的过分集中,缺乏有效监督机制,无疑会流失人们对其反腐的认同感。"据统计,直接由检察机关立案查处的领导干部腐败的案件比例很少,大部分案件都经过各级纪委先行调查,之后交办给检察机关。""检察院办理的自侦案件基本上是被动地从纪委或监察部门移交过来的二手案件,很少主动出击。甚至由于目前纪委部门的领导地位与强势,这些二手案件在办理过程中又没有自身的独立性,由此必然出现纪委的领导旨意一旦与法律规定不一致,作为办案机关服从谁的问题。"② 基于"把纪律和规矩挺在法律前面""党纪

---

① 参见叶青:《监察机关调查犯罪程序的流转与衔接》,载《华东政法大学学报》2018 年第 3 期。
② 参见李晓明:《法治反腐:反腐败机构的整合与重构》,载《法治研究》2016 年第 6 期。

严于国法"的要求,纪检在掌握贪腐违纪线索之后,经调查认定为违反党纪的,对其作出相应的党纪处分;对其可能涉嫌违法犯罪的,应由监察委员会处理。《规则(试行)》针对监督执纪工作流程,请示报告、线索处置、初步核实、立案审查、案件审理、涉案款物管理等工作规程,谈话函询的工作程序,执纪审查的审批权限,调查谈话和证据收集等作为明确规定,与监察委员会职责、权限、办案程序、具体办案措施予以界分,保障对纪委与监察委员会合署办公体制中职权分别行使和执纪执法机制分轨运行,并保障监察委员会与纪委权力运行机制在制度和程序上隔离。监察委员会作为专责反腐机关应尽可能履行我国批准《联合国反腐败公约》要求的打击腐败的"机构或者人员应当拥有根据缔约国法律制度原则而给予的必要独立性,以便能够在不受任何不正当影响的情况下有效履行职能",以免监察委员会在实践中重蹈检察机关办"二手案"的覆辙,也避免监察委员会作为新设专门反腐机构自身能力不足和反腐功能不显著,出现设立必要性不充分的问题。

三是我国检察机关反腐职能的转隶类似于我国香港地区反腐机构的改革,甚至在改革思路上也与我国香港地区廉政公署历史演变有相同之处。在20世纪50年代之前,香港的反腐败机构主要是警察执法,其实际效果不明显。1948年颁布的《防止贪污条例》对反腐败机构进行内部调整,由警察局内部的刑侦调查署行使此项权力,由于警察系统内部的反腐机构缺乏独立性,权力分散且受层级的影响,在实践中依然不能发挥应有的作用。为此,1974年成立了廉政公署并将警察反腐职权转隶廉政公署,廉政公署成为专门打击贪污的独立执法机构,从此扭转了香港贪腐盛行的局面,也避免了反腐权力的滥用。[①] 但是,廉政公署行使搜查、逮捕等权力依然需要律政司的授权以及制约。因此,监察委员会作为党统一领导下的国家反腐败机构除了接受党的领导外,在工作机制上还要接受外部监督,特别是监察委员会在办理反腐案件时的法律监督,即在办案过程中接受权力机关的监督、民主监督、舆论监督、群众监督,还应与审判机关、检察机关、执法部门相互制约,以保障监察委员会对行使公权力人员的监察运行机制依法进行,并防止监察委员会不依法办案对党的声誉带来不应有的损害。

第三节 监察机关调查权与检察机关侦查权、纪委监督执纪审查权

我国《监察法》实施后,监察权的行使涉及原有法律中对有关国家机关职权

[①] 参见程姝雯:《马怀德:国家监察委不会成为"超级机构"》,载《南方都市报》2016年11月30日第A09版。

的划分需要作出相应的修改和调整。根据《监察法》的规定，根据调查工作的实际需要，监察机关针对不同的情况规定相应的调查措施。对可能发生职务违法的，也就是具有苗头性、倾向性问题的，可以进行提醒谈话；对涉嫌职务违法的被调查人，监察机关可以要求其就涉嫌违法行为作出陈述。对涉嫌贪污贿赂、失职渎职等严重职务违法或者职务犯罪的，可以采取留置措施，可以查询、冻结存款股票，可以查封、扣押违法犯罪财物等；对涉嫌职务犯罪的，可以搜查被调查人的身体、物品、住处；对涉嫌重大贪污贿赂等职务犯罪的，经批准可以采取技术调查措施；对于依法应当留置的被调查人如果在逃的，可以通缉；为防止被调查人及相关人员逃匿境外的，可以采取限制出境措施。这些问题主要涉及检察机关的侦查权，同时还涉及纪委与监察委员会合署办公后的《规则（试行）》与《监察法》在接收组织审查与调查案件上的适用问题。

一、纪委监督执纪审查权与监察委员会职务犯罪调查权

纪委是党内监督专责机关，履行监督执纪问责职责。监督与执纪紧密联系，监督是基本职责，执纪是监督的重要方式。1994年的《中国共产党纪律检查机关案件检查工作条例》规定，"若地方纪检机关认为由部门纪检机关立案更为适宜，经协商可由部门纪检机关立案；根据规定应由部门纪检机关立案的违纪问题，经协商也可由地方纪检机关立案。"也就是说，一般由地方纪检机关决定立案。然而，这种机制极易导致谁都能管、谁也不管问题的出现，特别是当地方和主管部门配合不畅的时候，就容易产生监督漏洞。在整合监督执纪相关制度之前，纪检监察室既有对领导干部的日常监督权，还有发现问题线索后的立案审查权和立案后的调查取证权，集多种权力于一身。《规则（试行）》对案件监督管理部门、执纪监督部门、执纪审查部门、案件审理部门职能作出明确规定，形成机构内部职能、职责的制衡，更加强调组织和制度创新。

1. 纪委办案执纪工作规则的形成。

为了贯彻六中全会精神，中央纪委强化自我约束，坚持把权力关进笼子里，制定了《规则（试行）》。这部党内法规尽管属于"规则"范畴，却是纪检机关履行职责的具体规定与基本要求。规则在名称中之所以标明"试行"，主要考虑是监督执纪实践的不断发展，各地各级纪检机关的情况不相同甚至存在着千差万别，有很多问题是在实施过程中发现的，尽管起草规则时已经考虑到未来且具有一定的前瞻性，但因条件限制与国家制度还在改革之中，对有些问题还是难以预见，出现的有些问题还未能得到充分暴露，有些问题依然具有不确定的因素。因此，规则需要先试行一段时间，然后根据实践出现问题、遇到的新情况和政治改

革的方案再进行修改与完善，体现制定党规党法的慎重性和严肃性。

《规则（试行）》依据党章和相关党内法规，尊重了信任不能代替监督的内在要求，强化监督制衡和刚性约束；坚持纪严于法、纪法分开，运用党言党语、纪言纪语；采取了继承与创新相结合的做法，注重与其他党内法规和国家法律的协调衔接，具有一定的先进性。中央纪委常委会作为《规则（试行）》的起草组，在制定过程中分10多个专题深入调查研究，组织中央纪委机关18个部门和部分省区市纪委分别就起草规则初稿汇总梳理、提炼概括，在厘清监督执纪制度的来龙去脉和剖析典型案例的基础上，查找出哪些问题是由于制度没执行存在的问题，哪些是制度本身需要与时俱进衍生出来的问题，形成了规则制定稿。2016年10月，将规则制定稿下发全国182家纪检机关（机构）征求意见。在征求意见过程中，收到建议共计1150条。中央纪委常委会责成文件起草组认真梳理、吸收与修改，并先后召开10多次常委会会议、办公会议、专题会议对规则稿进行深入研究、讨论和修改。同年12月，中央政治局常委会会议、中央政治局会议分别审议了规则送审稿，同意将其提交十八届中央纪委七次全会审议。2017年1月8日，中国共产党第十八届中央纪律检查委员会第七次全体会议通过了《规则（试行）》（共九章五十七条）。其基本内容有如下几个方面。

第一，坚持审查手段要宽、审查决策要严的思路。坚持宽打窄用，调查手段要宽、调查决策要严的策略，实行非常严格的审批程序与内控措施。《规则（试行）》紧扣监督执纪工作流程，严格规范立案条件、审查程序、审批权限和请示报告制度，要求审查谈话、调查取证全程录音录像，严格移送司法机关程序和对涉案款物的管理，等等。这些规定既突出了监督执纪的特色，又为《监察法》与之相互衔接和配套奠定基础，体现了全面从严治党、全面深化改革、全面依法治国的有机统一。

第二，坚持把纪律挺在前面，科学地运用监督执纪的"四种形态"。监督执纪"四种形态"是从党的历史和从严治党实践中总结出来的经验。《规则（试行）》坚持惩前毖后、治病救人的一贯方针，规定了谈话函询的工作程序，推动"红脸出汗"成为常态。对初步核实、立案审查、调查谈话和证据收集作出具体规定，尤其是对审查时限作出严格限制，原则上不能超过3个月，特殊情况下经过审批，也只能延长一次，不得超过3个月。这种机制可以发挥倒逼纪检机关严格审查的作用，对于条件不具备、基础工作不扎实的案件不能立案，为实践"四种形态"、强化自我约束提供了重要的制度机制保障。

第三，提炼有效做法和具体经验并上升为制度规范。管理监督不能大而化之，必须落实落细，并盯住人、看住事。《规则（试行）》提出，审查组设立临时党支部，加强对审查组成员的教育和监督；调查取证应当收集原物原件，逐件清点编号，现场登记；建立打听案情、过问案件、说情干预登记备案制度；审查组借调人员，一般从审查人才库抽选，实行一案一借；实行脱密期管理，对纪检干部辞职、退休后从业作出限制规定；开展"一案双查"，对执纪违纪、失职失责者严肃查处。《规则（试行）》将这些实践中行之有效的经验实招提升为规则，经过规则的组合凝练为制度，不仅有利于加强监督制约，也能有效发挥规范大多数和惩治"关键少数"的功效。

2. 纪委监督执纪的审理程序。

根据《规则（试行）》规定，执纪工作的主要程序包括：请示报告、线索处置、初步核实、立案审查、案件审理、涉案款物管理等工作规程；同时，规定谈话函询的工作程序、执纪审查的审批权限、调查谈话和证据收集的具体程序性要求。其具体内容包括以下几个方面。

（1）线索处置。实行案件监督管理部门统一管理与处置线索制度。收集受理来自各个渠道反映的党员干部问题线索，这是监督执纪工作开展的起点。纪检机关信访部门归口受理同级党委管理的党组织和党员干部违反党纪的信访举报，统一接收下一级纪委和派驻纪检组报送的相关信访举报，分类摘要后移送案件监督管理部门。执纪监督部门、执纪审查部门、干部监督部门发现的相关问题线索，如果属本部门受理范围的，应当送案件监督管理部门备案；不属本部门受理范围的，经审批后移送案件监督管理部门，由其按程序转交相关监督执纪部门，其他部门无权处置线索。

（2）谈话函询。根据《规则（试行）》的规定，纪委对问题线索，通过谈话函询、初步核实、暂存待查、予以了结四类方式进行处置。谈话是由纪检机关相关负责人或者承办部门主要负责人进行，可以由被谈话人所在党委（党组）或者纪委（纪检组）主要负责人陪同。谈话过程应当形成工作记录，谈话后可视情况由被谈话人写出书面说明。函询是指以纪检机关办公厅（室）名义发函给被反映人，并抄送其所在党委（党组）主要负责人。被函询人应当在收到函件后15个工作日内写出说明材料，由其所在党委（党组）主要负责人签署意见后发函回复。谈话函询工作应当在谈话结束或者收到函询回复后30日内办结。

（3）初步核实。根据《规则（试行）》的规定，初步核实应当遵循以下程序：核查组经批准可采取必要措施收集证据，与相关人员谈话了解情况，要求相关组织作出说明，调取个人有关事项报告，查阅复制文件、账目、档案等资料，查核资产情况和有关信息，进行鉴定勘验。需要采取技术调查或者限制出境等措施的，纪检机关应当严格履行审批手续，交公安机关、国家安全机关等有关机关执行。初步核实工作结束后，核查组应当撰写初核情况报告，由核查组全体人员签名备查。

(4) 立案审查。经过初步核实,对存在严重违纪需要追究党纪责任的,经过批准后立案审查。立案审查后,应当由纪检机关相关负责人与被审查人谈话,宣布立案决定,讲明党的政策和纪律,要求被审查人端正态度、配合调查。立案审查决定应当向被审查人所在党委(党组)主要负责人通报。对严重违纪涉嫌犯罪人员采取审查措施,应当在24小时内通知被审查人亲属。严重违纪涉嫌犯罪接受组织审查的,应当向社会公开发布。审查时间不得超过90日。在特殊情况下,经上一级纪检机关批准,可以延长一次,延长时间不得超过90日。审查应当充分听取被审查人陈述,保障其饮食、休息,提供医疗服务。严格禁止使用违反党章党规党纪和国家法律的手段,严禁侮辱、打骂、虐待、体罚或者变相体罚被审查人以及相关人员。未经批准并办理相关手续,不得将被审查人或其他谈话调查对象带离规定的谈话场所,不得在未配置监控设备的场所进行审查谈话或者重要的调查谈话,不得在谈话期间关闭录音录像设备。

(5) 审理。案件审查结束,进入审理环节。坚持审查与审理分离,审查人员不得参与审理。审理坚持集体审议,在民主讨论基础上形成处理意见;对争议较大的应当及时报告,形成一致意见后再作出决定。

一是对主要事实不清、证据不足的,经纪检机关主要负责人批准,退回执纪审查部门重新调查。

二是被审查人涉嫌犯罪的,应当由案件监督管理部门协调办理,有监察委员会对涉嫌职务犯罪进行调查,对于需要追究刑事责任的,移送检察机关依法审查起诉。

三是对不服处分决定的申诉,应当由批准处分的党委或者纪检机关受理;需要复议复查的,由纪检机关相关负责人批准后受理。

3. 纪委监督执纪权的控制。

《规则(试行)》是在1994年修订的《中国共产党纪律检查机关案件检查工作条例》等党内法规对审查措施规定的基础上对党内法规的相关条款进行的整合,同时,考虑与有关法律法规协调衔接,对纪检机关的审查措施进行了较为严格的规范。《规则(试行)》第二十八条规定,审查组可以依照相关法律法规,经审批对相关人员进行调查谈话,查阅、复制有关文件资料,查询有关信息,暂扣、封存、冻结涉案款物,提请有关机关采取技术调查、限制出境等措施。需要提请有关机关协助事项,由案件监督管理部门统一办理手续,并随时核对情况,防止擅自扩大范围、延长时限,通过健全内控机制达到有效防范风险与避免权力的滥用。外查工作必须严格按照外查方案执行,不得随意扩大调查范围、变更调查对象和事项,重要事项应当及时请示报告。外查工作期间,执纪人员不得个人单独接触任何涉案人员及其特定关系人,不得擅自采取调查措施,不得从事与外查事项无关的活动，从而有效防控外查风险与避免权力的滥用。

另外，审查谈话、重要的调查谈话和暂扣、封存涉案款物等调查取证环节应当全程录音录像。录音录像资料由案件监督管理部门和审查组分别保管，定期核查。对纪检干部打听案情、过问案件、说情干预的，受请托人应当向审查组组长、执纪审查部门主要负责人报告并登记备案。这种程序性制约，既明确了全程录音录像，又强化了保管核查，增强了制度的严肃性和实效性。

4. 纪委监督执纪权与监察机关调查权。

纪委和监察委员合署办公使得区分"监督权"与"调查权"的界限成为必要，特别如何适用不同的调查措施和程序。从《监察法》规定的内容来看，监察机关的调查措施一部分来自于纪检监察实践中已经运用的谈话、询问以及"技术调查、出境限制等措施"确定为法定权限；另外一部分是将原来《行政监察法》规定的查询、复制、冻结、扣留、封存等手段细化完善为查询、冻结、调取、查封、扣押、勘验检查、鉴定等措施以及《刑事诉讼法》的通缉等。纪委与监察委员会合署办公，其内部机构设置形成了相互制约与监督机制。纪委有权调查违反党规党纪的腐败人员，而监察机关有权调查职务违法犯罪人员。在实践中有些案件难免存在以纪委的"审查"代替监察机关调查的情况，甚至出现职权使用上的混同。对此需要划分违反党纪党规的腐败行为与腐败违法行为的界限、一般腐败违法行为与腐败犯罪行为的界限，明确哪些措施仅仅适用于或者只能适用于腐败犯罪调查。同时，明确"谈话""讯问""询问"三者之间在适用对象方面的区别，明确涉及侵犯公民人身或财产权利的"冻结""查封""扣押""搜查""留置"等措施的适用条件与程序，严格规范腐败犯罪调查权所能适用的调查措施种类以及在适用这些调查措施过程中的具体操作规程，保证调查权依法进行，以免殃及其他人员的合法权益。

监察制度改革推进了纪法贯通、法法衔接，构建起涵盖执纪监督、审查调查、案管审理全流程的制度体系，同时为了防止"灯下黑"，确保党和人民赋予的权力不被滥用，对于监察人员在调查过程中严重违法的，采取追究有责任的领导人员和直接责任人员责任的"一案双查"机制。

二、监察机关调查权的特性

我国《监察法》赋予监察委员会监督、调查、处置的职责和15项调查措施。监察机关行使的调查权不同于也不能视同于公安、检察机关的刑事侦查权，不能简单套用或视同于执法和司法机关的强制措施，监察机关也没有检察机关的侦查、批捕、公诉等权力，与检察机关侦查权相比较具有不同特点。

检察机关行使侦查权依据的《刑事诉讼法》《人民检察院组织法》与纪检监察机关依据的监督执纪工作《监察法》《规则（试行）》的审查调查权进行比较，检察工作与纪检监察工作从原则理念方面到程序规则方面均存在一定的区别。我国《宪法》规定："中华人民共和国人民检察院是国家的法律监督机关。"《中共中央关于全面推进依法治国若干重大问题的决定》的要求，"加强对司法活动的监督，完善检察机关行使监督权的法律制度，加强对刑事诉讼、民事诉讼、行政诉讼的法律监督。""完善对涉及公民人身、财产权益的行政强制措施实行司法监督制度。"检察机关在履行职责中发现行政机关违法行使职权或者不行使职权的行为，应该督促其纠正。检察工作属于法律监督，偏重对单位或者事项的监督。纪检监察工作偏重于对人的监督，实行全面监督。也就是说，虽然检察机关与纪检监察机关都有监督的职能，但是，检察机关是专门的法律的监督机关，其监督重心在于对司法机关及司法工作人员在刑事诉讼活动中行为合法性进行监督。而纪检监察机关的监督重心在于对党组织、党员和监察对象在遵规守纪、履行职责、秉公用权、廉洁从政从业及道德操守方面的全面监督，形成对公职人员及所有监察对象监督的全覆盖。尽管检察机关工作属于法律的监督性质，主要是诉讼监督，也可称为"检察监督"。监察机关工作也具有监督执法性质，偏重于惩前毖后、治病救人。

监察委员会不是司法机关，不宜也不应自行搞一套侦查体系，其调查行为不纳入刑事诉讼法的调整，形成相对独立的调查职务违法犯罪的体制机制。从法治发达国家经验来看，在腐败犯罪情报获取、案件调查、追逃追赃等方面除了需要一般的询问、查询等措施，还需要一些特殊手段，如跟踪、监听、监控等秘密侦查措施，保证惩治腐败的有效性和威慑力。腐败行为危害巨大，腐败分子警觉性高，作案手段隐蔽复杂，涉案人员利益捆绑、关系密切，串供翻供、对抗调查行为屡见不鲜，反腐败调查取证难度大、风险高，因此，法律会赋予监察机关更多更高效的职权。

1. 调查权的侵犯性。

监察机关的职务犯罪的调查权直接源于检察机关侦查权的转隶，其侵犯性的性质并未因转隶发生本质上的改变。

基于权力制约的考量，检察机关的逮捕权和公诉权仍然应当保留在检察机关，体现监察委员会的职务犯罪调查权与检察机关的逮捕权、公诉权之间的相互制约。《监察法》第三十四条规定："人民法院、人民检察院、公安机关、审计机关等国家机关在工作中发现公职人员涉嫌贪污贿赂、失职渎职等职务违法或者职务犯罪的问题线索，应当移送监察机关，由监察机关依法调查处置。""被调查人既涉嫌严重职务违法或者职务犯罪，又涉嫌其他违法犯罪的，一般应当由监察机关为主调查，其他机关予以协助。"第四十七条规定："对监察机关移送的案件，人民检察院依照《中华人民共和国刑事诉讼法》对被调查人采取强制措施。""人民检察院经审查，认为犯罪事实已经查清，证据确实、充分，依法应当追究刑事责任的，应当作出起诉决定。""人民检察院经审查，认为需要补充核实的，应当退回监察机关补充调查，必要时可以自行补充侦查。对于补充调查的案件，应当在一个月内补充调查完毕。补充调查以二次为限。""人民检察院对于有《中华人民共和国刑事诉讼法》规定的不起诉的情形的，经上一级人民检察院批准，依法作出不起诉的决定。监察机关认为不起诉的决定有错误的，可以向上一级人民检察院提请复议。"然而，2018 年修改的《刑事诉讼法》增加一条作为第一百七十条并规定："人民检察院对于监察机关移送起诉的案件，依照本法和监察法的有关规定进行审查。人民检察院经审查，认为需要补充核实的，应当退回监察机关补充调查，必要时可以自行补充侦查。""对于监察机关采取留置措施的案件，人民检察院应当对犯罪嫌疑人先行拘留，留置措施自动解除。人民检察院应当在拘留后的十日以内作出是否逮捕、取保候审或者监视居住的决定。在特殊情况下，决定的时间可以延长一日至四日。"对于检察机关拘留与监察委员会的留置措施的无缝衔接的规定受到多位学者的质疑。

2. 调查权的专责性。

监察委员会是由国家权力机关设立的监督机关，是反腐败工作的专责机构，其职责是监督、调查、处置，与公安、检察机关等执法和司法机关性质不同。

监察机关行使的调查权不同于刑事侦查权，即使是留置也不能等同司法机关的强制措施。无论是对于涉嫌职务违法，还是涉嫌职务犯罪行为，监察委员会的处置具有过程性，并非对任何行为均有最终的处置权，对于党内处分留给纪委，在监察委员会与纪委合署办公的情况下，也只能以纪委的身份。而需要将刑事处罚权、行政处分权留给法院和政府，法律另有规定的除外。此外，无论调查权还是处置权都应当严格遵循正当程序原则，以有效保障人权。

基于以上的考虑，厘清执法工作与执纪工作之间的异同，分清监察机关调查权与检察机关侦查权的界限，对于建立科学合理的纪法之间的衔接机制，推进监察体制改革，进一步深化以及加强对监察委员会的调查权的程序制约具有重要的意义。

第四节 监察委员会调查权的程序控制

监察委员会调查权兼具"纪检、行政、检察"调查（侦查）权的特质，又不同于其中任何一种调查（侦查）权，其调查措施除了不具有刑事诉讼强制措施的系统性外，其他措施足以调查职务违法犯罪，无需借助《刑事诉讼法》的侦查措施。"所有的社会制度都是，而且应当是，审慎思考之设计的产物。"① 监察制度作为我国的创新制度也不应例外。由于纪委与监察委员会合署办公形成了"行纪检一体化"的监察机关调查权的定位也就变得不清晰，这种新的制度不仅容易招致程序正义的质疑，也对人权保障有一定的挑战。② 我国的政治体制与西方国家的三权分立体制不同，我国的监察制度改革与滥觞于北欧的监察使制度、新加坡廉政公署以及我国香港地区的廉政公署等在性质上存在差异，也不同于我国古代的监察御史制度。就其履行的职权而言，属于典型国家"立法权、行政权与司法权（包括审判权、检察权）"之外的"第四权"即监察权。"在现代国家政治权力结构中，前三项权力属于对事权，由此决定政治权力对国家事务的集中管理，而独立设置的监督权，则属于对人权"。③ 监察委员会对腐败违法犯罪行为的调查权、处分权以及对腐败犯罪的"侦查权"或者"特殊调查权"，其权力配置与腐败从违纪不廉洁发展到违法再到犯罪的关联性特征基本契合，特别是监察制度改革制度创新的非刑事措施和刑事措施并用与衔接，更体现"廉政和反腐"机制的有机结合，增强了腐败预防的前置性和控制的有效性。在《监察法》实施过程中应当特别关注对监察委员会的监督问题，需要"把自我监督与接受党内监督结合起来，同民主监督、群众监督、舆论监督有机融合，推进纪检监察机关治理体系和治理能力建设。"④

  监察委员会的设置和职权运行机制应当坚持依法执政和依法治权的原则，在不受行政机关、社会团体和个人干涉外，还应当完善其与"审判机关、检察机关、执法部门相互制约"，"通过各种制约措施和程序流程加以制约与监督"，⑤ 从而实现监察委员会反腐工作的程序化、规范化、法治化，进而防止监察体制改革在扩充监察委员会的反腐职权、强化监察委员会的反腐职能、丰富监察委员会反腐手段的过程中监察权的过度扩张。例如，2018年3月，安徽合肥市纪律检查委员会官方微信公众号发布信息称，安徽巢湖市纪委监委在办理省纪委监委指定专案中，利用科技从谈话对象处提取到一组被删除的微信聊天记录。这种"利用科技从谈话对象处提取到一组被删除的微信聊天记录"是否涉及通讯自由，是值

---

  ① [英]弗里德利希·冯·哈耶克，邓正来译：《自由秩序原理》，三联书店1997年版，第15页。
  ② 参见刘艳红：《监察委员会调查权运作的双重困境及其法治路径》，载《法学论坛》2017年第6期。
  ③ 参见王峰：《专访上海社科院法学所刑法室主任魏昌东教授：国家监察委员会应将"不能腐"机制建设作为首要使命》，载《21世纪经济报道》2016年12月27日。
  ④ 参见2017年1月8日中国共产党第十八届中央纪律检查委员会第七次全体会议通过的《中国共产党第十八届中央纪律检查委员会第七次全体会议公报》。
  ⑤ 参见马怀德：《国家监察体制改革的重要意义和主要任务》，载《国家行政学院学报》2016年第12期。

得反思的,是否属于技术调查也是需要讨论的。我国《宪法》第四十条规定:"中华人民共和国公民的通信自由和通信秘密受法律的保护。除因国家安全或者追查刑事犯罪的需要,由公安机关或者检察机关依照法律规定的程序对通信进行检查外,任何组织或者个人不得以任何理由侵犯公民的通信自由和通信秘密。"监察委员会上述的行为再次带来"谁来监督监督者(监察委员会)"的质疑与诘问,特别是监督体制改革出现理论论证的循环和制度安排上的叠床架屋式,其机制运行不畅或者出现不正当的情况,在一定程度上影响了从严治党的权威性。

《决定》要求,试点地区监察委员会按照管理权限,对本地区所有行使公权力的公职人员依法实施监察,监察委员会履行监督、调查、处置三项职责,即监督检查公职人员依法履职、秉公用权、廉洁从政以及道德操守情况;调查涉嫌贪污贿赂、滥用职权、玩忽职守、权力寻租、利益输送、徇私舞弊以及浪费国家资财等职务违法和职务犯罪行为并作出处置决定,对涉嫌职务犯罪的,移送检察机关依法提起公诉。根据上述要求,其中的"调查"应当既包含针对违反党纪和行政法规的一般调查,也包含针对职务犯罪行为的特殊调查。这种调查权是否属于侦查权,是否应当将其确定为侦查权?

一是检察机关的自侦部门整体转隶至监察委员会,必然带来相关职能的移转。监察制度改革将检察机关查处贪污贿赂、失职渎职以及预防职务犯罪等部门的相关职能整合至监察委员会,原来由自侦部门负责的职务犯罪侦查工作自然也应当改由监察委员会负责。如果只转机构,不转职权,将难以达到整合反腐资源、打击职务犯罪的目的。

二是《决定》中明确规定监察委员会可以采取的措施包括谈话、讯问、询问、查询、冻结、调取、查封、扣押、搜查、勘验检查、鉴定、留置等。这些措施中,部分措施的强制性程度较高,带有明显的"侦查"限制或者剥夺人身自由的色彩。这些强制性措施涉及对公民的人身权、财产权、隐私权等基本权利的干预,现代法治国家的普遍做法是通过司法审查进行限制。《决定》中所列举的"搜查"措施显属严厉程度较高的强制性措施,具有"侦查"性质。另外,留置措施能够限制人身自由,时间可达数月之久,明显不同于《人民警察法》第九条所规定的"留置",而是可能取代原来纪检监察部门惯用的"双规""两指"措施。《决定》赋予监察委员会的这些措施与《行政监察法》赋予行政监察机关的"调查"措施相比,明显更为严厉。行政监察机关在调查违反行政纪律行为时,可以采取的措施包括暂扣、封存材料;责令不得变卖、转移财务;责令作出解释和说明;查询存款、建议停职等。[①] 监察委员会的措施明显强度更大,容易对公

---

① 参见陈越峰:《监察措施的合法性研究》,载《环球法律评论》2017年第2期。

民基本权利产生更大的侵害，其使用必须受到法律的严格规制。

三是《决定》要求暂时调整或者暂时停止适用现行《刑事诉讼法》的若干规定，包括《刑事诉讼法》第三条、第十八条、第一百四十八条以及第二编第二章第十一节。这些暂时调整或者暂时停止适用的条款均与检察机关的职务犯罪侦查权有关。既然涉及检察机关职务犯罪侦查权的上述规定需要在本次改革中暂时调整或者暂时停止适用，那么在很大程度上意味着这些职权将随着检察机关自侦部门的转隶转移至监察委员会。

有学者从结构主义与功能主义两种不同的进路对"调查权"与"侦查权"进行辨析。从结构主义的进路来看，基于行政执法与刑事司法的传统划分，监察委员会在性质上为执法监督机关。因此，即便是在职务犯罪案件中，它也只能行使"调查权"。从功能主义的进路来看，设立监察委员会是为了"增强权力制约和监督效果"，并且加大对职务犯罪的打击力度，为此，它必须行使原来由检察机关行使的职务犯罪"侦查权"。[①] 尽管《决定》未使用"侦查"一词，但具体内容已经超出了一般意义上的"调查权"的内涵，反映出监察委员会实际享有查明犯罪所行使的侦查权。在我国刑事法律制度中，"侦查"是刑事诉讼的一个基本的诉讼阶段，是刑事诉讼中行使侦查权的法定机关为了收集证据、查明犯罪事实而依法进行的专门调查工作和采取有关强制性措施的活动。由于监察委员会的调查实际上类似于"侦查"，可以行使强制性措施，如留置，需要借鉴《刑事诉讼法》的规定对其调查行为予以规范，保证"监察工作严格遵照宪法和法律，""保障当事人的合法权益，"防止调查权力的随意滥用，避免侵犯被调查人合法权益现象的发生。

为了有效地应对时下日趋隐蔽化、智能化、集团化的职务犯罪，如何在原有检察机关的侦查手段及强制措施的基础上设置监察委员会调查措施，同时，对长期以来饱受质疑的"双规""两指"等党内调查手段进行调整。职务犯罪具有隐蔽性，一般不会自行暴露，调查一般是"由人到事"，从所掌握的案件线索和嫌疑人的职务行为入手，而职务犯罪嫌疑人具有较强的反侦查能力，甚至可以利用原有的权力影响阻碍调查的顺利进行，证据的收集和固定有一定难度，比一般刑事犯罪的侦查困难更大。一般情况下，法律赋予反贪专门机构均享有不低于刑事警察的职权配置，如我国香港、新加坡等。因此，也有必要赋予监察委员会强有力的调查措施，以保证职务犯罪的有效调查，推动反腐目标的实现。

---

① 参见熊秋红：《监察体制改革中职务犯罪侦查权比较研究》，载《环球法律评论》2017年第2期。

一、调查权涉及程序控制问题

根据《监察法》的规定，监察委员会可以在调查职务违法和职务犯罪行为中采取谈话，讯问，询问证人，查询、冻结财产，调取，查封、扣押物证、书证，勘验检查，搜查，鉴定，留置、技术调查、限制出境、通缉等措施。谈话属于纪律调查措施；询问，调取，勘验检查，鉴定，查封、扣押，查询、冻结等措施属于行政和刑事诉讼共有的措施；讯问和搜查属于刑事诉讼侦查措施。除"留置"作为新措施外，监察委员会在职务违法犯罪调查中可以行使的措施没有突破《刑事诉讼法》《行政监察法》和《规则（试行）》的规定。由于这些措施具有一定的强制性，不仅包括对人身自由的限制，也包括对财产权、隐私权的限制，还包括对调查人名誉的影响，在没有外在监督的状态下，应当实行比《刑事诉讼法》的规定更为严格的程序。

监察委员会作为反腐败专门机关，虽然与"一府两院"法律地位平行，因其与纪委合署办公使得其权力更加厚重、集中而更有力量。因监察委员会的独特地位，检察权和审判权可能无法对其职务犯罪侦查权形成有效的制约。一方面，目前已有的改革文件并未对监察委员会的调查权设定有效的制约机制，几乎所有的调查行为均可由监察委员会自行决定和实施而不受其他机关的限制；另一方面，监察委员会对所有公职人员实行全覆盖，包括检察官和法官。在此背景下，检察院及法院能否通过后续的监察权及审判权对职务犯罪调查进行有效制约，防止调查权过分膨胀而成为"脱缰野马"或者因制约不能出现"灯下黑"，这都是监察体制改革应当特别关注和必须重视的问题。如果权力没有得到有效的监督和制约，这一机关很可能演变成一个"超级机关"，非但无法实现监察体制改革"法治反腐"的目标，反而会对社会造成破坏性的影响，失去反腐的民众支持。为此，《监察法》建构了一套针对监察委员会调查权行使的具有实效性的监督制约机制，确保调查权在法律轨道上运行。

监察委员会查明涉嫌职务犯罪的案件依法移交给检察机关起诉，检察机关若发现案件事实不够清晰、无法组成完整证据链，可以退回监察机关补充调查。这样既能够确保检察机关对监察委员会的制约，督促监察委员会做好前期调查工作，又能够实现双重监督，防止程序反复回流或重复调查的问题。[①] 各国的监察制度之间有共性也有差异，在监察机构组建方面主要有隶属于行政机关的监察机

[①] 参见刘艳红：《监察委员会调查权运作的双重困境及其法治路径》，载《法学论坛》2017年第6期。

构、隶属于议会的监察机构和独立的专门监察机构三种类型。专门机构独立于已有的权力机构，享有充分的独立性，能够有效排除干扰，有利于实现无论级别、地域的监督全覆盖，防止其他机构对其调查权的影响，保障调查活动的独立和公正。

我国监察体制改革是将监察权从行政权中分离出并改造升级，实现从"行政监察权"到"国家监察权"的制度变迁，从纪律监察体系向国家权力体系过渡，在国家层面形成新的"一府一委两院"的权力配置格局。我国的监察权属于"国家监察权"，既非行政权，也非司法权，是一种与行政权、司法权并行的权力形式。《监察法》第四条规定："监察委员会依照法律规定独立行使监察权，不受行政机关、社会团体和个人的干涉。""监察机关在工作中需要协助的，有关机关和单位应当根据监察机关的要求依法予以协助。"监察制度改革提升了监察机关的位阶，规定其与行政机关、司法机关相同的地位，这是监察权独立、有效行使的根本保障。从我国香港的廉政公署的经验来看，要实现独立性，需要反腐败专门机构同时实现三大独立，即机构独立、人事独立、预算独立。党的十八大以来，纪检监察机关通过正风反腐、转变作风等系列措施提升了威望；腐败案件调查过程中的"打招呼、托关系"现象也大幅减少，独立性明显增强。要保持这一趋势，防止腐败和不正之风反弹，需要通过深化监察制度改革，进一步保障监察委员会调查的独立性和权威性。

监察制度改革前的纪检监察机构是由地方同级党委和上级纪检监察机构双重领导，办案过程受到较多的束缚和干扰。我国香港廉政公署以及很多其他国家的监察机构都采用监察单轨制，在这种领导体制下，若只存在一级监察机关，监察机关直接受最高议会或最高行政首长的单向领导。若存在多级监察机关，上级监察机关直接领导下级监察机关，独立行使监察权，监察机关均不隶属于地方各级政府。在垂直领导体制下，国家监察委员会向全国人大负责，地方各级监察委员会除了向同级人大负责外，在业务上只接受上一级监察机关的领导。这样能够有效避免地方政府对监察机关的干预，保障监察工作的独立和高效。[①] 财政经费方面，为了保证监察机关独立履行职责，应当单独预算安排财政经费保障其独立地位。[②] 人员管理方面，应当强化上级监察委员会对下级监察委员会在案件调查、人员任命上的主导权。在内部管理上具有内部机构、人员编制自主设置的权力。对于监察委员会的人事管理制度，需要探索建立监察官制度，建立具有专业化特征、专门性职责的国家监察官制度。

---

① 参见李红勃：《迈向监察委员会：权力监督中国模式的法治化转型》，载《法学评论》2017年第3期。
② 参见蒋来用：《国家监察体制改革的史鉴与对策》，载《国家行政学院学报》2017年第2期。

监察委员会的独立性和权威性还体现在履职上不受外部干扰或压力。这就需要有足够的执法手段和强有力的权力予以保障，必须给予反腐败机构充分的授权，包括立案权、调查权以及其他的预防监督权。但是，监察委员会腐败犯罪调查权的独立性并不排除党的领导与国家的监督。监察委员会开展腐败犯罪调查工作，应当接受党的政治领导和组织领导，接受人民代表大会的立法监督和工作监督，接受其他司法机关在诉讼领域内的监督或制约。权力整合型的监察机构可能带来"一家独大"的制度隐患，监察委员会的独立性和权威性是相对的，并不拥有绝对的权力，需要受到来自各方面的制约和监督，保证其权力的依法、合理行使。我国香港廉政公署正是通过权力整合在反腐肃贪工作中取得了显著成效，而香港地区法律为廉政公署设计了严密的监督机制，[1] 以及严格的程序控制。

二、完善调查权的监督制约机制

监察委员会作为集中统一、权威高效的反腐败机构，必须在监督执法活动中加强自身建设，通过落实全面从严治党和全面依法治国的各项制度规范调查权。确保反腐败机构自身的廉洁是成功肩负起反腐败责任的重要前提。中央《试点方案》提出了"强化对监察委员会自身的监督制约"。《监察法》设立第七章专门规定了"对监察机关和监察人员的监督"。监察委员会依法监督、约束其他国家机关及其公务员，但是，其拥有的监察权本身也是一种权力，在行使时完全有可能出现权力越界甚至滥用的情形，需要建立一套完善的程序机制对其进行监督、制约。[2] 特别是在监察委、纪委合署办公的情况下，这一问题更加紧迫，而且应当对"两委"监督问题一体考虑并同步解决。监察委员会的权威和效率不会因为受必要的监督制约而降低，只会因为有效监督制约的存在和随之而来的公信力的形成而更具威慑力和权威性。我国香港地区内部监督和外部监督相结合形成的多层次、多主体的联动格局共同监督廉政公署执法权的行使，是廉政公署制度建设中的一大优势。监察制度改革应当借鉴其制度经验，明确审批程序、内控制度、党内监督等内部监督制约机制，同时，自觉接受人大监督，人民监督，委员会监督，社会监督等外部监督，并通过司法权对其形成程序上制约机制。内、外部监督制约机制应当互相呼应、互相协调地发挥作用，有效解决"谁来监督监察委员会"这一问题。

---

[1] 参见陈光中、邵俊:《我国监察体制改革若干问题思考》，载《中国法学》2017年第4期。
[2] 参见丘川颖:《赋权与规制：国家监察体制改革之法治路径》，载《法治社会》2017年第1期。

1. 内部监督制约机制。

党的十八届三中全会后，中纪委已决定成立纪检监察干部监督室，加强对中纪委监察部机关、各省区市、中央和国家机关纪检监察干部的执纪监督，解决"灯下黑"的问题。截至2016年8月，中央纪委机关查处严重违纪违法纪检干部14人，全国纪检机关共处分纪检干部6795人，① 彰显了对腐败零容忍，对执纪者更严格的强大震慑。监察体制改革也应当从这一方面汲取有益经验，在党内监督上予以创新。监察委员会作为党统一领导下的国家反腐败工作机构，应当加强监察委员会内部党的建设、推进全面从严治党，严肃党内政治生活、强化党内监督，从自身监督做起，促使反腐败达到标本兼治。离开了共产党自我净化、自我完善、自我革新、自我提高的能力，很难彻底铲除腐败。②

（1）完善监察人员违法犯罪的投诉与查处制度。在建立内部监察部门问题上可以借鉴廉政公署设置内部调查及监察组（L组）的做法，在监察委员会内设专职监察部门，接受公众举报，监督和防止监察人员滥用职权，专责调查针对监察委员会人员违法违纪和贪腐等方面的投诉和指控，对于涉嫌腐败犯罪的行为直接移交检察机关审查起诉。对监察人员滥用职权等职务犯罪的，可由人民检察院立案侦查，通过外部监督来保障程序公正。

为了保证内部监察工作的有效性，内设监察部门的人员应当与其他部门在工作上适当分离，需要建立内部监察部门的工作流程，设计日常监督与专项调查相结合的制度。一方面，由内部监察部门按照程序随时随机对监察人员进行日常监督、审计；另一方面，针对公众或其他机关对监察人员提出的投诉、举报进行专项调查，建立相应的举报、投诉机制，保证公众针对监察人员的举报和投诉能够及时、顺畅地被接收。内部监察部门应定期向监察委员会主任会议和监察监督委员会提交书面报告，说明其接受、调查监察人员违法违纪举报、投诉的情况和结果。

（2）完善内部工作规则和管理制度。一是在机构体系中，纵向可以建立上下级之间的监督机制。基于工作特点和科学管理的需要，建立报批、备案、复核等程序，确立上级监察委员会对下级监察委员会的常规监督机制；横向通过部门设置与职能分工，监督权、调查权、处置权交由不同部门行使，在分工配合的同时实现监督制衡。二是制定完善的内部工作规则，设立科学、合理、透明、高效的内部审批和办案程序，从而规范监察委员会的调查权行使。三是在内部管理上，调查部门和综合部门应当适当分离，可以适当借鉴廉政公署的分离制度。比如，

---

① 参见何艳：《中纪委防灯下黑查"内鬼"14人，全国处分纪检干部6千多人》，澎湃新闻网，http://www.thepaper.cn/newsDetail_forward_1567787，访问时间：2017年9月24日。

② 参见马怀德：《〈国家监察法〉的立法思路与立法重点》，载《环球法律评论》2017年第2期。

为了防止走漏案情和说情、打招呼等行为的出现，廉政公署实现"门禁卡"制度，防止不承担案件的调查任务的贪污处和社区关系处的工作人员进入执行处办案区。每一层楼，每一个工作区都相对封闭，进出入必须刷卡并在系统中留有记录。如果某个工作小组的案情发生了泄露或者被举报有说情现象，那么调取计算机中心相应出入口的记录，便可以了解职员的出入情况，有助于明确相关人员责任，保证廉署内部的有序和廉洁。监察委员会的建设完全有条件通过科技手段，实现调查等核心部门和行政综合等部门的分离，从完善内部管理上，实现更好的自我监督。

（3）完善监察程序制度。这些制度主要包括监察公开制度、公众参与制度、证据审查核实制度、回避制度、排除干预制度、听取陈述申辩制度等。监察程序制度应重在规范制约监察权的运行，从内部流程控制和外部监督制约的两个维度，围绕监察案件的调查、核实、查处等过程建构，以立案、调查、事先告知、听取陈述申辩、复核、集体审理、作出决定和送达等流程为主线，辅之以相关辅助程序和保障制度。基于监察定位，现行设定的保障和救济是"复审+复核"的机制已不适应监察体制改革的需要。有学者主张国家监察立法有必要适当引入司法救济机制，即对限制人身自由的强制措施、对财产的部分强制措施，以及个别最严厉的行政处分决定（如开除公职）不服，赋予相对人提起诉讼的权利。[①] 建议在保留申诉、复核等原有行政内部救济机制的同时，还应区分监察对象个人和组织，分别设计相应的权利救济机制，探索建立与监察权力扩大相对称的权利救济机制。

2. 外部监督制约机制。

为了加强对监察人员滥用职权行为的震慑，《监察法》规定了监察人员违反监察法的法律责任。该法第六十五条规定："监察机关及其工作人员有下列行为之一的，对负有责任的领导人员和直接责任人员依法给予处理：（一）未经批准、授权处置问题线索，发现重大案情隐瞒不报，或者私自留存、处理涉案材料的；（二）利用职权或者职务上的影响干预调查工作、以案谋私的；（三）违法窃取、泄露调查工作信息，或者泄露举报事项、举报受理情况以及举报人信息的；（四）对被调查人或者涉案人员逼供、诱供，或者侮辱、打骂、虐待、体罚或者变相体罚的；（五）违反规定处置查封、扣押、冻结的财物的；（六）违反规定发生办案安全事故，或者发生安全事故后隐瞒不报、报告失实、处置不当的；（七）违反规定采取留置措施的；（八）违反规定限制他人出境，或者不按规定解除出境限制的；（九）其他滥用职权、玩忽职守、徇私舞弊的行为。"第六十六条规定了

---

① 参见姜明安：《国家监察法立法的若干问题探讨》，载《法学杂志》2017 年第 3 期。

"违反本法规定，构成犯罪的，依法追究刑事责任"。其中，涉及犯罪的情况可通过刑法修正案的形式，增加有关监察人员滥用职权、徇私枉法罪等职务犯罪，同时明确追究刑事责任的程序。外部监督主要包括以下几个方面。

（1）人大监督。根据《宪法》的规定，监察委员会主任由同级人大选举产生，监察委员会副主任、委员，则由监察委员会主任提请本级人大常委会任免。监察委员会由人大产生，对人大负责，也应当受人大监督。人大监督至少包括以下几个方面。

一是监察委员会应当定期向本级人大及其常委会报告专项工作，并接受其询问、质询等。《监察法》第五十三条规定："监察机关应当接受本级人民代表大会及其常务委员会的监督。""各级人民代表大会常务委员会听取和审议本级监察机关的专项工作报告，组织执法检查。""县级以上各级人民代表大会及其常务委员会举行会议时，人民代表大会代表或者常务委员会组成人员可以依照法律规定的程序，就监察工作中的有关问题提出询问或者质询。"如果监察委员会主任在负责监察委员会工作时存在违纪违法问题，各级人民代表大会应当通过罢免、质询等方式进行监督。基于纪委和监察委员会合署办公，由于监委承担的反腐败工作具有特殊性，调查过程涉及大量党和国家秘密，涉及国家安全和国家利益，事关重大，保密要求高，不宜在人大会议上公开报告，但应当提交专项报告。香港特别行政区在这一问题上提供可供参考的解决方案。香港地区《廉政公署条例》在赋予廉政公署调查权的同时规定廉政公署要向行政长官提交年度报告，该报告还需提交立法会议席上省览。此外，廉政专员亦需定期向行政会议汇报工作。而且，这些报告会在廉政公署的官方网站上公开，供公众下载查阅。监察委员会机构具有特殊性，即与纪委合署办公，其工作报告中必然涉及很多纪委工作的内容，但是，纪委作为党的机构，没有向人大报告工作、向公众公开工作情况的义务。

二是通过立法保障落实监督的必然要求和现实路径。在国家监察体制改革中，需要处理好执政党、人大、政府的监督关系，促使反腐败有规可循、有法可依，在法律框架内发挥作用，实现依规治党和依法治国的有机统一。《监察法》第六十七条规定："监察机关及其工作人员行使职权，侵犯公民、法人和其他组织的合法权益造成损害的，依法给予国家赔偿。"为了保障受到监察机关权力侵害的受害人救济权，可以通过修订《国家赔偿法》明确对监察机关及其工作人员错误采取留置措施的，刑讯逼供或者以殴打、虐待等行为或者唆使、放纵他人以殴打、虐待等行为造成公民身体伤害或者死亡的，违法对财产采取查封、扣押、冻结、追缴等措施的，受害人有取得国家赔偿的权利，同时明确赔偿请求人要求赔偿的程序。

监察委员会可设立专门委员会——"监察监督委员会",对监察权行使进行监督。具体职责可设定为:审查监察委员会相关的法规和决定;接受人大代表监察工作建议、投诉并在必要时予以研究、调查、答复;审议质询案并听取监察委员会对质询案的答复;协助人大行使监督权,对有关法律和有关法律问题的决议、决定贯彻实施的情况开展执法检查;对监察问题进行调查研究,提出建议等。另外,与监察委员会内部监察部门同时接受公民和其他机关对监察委员会不作为或权力滥用的举报、投诉,并监督监察委员会内部监察部门对监察人员违纪违法行为的调查工作,要求其及时反馈调查情况和调查结果。

(2) 监察机关与审判机关、检察机关以及执法部门的相互制约。《宪法》第一百二十七条规定:"监察机关办理职务违法和职务犯罪案件,应当与审判机关、检察机关、执法部门互相配合,互相制约。"《监察法》第四条规定:"监察机关办理职务违法和职务犯罪案件,应当与审判机关、检察机关、执法部门互相配合,互相制约。"这主要体现在检察机关通过审查起诉权、逮捕决定权等对监察委员会进行监督,当然还包括法院通过"非法证据排除规则"等庭审制度设计实施的间接监督。我国香港地区法律也实行贿赂案件的调查权和提起检控权分离,廉政公署调查后检控与否由律政司司长决定。监察委员会无权批捕和起诉,调查终结后一律移交给检察机关,检察机关应当充分发挥审查起诉作用,认为证据不足的,可以要求监察委员会补充侦查;认为不构成犯罪,有权不予起诉或者不予批捕。而人民法院审理监察委员会调查的职务犯罪案件时,也要对其调查过程及获得的证据材料进行审查,对于采用非法方法收集的证据,依法适用非法证据排除规则;对于证据和程序存在争议的,可以通知检察机关要求监察人员出庭作证予以说明;对案件事实不清或者证据不足、适用法律有错误的,应当依法作出裁判;对于监察机关需要国家赔偿的,应当承担相应的国家赔偿责任;如果其工作人员在办案中存在违法行为,也会被追究相应的法律责任。

(3) 其他监督方式。《监察法》第五十四条规定:"监察机关应当依法公开监察工作信息,接受民主监督、社会监督、舆论监督。"但没有明确规定监督的方式,尤其是人民监督员的监督问题。"党内监督是自律,人民群众的外部监督是他律。只有推动党内监督和人民群众监督的有效衔接,才能促进自律和他律相结合,构建起科学严密的监督体系,永葆党的先进性和纯洁性。"[①] 为了加强政权建设,广泛吸引群众监督国家政治、经济、文化事业。例如,1951年政务院公布的《各级人民政府人民监察委员会设置监察通讯员试行通则》规定,在各级政府内广泛聘请人民监察通讯员,以"密切联系人民,加强监察工作",其任务

---

① 孟建柱:《坚持党内监督与人民监督相结合》,载《人民日报》2016年11月11日第6版。

是"调查政府机关、企业部门及其公务人员的违法失职、作风不良、损害国家或人民利益等情况,向监委作通讯报告;征集群众对政府政策、法令、设施的意见,向监委作通讯报告;宣传监察制度的意义及其作用"等。1957年颁布的《监察部关于国家监察机关处理公民控诉工作的暂行办法》及其他有关法规,也为人民群众实施批评、建议、检举、控告、申诉等监督手段提供了保证。新中国成立初期的监察制度,在一定程度上强化了群众监督,密切了党群、干群关系,推动形成了政治廉明的局面。① 我们需要承继这种传统。

在实践中,为了解决"谁来监督监督者"的问题,根据《宪法》关于一切国家机关必须倾听人民的意见、接受人民监督的规定,最高人民检察院经报告全国人民代表大会常委会并经中央同意建立了人民监督员制度。人民监督员制度是针对检察权行使的一项外部监督,其主要是为了实现对检察机关职务犯罪侦查职能的监督,消解社会对检察院办理职务犯罪案件的疑虑,补强检察机关职权行使的民主性,防范检察权的滥用。随着检察机关职务犯罪侦查职能的转隶,可将该制度作适当改进用于对监察委员会职权行使的监督。2013年11月1日,中纪委监察部发布了《〈监察机关特邀监察员工作办法〉指导规范特邀监察员工作》,规定特邀监察员"对监察机关及其工作人员履行职责情况进行监督"。特邀监察员制度作为监察工作的重要组成部分,是依靠人民群众开展反腐倡廉工作的重要途径。随着行政监察职能和检察机关职务犯罪侦查职能被整合到监察委员会,可以考虑将特邀监督员制度与人民监督员制度进行整合和完善,发挥对监察委员会的监督作用。另外,由于检察机关仍然存在需要人民监督员监督的事项,如侦查监督、提起公诉等,其原有的人民监督员对检察机关的监督应当予以保留。基于人民监督员选任制度的完善和特邀监察员发展的需要,司法行政部门应当会同监察委员会、人民检察院将特邀监察员制度整合到人民监督员制度之中,在原有人民监督员制度的基础上进行调整创新与完善发展。在完善检查制度时,增加有关人民监督员制度的有关规定,监察委员会应当接受人民监督员的监督,人民监督员对监察委员会"履行监督、调查、处置职责"实行监督。

对于监察机关的调查权程序控制,除了上述讨论的问题外,我们认为,还需要进一步对以下问题进行探索。

一是监察机关的职务犯罪调查权打破了我国犯罪案件"立案、侦查、起诉"之间的衔接,尽管职务犯罪的逮捕权依然由检察机关掌管,但检察机关对于监察机关移送的案件不像公安机关那样通过申请批捕的方式予以侦查监督,是由检察

---

① 参见刘晓峰:《新中国成立以来我国监察制度发展历程、演进趋势及改革目标》,载《社会主义研究》2018年第2期。

机关自行决定是否逮捕的。如何科学合理地衔接留置与逮捕之间衔接措施需要研究。2018年修改的《刑事诉讼法》规定："对于监察机关移送起诉的已采取留置措施的案件，人民检察院应当对犯罪嫌疑人先行拘留，留置措施自动解除，人民检察院应当在拘留后的十日以内作出是否逮捕、取保候审或者监视居住的决定。在特殊情况下，决定的时间可以延长一日至四日。"其中，是否一律拘留以及拘留是否以留置作为适用情形之一值得考虑；对于未进入刑事诉讼的监察机关如何科学地架构其理论体系与完善其制度建设，需要借助于创新制度来构建完善调查权的程序控制。

二是腐败行为危害巨大，腐败分子位高权重，警觉性高，作案手段隐蔽复杂，反调查能力强，涉案人员利益捆绑、关系密切，串供翻供、对抗调查行为屡见不鲜，反腐败调查取证难度大、风险高。赋予反腐败机构充分的调查手段是国际的通行做法，腐败犯罪情报获取、案件调查、追逃追赃等方面拥有特殊的手段，如《联合国反腐败公约》有关特殊手段的规定，也法治发达国家基本经验，不仅存在一般的询问、查询等措施，还可以跟踪、监听、监控、卧底侦查，甚至规定可以采取"一切必要手段"，以保证惩治腐败的有效性和威慑力。由于我国的监察机关不是司法机关，不自行搞一套侦查体系，但是，能否仅仅依靠自我建立调查体系实现法治要求的反腐任务还有待于探索。

三是《监察法》建构了"监察委员会调查、检察机关起诉、法院审判"的职务犯罪调查模式，检察机关、审判机关如何通过刑事诉讼倒逼的方式对监察机关的调查权予以节制和限制却是一个实践问题。监察委员会适用《监察法》调查行为在刑事诉讼活动中的判断标准和依据是《监察法》还是《刑事诉讼法》或者兼而有之还有待于试点尝试。监察机关单轨调查体制的确立，使得党纪调查、政纪调查与刑事调查适用相同的证据要求和证明标准，这对于党纪调查和政纪调查是没有必要的，而对于刑事调查则是远远不够的。① 同时在监察机关调查时，除了对办案过程开展"一案双查"，既复查案件本身情况，又查明案件调查人员依纪依法履职情况。这种"双查"属于结果意义上的制度，在调查权审批和实施中如何通过程序防止权力滥用也是值得理论研究和实践总结的问题。

---

① 参见陈艳平：《论监察委员会的调查权》，载《中国人民大学学报》2018年第4期。

第六章

监察留置制度考察与程序架构

留置在我国立法上源于《人民警察法》的留置盘查。留置盘查作为一种措施并非我国的首创，也不是我国的独创，无论是大陆法系国家还是英美法系国家，其相关立法或司法实践中均存在警察运用盘查留置或者相似措施的规定与做法，是世界各国警察在治安管理活动中最常用、最有效的管理措施。为了保障监察委员会作为整合行政监察机构和转隶检察机关职务犯罪职能专司反腐职能机构有效地履行职责，监察机关在调查过程中可以采取限制人身自由的留置措施。党的十九大报告强调："制定国家监察法，依法赋予监察委员会职责权限和调查手段，以留置取代'双规'措施。"《监察法》规定留置措施应当考虑其限制人身自由的特殊措施特性，明确其适用条件于范围、实施程序与规则等内容。留置措施兼具行政监察机关的"两指"和检察机关侦查反腐指定监视居住的特质，其作为限制公民人身自由严厉程度与逮捕等羁押措施相当。由于羁押允许律师会见，而留置却处于封闭状态，如何在适用这一措施中保障"适用法律上一律平等，保障当事人的合法权益"以及充分保障被留置人以及相关人员的程序性权利是完善留置制度需要解决的问题。应当建立留置监督制约机制以及救济程序，以期留置措施在充分发挥调查功能的框架下不被滥用。

《决定》授权试点地区的监察委员会在"履行监督、调查、处置职责"时，"可以采取谈话、讯问、询问、查询、冻结、调取、查封、扣押、搜查、勘验检查、鉴定、留置等措施。"由于《刑事诉讼法》《行政监察法》以及《规则（试行）》等未曾规定"留置措施"，而《决定》又未明确其适用条件、实施程序等问题，以至于留置在监察体制改革试点中作为一项新的特殊措施引起人们无限猜想与满腹疑惑。尽管这一被称之为"神秘"措施随着山西省运城市监察委员会、北京市通州区监察委员会的监察实践不断从神秘模糊走向清晰公开。① 然因实施过程中的地方党委对此措施的审批,在一定程度上增添了认识上的难度与理解上的困惑。2017 年 10 月 18 日,习近平代表第十八届中央委员会向大会作的《决胜全面建成小康社会 夺取新时代中国特色社会主义伟大胜利》的报告指出:"制定国家监察法,依法赋予监察委员会职责权限和调查手段,用留置取代'两规'措施。"《监察法》第二十二条、第四十三条、第四十四条和第六十条分别规定了留置的条件、程序以及救济制度。由于留置措施由监察委员自行决定以及未有其他机关和人员(如律师)介入,如何保障这一涉及人身自由权利的措施与宪法规定的"尊重和保障人权"不出现紧张关系,如何保障在实施过程中符合正当程序的要求,特别是如何防止其不被滥用,无疑成为理论讨论与立法关注的热点与焦点。从我国留置措施的立法规制出发,透过留置措施在实践中遇到的实施情况,本章对《监察法》制定中的留置措施性质、条件、程序、监督与救济等关键性问题予以探索。

第一节 留置措施的溯源与嬗变

我国监察委员会的留置措施源于行政监察整合和检察机关反贪反渎等职能转隶后的人大常委会的特别授权,但留置作为一项法定属于或者措施并非源于此。我国最早规定留置的法律可追溯到 1995 年 2 月 28 日八届全国人民代表大会常务委员会第十二次会议通过的《人民警察法》。该法为何要规定此措施以及解决实践中何种问题,通过对留置措施源流进行考察与分析,能够为认识、理解和正确实施《监察法》提供知识和资料。基于此,有必要对留置措施的立法规范与实践运行进行解读与探讨。

一、行政性强制措施的留置立法与实践

我国《人民警察法》第九条规定:"为维护社会治安秩序,公安机关的人民

---

① 据报道:"经山西省监察委员会批准,运城市监察委员会对运城市林业局调研员张驰、运城市水务局防汛抗旱指挥部办公室主任卫典臣采取留置措施,对其涉嫌严重违纪违法问题进行调查。"参见张晓鹏:《运城市监察委员会对两人采取留置措施》,载《三晋都市报》2017 年 4 月 18 日。北京市通州区某镇财政所出纳李某挪用公款 761 万元用于炒股,后将挪用欠款全部归还并向单位领导交代了事实。这是北京市开展监察体制改革试点工作以来首次采取"留置措施"后移送审查起诉的案件。2017 年 6 月,李某以挪用公款罪,被判处有期徒刑 3 年,缓刑 5 年。参见王梦遥:《市监察委"留置"后移送起诉首案宣判》,载《新京报》2017 年 7 月 28 日。

警察对有违法犯罪嫌疑的人员，经出示相应证件，可以当场盘问、检查；经盘问、检查，有下列情形之一的，可以将其带至公安机关，经该公安机关批准，对其继续盘问……""对被盘问人的留置时间自带至公安机关之时起不超过二十四小时，在特殊情况下，经县级以上公安机关批准，可以延长至四十八小时，并应当留有盘问记录。"从其立法的逻辑可以发现，留置措施并非独立于其他措施的一项专门性措施，实际发挥实现盘查目的且为盘查提供期限，致使立法采用了"盘查留置"术语。无论是盘查抑或留置均是作为维护治安秩序措施确立的，由于影响治安秩序的行为不仅涉及违法，有些还涉及犯罪，其适用对象也不仅限于违法人员，其中还包括一些涉嫌犯罪人员。基于盘查留置适用对象的复杂性，该措施在实践中一开始就存在治安事件与犯罪案件交替适用问题。为了避免刑事立案的烦琐复杂，出现借助此措施查办涉嫌犯罪案件情况。刑事诉讼行为借用行政强制的留置措施的这种做法，特别是留置盘查与拘传交叉使用，在一定程度上冲击我国的刑事强制措施的严肃性。

由于盘查与讯问、询问在功能上具有相同性，在实践中出现了立法依附盘问的留置不断脱离盘查转化限制人身自由的具有相对独立性甚至带有羁押性的措施。为此，《公安部关于公安机关执行〈人民警察法〉有关问题的解释》《城市人民警察巡逻规定》《公安机关办理刑事案件程序规定》《公安机关适用继续盘问规定》等文件中不断对盘查留置作了限制性规范。根据《公安部关于公安机关执行〈人民警察法〉有关问题的解释》（以下简称《人民警察法解释》）的规定，公安机关的人民警察经盘问、检查，认为属于"被指控有犯罪行为的；有现场作案嫌疑的；有作案嫌疑身份不明的；携带的物品有可能是赃物的"情况的，可以将被盘问人带至当地就近的公安派出所、县（市）公安局或城市公安分局，填写《继续盘问（留置）审批表》，并经该公安机关负责人（公安派出所所长一级及其以上的领导人员）批准后继续盘问。对于批准继续盘问的，应当立即书面或电话通知其家属或者所在单位，并进行记录。盘问记录中，应当写明被盘问人被带至公安机关的具体时间，并由被盘问人签名或者捺指印。当被盘问人的违法犯罪嫌疑在 24 小时内仍不能证实或者排除的，应当填写《延长继续盘问（留置）审批表》，经县级以上公安机关批准，可以将留置时间延长至 48 小时。边远地区来不及书面报批的，可先电话请示，事后补办书面手续。对于继续盘问和延长留置时间，应当留有批准记录。经县级以上公安机关批准，公安派出所、城市公安分局和县（市）公安局可以设立留置室。留置室应当具备安全、卫生、采光、通风等基本条件，配备必要的座椅和饮水等用具。以上有关盘查留置审批程序的规定及其留置场所的规范性要求，特别是留置专门场所设置，留置作为一项措施亟待需要立法规范。

然而，《人民警察法》对盘查与留置的关系尤其是"继续盘问"是否等同"留置"没有明确界分，也没有对继续盘问对象是否必须采取留置措施进行说明，导致实践中在适用上的混用，致使继续盘问和留置的含义及其边界无法获得清晰化的解释，理论上对其是作为行政强制措施抑或刑事强制措施众说纷纭。例如，《人民警察法解释》规定："对被盘问人依法采取刑事拘留或者治安拘留的，其留置时间不予折抵。"而根据1998年公安部批复给北京市公安局《关于盘问留置时间可否折抵劳动教养期限的批复》的规定，在办理劳动教养时，对被劳动教养人采取留置等限制人身自由的强制措施先期羁押的，其被羁押时间应当折抵劳动教养时间。①"继续盘问"与"留置"之间究竟是何种关系疑窦重重，特别是公安机关对留置有关问题解释的前后不一，在一定程度上加剧了人们对其理解与适用上的难度。从法律的渊源上来看，留置盘问是《人民警察法》赋予警察的一种现场处置措施，究其实质而言，它是公安机关为了维护社会治安秩序，对不特定的具有违法或犯罪嫌疑的人员经当场盘问、检查后，发现有法定的情形，将其留在公安机关继续盘问的一种行政强制措施。规定留置措施主要是行政法律及其规范性文件，而这些规范性文件是将其作为一种警察行政活动来规范的，在实践中也被界定为行政强制措施。②从留置可以适用违法犯罪的案件来看，"留置"具有强制犯罪嫌疑人到案接受调查的功能，其特性不具有单一性，兼具行政性和司法性的双重性质，属于介于行政警察活动和刑事司法活动之间的特殊措施，仅仅单一归结其性质难以涵盖其实践应包含的功能与范围。尽管留置在适用涉嫌的刑事案件中是针对刑事立案程序中是否符合立案条件进行"初查"所采用的一种临时性的审查措施，旨在保障刑事立案有能力分辨涉嫌违法是否达到刑事立案的标准与要求，不是刑事诉讼的法定强制措施，但可以限制人身自由活动并用于刑事犯罪，具有与指定监视居住甚至羁押的同等功效。留置作为一种临时审查措施极易在实践中被滥用，以至于有些地方在行使留置活动中出现超范围盘查、超时留置、留置盘查期间滥用警械等情况，甚至出现非违法犯罪交叉的刑事案件借用留置措施超越刑事诉讼而变相羁押违法犯罪嫌疑人的现象。

盘查留置作为行政强制措施染指刑事案件还有另外一个实践缘由，源于侦查机关认为1996年修改的《刑事诉讼法》规定"传唤、拘传最长不超过12小时"

---

① 需要说明的是，2013年11月15日，《中共中央关于全面深化改革若干重大问题的决定》提出了"废止劳动教养制度"。2013年12月28日，全国人大常委会通过了关于废止有关劳动教养法律规定的决定。实施50多年的劳教制度被依法废止。

② 例如，最高人民法院行政审判庭关于对当事人不服公安机关采取的留置措施提起的诉讼法院能否作为行政案件受理的答复［1997］法行字第21号安徽省高级人民法院："你院【1997】皖行请字第03号请示报告收悉。经研究，基本同意你院的第一种意见，即留置是公安机关行政管理职权的一种行政强制措施，属于《行政诉讼法》第十一条第一款第二项规定的人民法院行政诉讼受案范围"。

难以满足所谓"讯问实践需要较长时间的斗智斗勇斗谋的内在需求",侦查机关在立案之时借用留置延长讯问犯罪嫌疑人是对这种刚性规定的规避。一般情况下,公安机关在办理刑事案件时往往先使用盘查留置行政强制措施,通过借用留置的期限来变相延长讯问的时间,然后再使用传唤、拘传,以至于在实践中有的将其讯问延长至60小时,致使讯问犯罪嫌疑人的侦查行为逃逸刑事诉讼程序约束与控制。在2012年《刑事诉讼法》修改时,"许多地方的人民检察院和公安机关都提出,希望对这种特殊情况适当延长传唤、拘传的时间。"① 这种意见背后折射出实践诉求与隐藏的不规范问题。然而,实践中不仅存在借用行政留置来弥补刑事讯问时间不足的问题,与较为规范的看守所相比,还存在"留置室"不规范现象。由于"留置室"管理不到位,特别是缺少应有的制度制约与程序监督,在"留置室"时常发生被盘问人脱逃、自残、自杀等事件恶性事件。这不仅损害了盘查留置作为法定措施的严肃性,而且还侵犯了公民的合法权益,影响了公安机关的形象,甚至损害了公安机关的声誉。为了有效控制留置所出现的问题,公安机关通过强化留置措施的管理来预防和减少违法违纪违规问题的发生。例如,《公安机关实施留置措施备案规定》规定,公安机关办案单位在对嫌疑人员采取置留措施的半小时内,必须报督察部门备案。公安机关办案单位在决定采取留置措施乃至延长留置时,必须在实施后半小时内采用电话、书面、计算机网络等形式,将有关情况报同级公安机关督察部门备案;督察部门应当分别根据情况,采取明察暗访、随机抽查、电话警示等多种方式进行督察。② 部分省市的公安机关也对留置的实施予以控制。再如,2003年《浙江省公安机关实施留置管理规定》要求,县级公安机关可在本局机关和5人以上的派出所设置留置室。市级以上公安机关及其内设机构和县(市、区)公安机关的内设机构,不得设置留置室,并通过公安机关单位内部联网的留置措施远程监控系统,在留置、审查场所全程录像。为了进一步规范继续盘问的适用对象,对继续盘问的工作程序进行严格控制,解决内控不力的问题,公安部2004年8月3日又发布了《公安机关适用继续盘问规定》。该规定要求:"县、市、旗公安局或者城市公安分局经报请设区的市级以上公安机关批准,可以在符合下列条件的公安派出所设置候问室:确有维护社会治安秩序的工作需要;警力配置上能够保证在使用候问室时由人民警察值班、看管和巡查。县、市、旗公安局或者城市公安分局以上公安机关及其内设机构,不得设置候问室。""被盘问人非正常死亡,责任民警将被开除,派出

---

① 郎胜主编:《中华人民共和国刑事诉讼法释义》,法律出版社2012年版,第278页。
② 参见公安部法制局负责人就《公安机关适用继续盘问规定》有关问题答记者问。例如,河北省定兴县农民张庆在配合警方调查某治安案件时死于派出所内。据当地政法委介绍,其死因为自杀,用头撞墙身亡。参见王威:《"撞墙死"折射留置盘问制度缺陷》,载《检察日报》2009年7月8日。

所主要负责人撤职。"

可以说,公安部的这些规定与地方的一些要求对于有效避免留置滥用以及刑事诉讼借用留置措施起到了规范性作用,对保障被留置人员的合法权益具有积极意义。我国公安机关对留置措施严格详细地控制,使得部分基层民警在适用这种措施时不仅因审批程序和要求相当复杂而减少适用,更为担心的是不规范适用被追究相应责任,以至于留置措施在实践中的使用频率不断被降低。这种内控式备案的要求,特别是填写有关法律文书、经领导审批、通知家属、报督察备案等工作。尽管有关留置措施的规范日趋完备,通过不断规范在一定程度上解决了上述问题,但从不惜加大公安机关的责任来遏制不规范适用行为来看,其滥用的问题并未从根本上得到解决,这种内部控制未有严格的外部监督和相互之间的程序制约机制,其治理的实践效果依然不显著。

留置措施滥用的根源不仅因其适用上涉及违法与犯罪的交叉与重叠问题,更为重要的是作为一种限制公民人身自由的实质性"强制措施"。如果其不能像刑事诉讼程序那样严格的程序控制以及相关的制约机制、救济渠道,无助于从根本上借助于制度机制的力量进行控制的解决问题的思路。为了弥补侦查实践中所谓讯问时间不足问题,2012年修改的《刑事诉讼法》对传唤、拘传延长了时间,由原来的12小时延长至24小时。这种延长实际上是对讯问借用留置造成所谓"良性讯问"的回应,在一定意义上也是刑事诉讼立法屈于侦查实践的现实结果。尽管理论界对延长传唤、拘传时间颇有微词,但与实践中刑事诉讼借用留置行政强制措施控制延长时间规避刑事诉讼法规范相比,在保障人权和避免权力滥用方面仍具有积极意义。我国公安机关通过不断严格内控规范留置措施的效果不显著,其规范的失效应当引起《监察法》确立监察委员会留置措施的足够重视与高度警惕,其中的教训值得吸取。作为限制人身自由的留置措施本身拥有扩张性,一旦无强有力的外部制约机制,无法避免滥用。留置措施赋予监察委员会,所适用的对象不仅存在公安机关的违法犯罪,还存在违纪,如果不像刑事诉讼调整的强制措施那样予以程序规范,不仅有可能会步公安机关规范留置的后尘,规范效果不明显,还有可能不断远离《监察法》的立法初衷,后期再予规范则会付出较大的成本甚至有可能陷入不能自拔的困境,难以走出限制、扩张、再规范、再扩张的难以规范的怪圈。这些问题与何种机关拥有留置与适用留置关系不大,其本质是作为一项特殊措施本身扩张性的使然。

二、留置作为监察机关调查措施的改造

我国监察制度改革以及《监察法》赋予监察机关实施留置措施的权力,旨在

通过丰富监察手段来建立高效权威的监察体系。有学者认为,"留置是接近且程度轻于羁押的准羁押措施。以监察委的留置权代替纪检部门的'双规',写在未来的监察法里,是国家治理法治化的进步。"① 也就是说,监察委员会的留置与《人民警察法》依附盘查的留置不同,属于控制调查对象人身自由的特殊措施。党的十九大报告指出:"用留置取代'两规'措施",则需要严格其适用条件、规范审批程序和监督机制,充分体现国家治理的法治化。从试点地区山西省运城市监察委员会以及北京市通州区监察委员会在调查涉嫌严重违纪违法问题时未采用"双规"而采用了留置的现实来看,似乎存在"留置措施"替代了原来纪委监察惯用的"双规""双指"。试点中不再适用"双规""双指"向外传达了一种积极的信号,如果采用留置措施解决"双规""双指"在实践中需要解决的问题,并在《监察法》将留置在总结经验的基础上提炼成具有制度意义的法定措施,其意义重大。基于此,讨论留置措施如何替代"双规""双指"并能够在调查中发挥应有功能也就更具价值。

"双规"措施作为法律规范源于1990年12月9日国务院发布的《行政监察条例》(已废止)。该条例规定行政监察机关在案件调查中有权"责令有关人员在规定的时间、地点就监察事项涉及的问题做出解释和说明"。理论与实践将这一"规定的时间、地点"称之为"双规"或者"两规"。② 1994年5月1日《中国共产党纪律检查机关案件检查工作条例》第二十八条规定了调查组有权"要求有关人员在规定的时间、地点就案件涉及的问题做出说明"。从此"双规"作为一项调查措施由行政监察办案程序扩大至党的纪检办案程序。1997年5月9日,第八届全国人大常委会第二十五次会议通过的《行政监察法》修改了《行政监察条例》中有关"双规"的规定。原有的"规定的时间、地点"被"指定的时间、地点"所替代,随之形成了俗称的"双指"或者"两指"。《行政监察法》第十九条第三项规定,监察机关有权"责令有违反行政纪律嫌疑的人员在指定的时间、地点对调查事项涉及的问题做出解释和说明"。从此,"双规"不再作为行政监察调查措施的专用术语,而成为纪委实施党内调查的重要手段及其专有的"指称",其适用对象为中共党员。行政监察机关的行政调查手段由原来的名曰"双规"措施改名为"双指"。而"双指"作为行政监察机关的一种行政调查手段,适用于所有违反行政纪律和法律的人员。"双规""双指"在适用主体上尽管存在一定的差别,也存在身份上的重叠,再加上纪委与行政监察合署办公,当

---

① 参见吴尧:《陈光中:监察制度改革不能忽视程序法治》,中国改革论坛网,http://www.chinareform.org.cn/gov/system/Practice/201704/t20170410_263662.htm,访问日期:2018年3月28日。
② 需要说明的是,本书将"双规""双指"与"两规""两指"不作区分且因行文方便以及实践中不同的叫法予以混用。

调查对象均属于中共党员干部时也就无本质区别,以至于纪委的"双规"在实践中演变为了"双规""双指"的代名词。在我国反腐活动中,"双规"被称为反腐利器,尤其在突破大案要案中成效明显,但实施"双规"时因隐秘且缺乏制度约束而备受争议。在不少腐败案例中都可以看到,被告人或者辩护律师都会提出自首辩解,理由是被告人在"双规"期间主动供述办案机关不掌握的犯罪事实,但也有不少被告人提出"双规"期间的供述不真实,① 致使纪委监察机关移交案件的证据能否在刑事诉讼中作为证据使用成为争议的焦点。基于行政执法与刑事司法衔接的要求,② 2012年修改的《刑事诉讼法》对行政监察移送的证据在刑事诉讼中可以作为证据的使用作出规定,仅限于物证、书证、视听资料、电子数据等证据材料,③ 但对纪委办案收集的证据材料能否在刑事诉讼作为证据使用依然未有明确规定,在实践中是否适用存在较大分歧。

在一定意义上说,纪检监察机关调查的案件盘根错节、纵横交错,尤其是对查处拥有一定级别以及位高权重的领导干部难度更大,采用"双规""双指"措施对于顺利查办案件至关重要,在调查行使公权力公职人员违法犯罪也有必要设置一些严于一般公民的调查措施,这也符合从严治党的基本要求。但因限制人身自由而不受外在的监督和其他机关的制约,特别是其实施过程的神秘化,再加上"'双规'程序与《立法法》关于人身强制措施须由法律设定的规定相冲突,"④其适法性因"法律保留原则"似乎有一定的不足,自从其实施以来对其质疑的声音从未间断过。⑤ 我国《宪法》第三十七条规定:"中华人民共和国公民的人身自由不受侵犯。任何公民,非经人民检察院批准或者决定或者人民法院决定,并由公安机关执行,不受逮捕。禁止非法拘禁和以其他方法非法剥夺或者限制公民的人身自由,禁止非法搜查公民的身体。"《立法法》第八条将"对公民政治权利的剥夺、限制人身自由的强制措施和处罚"规定为法律保留事项。第九条规定:"本法第八条规定的事项尚未制定法律的,全国人民代表大会及其常务委员会有权作出决定,授权国务院可以根据实际需要,对其中的部分事项先制定行政法规,但是有关犯罪和刑罚、对公民政治权利的剥夺和限制人身自由的强制措施和

---

① 参见钟朝阳:《"双规、双指"期间自书材料的证据法分析》,载《证据科学》2016年第2期。
② 参见2001年国务院《行政执法机关移送涉嫌犯罪案件的规定》和2001年最高人民检察院、全国整顿和规范市场经济秩序领导小组办公室、公安部、监察部《关于在行政执法中及时移送涉嫌犯罪案件的意见》等。
③ 参见刑事诉讼法第五十四条规定"行政机关在行政执法和查办案件过程中收集的物证、书证、视听资料、电子数据等证据材料,在刑事诉讼中可以作为证据使用。"
④ 参见龙宗智:《薄熙来案审判中的若干证据法问题》,载《法学》2013年第10期。
⑤ 参见王若南:《"双规"是与非》,载《凤凰周刊》总第146期;张步文:《"双规双指":相对合理性与适法有限性》,载《河北法学》2005年第1期;王金贵:《"双规"与自首:合宪性问题研究》,载《法学》2005年第8期,等等。

处罚、司法制度等事项除外。"《行政监察法》第二十条规定"监察机关在调查违反行政纪律行为时，可以根据实际情况和需要采取下列措施：……（三）责令有违反行政纪律嫌疑的人员在指定的时间、地点就调查事项涉及的问题作出解释和说明，但是不得对其实行拘禁或者变相拘禁"与《立法法》的规定不相冲突。但对于"违反行政纪律嫌疑的人员在指定的时间、地点就调查事项涉及的问题"却与《行政监察法》规定"不得对其实行拘禁或者变相拘禁"等限制人身自由的要求存在一定紧张。基于严格规范在"双规""双指"期间被调查对象死亡现象的需要，中纪委、监察部1998年《关于纪检监察机关依法采用"两指""两规"措施若干问题的通知》要求，"两规"场所不能设置在司法机关的办公、羁押场所和行政部门的收容遣送场所，且不能修建用于"双规""双指"的专门场所，以示其与其他措施的特殊性。

为了从严把握"两规"措施的使用条件，2001年，中央纪委《关于进一步规范使用"两规"措施的通知》又要求，对因违反规定失职、渎职造成严重后果的，或者有逼供、诱供、体罚等情形的，或者无权使用而使用"两规"措施的，应严肃追究直接责任者的责任。为了完善查办案件的协调机制，进一步改进和规范"两规"措施，保障党员和行政监察对象作为调查对象的合法权利。2005年5月底，中央纪委办公厅与中央办公厅分别下发的"完善查办案件协调机制进一步改进和规范'两规'措施的意见（[2005]7号）（简称'7号文件'）和（[2005]28号）"。"7号文件"要求"尊重被调查人的人格，坚持文明办案。不得以讽刺、挖苦等方式对被调查人进行人格侮辱。不得对被调查人打骂、体罚或变相体罚。不得非法进入被调查人的住宅进行调查取证等活动。保障被调查人的休息权利。尊重被调查人的民族习俗。"同时，要求保护被调查者的相关权利，如申辩权、申诉权、人身权、财产权，以及检举人、控告人、证人、被调查处理人亲属和其他有关人员的合法权利。2012年，中纪委印发了《中央纪委关于使用"两规"措施的规定》等。这一系列对"两规"的规范与要求，一方面，保证"两规"措施依规进行；另一方面，也折射出"两规"措施适用过程中存在较为突出的问题。

2013年5月27日，《中国共产党党内法规制定条例》和《中国共产党党内法规和规范性文件备案规定》规定了包括中纪委在内的党的机关所颁布的党内法规需要通过备案审查，以便通过备案审查来避免"同宪法和法律不一致"的现象。《规则（试行）》未对"两规"作出规定，这是否预示着"两规"到此终结。而《决定》规定在北京市、山西省、浙江省暂时调整或者暂时停止适用《行政监察法》，其中，规定的"两指"在试点地区自然也不再适用。基于《规则（试行）》未规定"两规"、《行政监察法》在试点地区的停止适用以及《决定》授权试点地区监察委员会"可以采取留置的措施",特别试点地区监察委员会对涉嫌违法犯罪的国家公职人员可以采用留置措施而未再使用"两规""两指"的做法,致使留置措施替代"两规""两指"成为必然趋势。

基于以上的讨论,监察委员会留置措施在一定程度上意味着替代"两规""两指",同时,这种试点做法也为《监察法》舍弃《行政监察法》的"两指"奠定了良好的实践基础,但对留置措施特别需要从权限、时限、程序、规则等方面需要严格规范,保证其公开性与透明性,不宜留下"两规""两指"封闭运行以及程序不公开甚至有暗箱操作秘密措施的阴影,以免为留置措施留下类似"两规""两指"的正当性和适法性不足的缺憾以及带来理论上的过多争议。

第二节 留置作为监察调查措施的立法争议及基本内容

党的十九大提出了"制定国家监察法,依法赋予监察委员会职责权限和调查手段,用留置取代'两规'措施。"《监察法》对于留置作出了明确的规定。

一、留置作为调查措施的理论争议

《监察法》赋予监察机关包括留置在内的多项"必要权限"。其中,备受关注的调查措施则为留置。留置措施的使用直接关系到国家监察体制改革的公信力,且与《宪法》第三十七条规定的"中华人民共和国公民的人身自由不受侵犯。任何公民,非经人民检察院批准或者决定或者人民法院决定,并由公安机关执行,不受逮捕,禁止非法拘禁和以其他方法非法剥夺或者限制公民的人身自由,禁止非法搜查公民的身体"存在需要解释的问题。宪法规定的逮捕应当作出限制人身自由的解释,因留置作为限制人身自由的调查措施却是由监察机关自行决定的,并未经人民检察院批准或者决定或者人民法院决定。《监察法(草案)》曾对于实施留置措施的情形作出明确规定,即被调查人涉嫌贪污贿赂、失职渎职等严重职务违法或者职务犯罪,监察机关已经掌握其部分违法犯罪事实及证据,仍有重要问题需要进一步调查,并有"涉及案情重大、复杂的;可能逃跑、自杀的;可能串供或者伪造、隐匿、毁灭证据的;可能有其他妨碍调查行为的"等情形时,经监察机关依法审批,可以将其留置在特定场所。留置时间不得超过三个月,特殊情况下,经上一级监察机关批准可延长一次,延长时间不得超过三个月;监察机关发现采取留置措施不当的,应当及时解除;采取留置措施后,除有碍调查的,应当在二十四小时以内,通知被留置人员所在家属和单位;应当保障被留置人员的饮食、休息和安全，提供医疗服务。这种规定存在以下需要讨论的问题。

留置措施是针对违法违纪行为的行政调查措施，具有行政活动的属性。[1] 也有学者提出，留置措施有沦为变相"双规"的风险，十分不利于人权保障。在严重的职务违法案件中，留置措施的效果接近"双规"，欠缺必要的法治约束，存在被滥用的可能。[2] 留置措施较"双规"而言有了很大的进步。在试点时期，不同试点省市存在不同的做法。如浙江省监察机关留置要求，凡采取留置措施的，需监察委领导人员集体研究、主任批准后报上一级监察委批准，涉及同级党委管理对象的，还需报同级党委书记签批。北京市的区级纪检监察机关对处级或相当于处级的监察对象采取留置措施的，还需报区委主要领导批准；市纪委市监察机关对局级或相当于局级的监察对象采取留置措施的，还需报市委主要领导批准。山西省监察委确需采取留置措施的，应提交省监察委执纪审查专题会议研究决定。对于批准主体在试点中存在不同，在理论产生了不同观点。第一种观点主张由监察委员会内部决定。有学者提出，对调查对象采取留置措施，应该经本级监察委员会集体讨论决定是否予以实施。[3] 也有学者提出，对留置措施的申请程序可参考原检察机关职务犯罪案件决定逮捕权上提一级的做法，报请上级监察委员会批准或报请省级监察委员会批准，不宜采取报同级党委批准的做法。但向同级党委报备不受影响，报仅是内部要求，不是留置的法定审批制度。[4] 还有学者提出，监察委员会独立行使监察权，所以留置措施乃是监察委员会职能范围内，人民法院和人民检察院均无权决定或批准留置措施。[5] 另有学者认为，留置措施的使用需经由外部司法机关即人民法院或人民检察院予以批准。[6] 监察委员会留置措施的审批应以逮捕为参照，援引《宪法》第三十七条和《刑事诉讼法》第七十八条将留置的批准权和执行权分别交由检察机关和监察机关行使，实现对监察委员会的监督和制约。[7] 从逻辑上看，适合担纲此中立审查角色的机关有两家：一为人民法院；二为人民检察院。从正当性和继承的角度看，检察院较之法院更

---

[1] 参见熊秋红：《监察体制改革中职务犯罪侦查权比较研究》，载《环球法律评论》2017 年第 2 期。
[2] 参见刘艳红等：《法治反腐视域下国家监察体制改革的新路径》，载《武汉大学学报》（哲学社会科学版）2018 年第 1 期。
[3] 参见马怀德：《国家监察法的立法思路和立法重点》，载《环球法律评论》2017 年第 2 期。
[4] 参见郭华：《监察委员会留置措施的立法思考与建议》，载《法治研究》2017 年第 6 期。
[5] 参见秦前红、石泽华：《论监察权的独立行使及其外部衔接》，载《法治现代化研究》2017 年第 6 期。
[6] 参见张建伟：《法律正当程序视野下的新监察制度》，载《环球法律评论》2017 年第 2 期。
[7] 参见郭相宏：《对留置措施的使用、批准权和执行权应分离》，载《南方都市报》2017 年 6 月 15 日第 AA5 版。

适合对留置措施的使用进行外部审查,① 不宜由同级党委书记审批留置措施。②《监察法》在尊重实践和吸收学者观点的基础上作出了规定。该法第四十三条规定:"监察机关采取留置措施,应当由监察机关领导人员集体研究决定。设区的市级以下监察机关采取留置措施,应当报上一级监察机关批准。省级监察机关采取留置措施,应当报国家监察委员会备案。""留置时间不得超过三个月。在特殊情况下,可以延长一次,延长时间不得超过三个月。省级以下监察机关采取留置措施的,延长留置时间应当报上一级监察机关批准。监察机关发现采取留置措施不当的,应当及时解除。"

在传统纪检监察向现代国家监察转型之后,在党纪委与监察委的关系上,应当坚持"业务上以监察委员会为主"的原则。纪委和监察委"合署办公"无法回避二者在权源和运作机制上的差异:纪委行使监督执纪权,监察委员会行使国家监督权;党的纪律监察委员会由同级党代会产生,监察委员会由同级人大产生。合署办公模式应是"分别产生、领导人员相互交叉、办事机构合并设立和运行"。国家监督执法工作乃国家监察委员会依法独立行使之职权,同级党委不得以个案干预代替原则性指导。有学者认为,有关留置措施的重点和难点如下:一是如何构建留置措施的监督机制,包括完善的事前批准体系以及涵盖审查功能的备案制度;二是初次留置期限限缩问题和延长留置期限的批准问题;三是被留置人实体性权利和程序性权利的保护问题,立法有无必要以专门条款规定?若调查活动不受刑事诉讼法规制,怎样确保当事人辩护权利和律师介入问题?四是怎样实现留置措施与检察程序之间乃至审判程序之间的合理衔接?与纪检监察程序是否有衔接需要?③ 未来较适宜的方案是监察委员会内部决定(批准)或交由司法机关批准,不宜由同级党委书记审批留置措施。不采取同级党委书记审批制度,并不意味着党领导监察工作的缺失,恰恰相反,党对方针、政策而非个案的领导,是党的执政方式和治理能力现代化的重要体现,有利于维护党的权威、把握监察工作的主动权。一方面,如果检察院决定不起诉或法院作出无罪判决,将导致该案留置合法性存疑、党委审批被质疑,最终损害党的权威。④

二、留置在立法中的争议与建议

《监察法》规定了留置的适用条件、批准程序、期限、留置讯问的基本保障、

---

① 参见汪海燕:《监察制度与刑事诉讼法的衔接》,载《政法论坛》2017 年第 6 期。
②③ 参见秦前红、石泽华:《监察委员会留置措施研究》,载《苏州大学学报》(法学版)2017 年第 4 期。
④ 参见李雅云:《中国法治建设里程碑式的党的文件——纪念中共中央发布〈关于坚决保证刑法、刑事诉讼法切实实施的指示〉25 周年》,载《法学》2004 年第 9 期。

刑期折抵等问题，与行政监察法的"双规"相比较，留置措施在法治化方面前进了一步。在《监察法》制定过程中存在很大问题，陈光中教授认为需作进一步完善。

第一，《监察法》规定的留置作为限制人身自由的调查措施，过于单一，在实践适用中极易造成留置适用范围扩大至"被调查人涉嫌贪污贿赂、失职渎职等严重职务违法或者职务犯罪"，范围失之过宽，转过来导致留置的过度使用，滥用似乎成为必然。留置措施仅针对限制人身自由这一项，过于单一可能造成留置使用范围失之过宽，建议应明确留置使用的具体限制。另外，有碍调查可不通知家属的例外情况是权利保障的倒退，会形成留置之后人头失踪的现象，应该取消。① 因此，应当在留置之外，参照《刑事诉讼法》关于取保候审的规定，增设取保措施，期限可达6个月，不能因为取保措施来源于《刑事诉讼法》而回避适用，实际上绝大多数的监察调查措施都源于《刑事诉讼法》。这样能够适应职务违法调查和职务犯罪调查的不同需要，而且能够从严控制留置的适用范围，减少留置适用。

第二，"有碍调查，可不通知家属"的例外情况应当取消。实际运行中，由于该规定过于弹性，很可能使得"不通知"成为办案常态。对比《刑事诉讼法》的侦查，即使严重的职务犯罪，也一律在拘留24小时内通知被拘留人的家属。而逮捕后所有的刑事案件都要在24小时内通知家属。因此，《监察法》制定中"有碍侦查"规定显然是权利保障的倒退，实践运行中极易造成留置之后"人头失踪"的现象出现。

第三，《监察法》仅仅规定在特定场所执行留置，而没有明确具体的场所。根据北京市、浙江省和山西省三地试点的经验，在看守所设立单独的留置室统一执行，能够减轻监察委员会的人力、物力和安全保障负担。

第四，《监察法》没有规定留置的替代措施。监察机关决定采取留置措施后，可能存在留置期限届满、重大疾病等不适宜继续留置的情形，但是，解除留置后却没有替代措施可用，无法保证被留置对象及时到案、配合调查和接受监督。根据《监察法》的规定，检察机关在审查后决定立案，并采取新的强制措施后，留置自动解除。那么对于监察机关在监察程序中采取的冻结、扣押等措施，是否要经过检察机关的转换，并没有明确的做法。考虑到监察程序和刑事程序的差异，检察机关审查立案后，应当对上述程序进行一定的转换，使案件利益相关方受到刑事诉讼法的充分保护。②

---

① 参见陈光中、姜丹：《关于〈监察法〉（草案）的八点修改意见》，载《比较法研究》2017年第6期。
② 参见叶青：《监察机关调查犯罪程序的流转与衔接》，载《华东政法大学学报》2018年第3期。

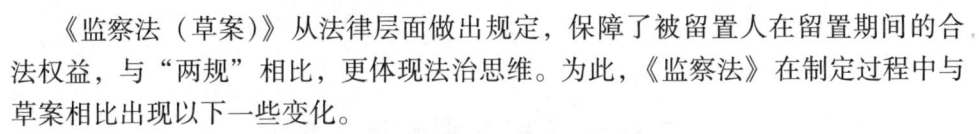

《监察法（草案）》从法律层面做出规定，保障了被留置人在留置期间的合法权益，与"两规"相比，更体现法治思维。为此，《监察法》在制定过程中与草案相比出现以下一些变化。

一是《草案》一审稿对采取留置措施的条件情形，采取留置措施的决定程序、时限等作了规定。有的常委会委员、地方和专家建议对留置场所相关规范进一步予以明确。全国人大法律委员会副主任委员李适时向会议作报告时说："经研究，建议增加规定'留置场所的设置和管理依照国家有关规定执行；监察机关发现采取留置措施不当的，应当及时解除"。

二是对采取留置措施后通知家属作出了比《规则（试行）》更为完善的规定。对被调查人采取留置措施后，什么情况下通知单位、家属，修改为"采取留置措施后，除有可能毁灭、伪造证据，干扰证人作证或者串供等有碍调查情形的，应当在24小时以内通知被留置人员所在单位和家属。"并将通知"单位或家属"修改为"单位和家属"，同时，还增加了保障被留置人员安全的内容，规定："监察机关应当保障被留置人员的饮食、休息和安全，提供医疗服务，"增加了"安全"的要求，明确了"违反规定发生办案安全事故，或者发生安全事故后隐瞒不报、报告失实、处置不当的"，对负有责任的领导人员和直接责任人员依法给予处理。

三是根据监察法草案，被调查人涉嫌贪污贿赂、失职渎职等严重职务违法或职务犯罪，并具有相关情形，监察机关经审批可以将其"留置在特定场所"。根据中央纪委公布的北京市、山西省、浙江省等地监察体制改革试点情况，试点地区把纪委原"两规"场所、公安机关看守所作为留置场所，对留置折抵刑期、异地留置进行探索等。由于草案中的"特定场所"语焉不详，《草案》二审稿增加规定："留置场所的设置和管理依照国家有关规定执行。"二审稿增加留置场所设置和管理的规定，实质上是一种授权性规定。旨在监察法实施后，在制定留置场所的相关规定，对留置场所的设置和管理进一步细化。

"留置"措施作为监察委员会调查案件最为严厉的措施，为规范"留置措施"的使用，对"留置"措施审批程序可参考检察机关原职务犯罪案件决定逮捕权上提一级的做法，即办理案件的监察机关应当报请上级监察委员会批准；对于在批准期限内不能完成调查任务需要延长的，需要报省级监察委员会批准。上级监察委员会以及省级监察委员会作为留置措施的审批主体，不仅符合检察机关侦查职务犯罪职能转隶的机制设置，也可以表明监察委员会作为国家机关与纪委作为党的机构办案的区别，不宜采用试点中的监察委员会报同级党委批准的做法。但是，这种程序安排不影响监察委员会根据调查对象的行政级别向同级党委报备，报备仅仅是内部要求，不是留置的法定审批制度，《监察法》对此不宜作出规定。

第三节 留置措施的程序控制

监察制度作为制度创设既要完成既有反腐机构、制度、资源的统合，借助于党的执纪力量、行政监察执法力量与检察机关职务犯罪侦查力量的并合、行政监察权整合、职务犯罪侦查权的转隶来保障反腐力度不减、反腐能力不降。同时，也必须保障其拥有查办腐败案件的足够措施。为此，《决定》授权了试点地区监察委员会的12项措施，其中，调查涉嫌职务违法犯罪措施为"留置"。由于这种措施授权仅仅具有原则性，且留置措施适用范围上不仅涉及违纪违法，还会涉及犯罪案件，其强度最大，在实践中极易被频繁使用，可能影响其严肃性。尽管实践中试点地区对留置措施进行了规范，如《山西省纪委监委机关审查措施使用规范》第八章专门规定了留置的适用对象和条件、留置场所和时限、审批权限和程序、被留置人合法权益保护等内容。北京市纪委、监察委员会在《北京市纪检监察机关监督执纪工作规则（试行）》《调查措施使用规范》《监督执纪工作常用文书》《北京市纪委市监委机关执纪监督工作暂行办法》等文件中也对留置措施的审批与流程作出了规定，但因这些规定缺乏相关有效的制约机制，仅仅属于内控约束机制，其滥用的风险一旦溢出难以控制，因此，有必要在程序与制度上建立约束机制，使之受到有效控制，以免出现适用上的"过犹不及"问题。基于此，对留置措施的规定不仅需要使之具有替代"双规""双指"的功效，更为重要的是，还应当具有符合我国宪法的精神以及整合转隶职能的特点和制度创新性的意义。

一、留置的实体限制

留置替代"双规"。"双规"主要适用重处分，涉嫌违法犯罪以及有可能出现泄露案情、串供、逃跑等意外情况的情形，而刑事诉讼中检察机关对"特别重大贿赂犯罪"可以适用指定监视居住。基于以上适用案件范围的限定性，留置措施在没有其他可替代措施的背景下，极易被滥用，在实体上应当严格适用条件。但是，这种严格条件不宜简单移植"双规"的适用条件，留置替代"双规"而非是将"双规"置换为留置，不宜全盘移植或者简单照搬"双规"适用的实体性规定。对被调查人主动配合组织调查，没有串供、伪造证据、毁灭证据等对抗组织审查倾向的涉嫌职务犯罪的调查对象，即使可以适用重处分也可不适用"留置"措施。《监察法》第二十二条规定:"被调查人涉嫌贪污贿赂、失职渎职等严重职务违法或者职务犯罪,监察机关已经掌握其部分违法犯罪事实及证据,仍有重要问题需要进一步调查,并有下列情形之一的,经监察机关依法审批,可以将其留置在特定场所:(一)涉及案情重大、复杂的;(二)可能逃跑、自杀的;(三)可能串供或者伪造、隐匿、毁灭证据的;(四)可能有其他妨碍调查行为的。""对涉嫌行贿犯罪或者共同职务犯罪的涉案人员,监察机关可以依照前款规定采取留置措施。""留置场所的设置和管理依照国家有关规定执行。"从上述规定来看,留置是监察机关针对涉嫌贪污贿赂、失职渎职等严重职务违法或者职务犯罪时,已经掌握被调查人部分违法犯罪事实及证据,仍有重要问题需要进一步调查,并且具备法定情形,经依法审批后,将被调查人带至并留在特定场所,使其就案件所涉及的问题配合调查而采取的一项案件调查措施。

尽管《监察法》明确了留置的适用情形,在实际适用中还要关注试点省市要求的留置条件必须是已立案并且案件具有重大、复杂等案件,不仅要符合法定的四种情形,还应当有留置之必要。具体而言,留置主要包括三个要件:一是涉案要件。留置的涉案要件,是被调查人涉嫌贪污贿赂、失职渎职等严重职务违法或者职务犯罪。留置适用的违法犯罪行为主要是贪污贿赂、失职渎职等行为,而且是严重的,其他的职务犯罪行为或者违法犯罪行为、轻微的一般不采取留置措施。二是证据要件。留置的证据要件,是监察机关已经掌握部分违法犯罪事实及证据,且仍有重要问题需要进一步调查。三是具备下列法定的情形之一:(1)涉及案情重大、复杂的;(2)可能逃跑、自杀的;(3)可能串供或者伪造、隐匿、毁灭证据的;(4)可能有其他妨碍调查行为的。留置的上述三个要件相互联系、缺一不可。只有同时具备这三个要件,且留置之必要的,才能对被调查人实施留置。留置的一般对象是符合留置要件的被调查人,而在实践中,对于有上述法定情形且涉嫌行贿犯罪或者共同职务犯罪的涉案人员,如果不将其留置,将严重影响监察机关对违法犯罪事实的进一步调查,有可能造成事实调查不清、证据收集不足,使腐败分子逃脱法律的惩治,影响调查工作的客观性、公正性,给党和国家的廉政建设和反腐败工作造成损害。因此,对涉嫌行贿犯罪或者共同职务犯罪的涉案人员,监察机关可以依照前款规定采取留置措施。[①]

二、留置适用的程序控制

留置措施除具备以上实体条件外,还需要从以下程序与制度上予以控制。其

[①] 参见中央纪委国家监委法规室编写:《〈中华人民共和国监察法〉释义》,中国方正出版社2018年版,第134~135页。

控制程序与制度的安排如下。

1. 留置报批与备案的程序。

留置措施是监察机关对被调查人人身自由约束的措施,是监察机关调查措施中唯一涉及限制人身自由的措施,对公民的基本权利产生极大影响,存在扩大化适用的张力,必须对其严格规制,从程序上加以有效控制。《监察法》第四十三条规定:"监察机关采取留置措施,应当由监察机关领导人员集体研究决定。设区的市级以下监察机关采取留置措施,应当报上一级监察机关批准。省级监察机关采取留置措施,应当报国家监察委员会备案。"根据《监察法》第四十三条的规定,市县两级监察机关采取留置措施均应报上一级监察机关批准。《监察法》第十七条规定:"上级监察机关可以将其所管辖的监察事项指定下级监察机关管辖"。为了防止出现设区的市级监察机关将本级管理的监察对象指定下级监察机关管辖,从而规避上一级监察机关审批的现象发生,县(市、区)监察机关拟对上级监察机关管理的监察对象采取留置措施的,应提级报省级监察机关进行审批。

留置措施系指对违法犯罪嫌疑人留置询问,不同于违纪的"双规",具有强制性措施和调查取证措施的双重性质。对留置适用对象与情形、留置的时间、应否通知所在单位都必须予以明确。① 有学者提出,留置措施作为调查权的主要手段,具有行政性,与刑事诉讼中的强制措施完全不同;具有强制性,暗含对被调查人员的约束性以及其对留置的服从性;具有主动性、扩张性和谦抑性。② 也有学者提出,监察委员会采取的留置措施,等同于刑事诉讼上的强制羁押措施,具有刑事侦查活动的属性,其实际上与逮捕实质相同,但规避了《宪法》和《刑事诉讼法》对逮捕程序的相关规定及限制。③ 留置作为保障调查程序顺利进行的留置措施在试点过程中被广泛使用,对被调查人的人身自由产生了限制的客观效果,与其他类型的强制措施相比,留置措施对被调查人的影响程度更为深刻,需要对采用留置措施进行调查与执纪执法调查、反腐败一般调查作区分,引入留置措施的司法审查,使其与刑事诉讼活动相衔接。④

(1)留置措施的报批程序。设区的市级以下监察机关拟采取留置措施的,应按照规定制作《使用留置措施审批表》,附被调查人涉嫌严重违法犯罪事实的情况报告、主要证据材料原件或复印件、使用留置措施实施方案、安全预案,按程序报监察机关主要负责人签批后(其中,对同级党委管理的监察对象采取留置措

---

① 参见姜明安:《国家监察法立法的几个重要问题》,载《中国法律评论》2017年第2期。
② 参见王晓:《监察委员会的留置措施论要》,载《北京联合大学学报》(人文社会科学版)2017年第2期。
③ 参见张建伟:《法律正当程序视野下的新监察制度》,载《环球法律评论》2017年第2期。
④ 参见徐汉明:《国家监察权的属性探究》,载《法学评论》2018年第1期。

施的,须报告同级党委主要负责人批准),报上级监察机关承办部门办理。留置审批应当考虑以下几个方面的情况。

一是报批形式要件,包括使用留置措施审批表、被调查人涉嫌严重违法犯罪事实情况报告、主要证据材料原件或复印件、使用留置措施实施方案、安全预案等材料是否齐全、签批程序是否到位。二是对象主体身份,包括是否为监察法第十五条规定的六类监察对象或第二十二条规定的涉嫌行贿犯罪或者共同职务犯罪的涉案人员。三是涉嫌违法犯罪问题性质,包括留置的被调查人是否涉嫌贪污贿赂、失职渎职等严重职务违法或者职务犯罪,拟留置的涉案人员是否涉嫌行贿犯罪或者共同职务犯罪。四是已经掌握的事实及证据,包括已经掌握的部分违法犯罪事实是否清楚、证据是否确实充分;五审尚未查实的问题线索情况,看是否仍有重要问题需要进一步调查。五是采取留置措施必要性,包括涉及案情是否重大复杂,拟留置的被调查人或涉案人员是否存在可能逃跑、自杀,可能串供或者伪造、隐匿、毁灭证据,可能有其他妨碍调查行为等情形。六是使用留置措施实施方案和安全预案,包括拟留置对象健康状况研判是否到位,控制拟留置对象到留置场所的组织领导、人员力量、后勤保障等是否到位,拟留置对象到案后的看护方案、医疗保障方案、突发情况处置方案等是否安排到位。

(2)留置措施的审批程序。留置措施审批采用"专人初审、集体研究、领导签批"的模式。一是实行专人初审制。省市级监察机关承办部门在接收下级监察机关呈报的留置审批材料后,由承办部门负责人指派2～3人对有关材料进行审核,并确定1名主审人,审核工作完成后由主审人提请承办部门负责人召集会议集体研究。二是实行集体研究制。由承办部门负责人主持召开留置审批专题会,参与初审人员参加,会议实行民主集中制,主审人先行汇报,其他参会人员充分发表意见,会议主持人集中形成讨论意见,所有人的发言和意见均记录在案,主审人根据会议研究情况起草《留置审批建议》和《留置审批审核讨论记录》。三是实行分层签批制。承办部门将《留置审批建议》《留置审批审核讨论记录》以及下级监察机关报送的留置审批材料呈监察委员会领导签批意见,对下一级监察机关管理的监察对象采取留置措施的,由本级监察机关主要负责人签批;对其他人员采取留置措施的,由本级监察机关相关负责人签批。领导签批后,《使用留置措施审批表》原件交下级监察机关,《使用留置措施审批表》复印件及有关材料存档备查。承办部门每月底将当月审批下级监察机关采取留置措施情况汇总,报监委主要负责人签批后,向本级纪检监察机关领导班子成员通报。[①]

---

① 参见湖北省纪委监委案件监督管理室:《浅析如何做好留置审批工作——落实监察法对案件监督管理工作的新要求》,载《中国纪检监察报》2018年4月4日第8版。

(3) 留置措施的备案程序。对于备案程序仅限于省级监察机关采取留置措施。省级监察机关采取留置措施无须经过国家监察委员会审批，仅仅报国家监察委员会备案即可。

另外，启动"留置"除了履行报批和备案手续外，还应当有证据证明调查对象涉嫌职务犯罪，不仅限于"已经掌握部分违法犯罪事实及证据，且仍有重要问题需要进一步调查"，还需要进一步证明调查人涉嫌职务犯罪的主要事实业已经过其他调查措施查明，并且证据材料能够一致指向被调查人，否则，不可随意或者擅自启动报批程序。也就是说，对于留置的审批，应当建立证据条件，保障留置启动的有据，保障其在使用中具有正当性和合理性。

2. 留置的对象。

关于留置措施，一方面，可以监督被调查人员是否存在违法违纪等行为；另一方面，也可以调查其是否存在职务违法犯罪行为。有学者建议，留置措施仅对涉嫌职务犯罪的人员及相关涉嫌犯罪人员适用，对仅有违法嫌疑尚无犯罪嫌疑的人员不适用。主要理由是：（1）留置具有等同于逮捕的法律效果，其对象和条件应当与逮捕协调衔接。留置时间为三至六个月，留置一日折抵刑期一日。可见，其时限与严厉性均不低于拘留与逮捕的限制人身自由的措施，如果留置在专门场所，其单独关押方式将使严厉性超过逮捕。但如可适用于涉嫌违法而未涉嫌犯罪的人员，则与逮捕措施不协调。（2）按照公权力运用的比例原则，长时期羁押仅适用于涉嫌刑事犯罪，并存在羁押必要性的人员，不适用未涉嫌的刑事犯罪，仅涉嫌行政违法的人员。（3）留置措施的严厉性，使其不符合行政强制使用的比例原则。我国《行政强制法》第二条规定了人身强制措施，根据相关法律，是指盘问、约束、强制带离现场、短时间留置等临时性人身控制措施，即"依法对公民的人身自由实施暂时性限制"。按照行政强制法的精神，长时间丧失人身自由的高强度强制措施不应属于行政强制措施范畴。因此，对涉嫌行政违法的人员适用留置亦不符合行政强制法规范。（4）以"公务人员权利扣减"不能对尚未涉嫌刑事犯罪的人员实施长时间羁押提供有效的法理依据。一是根据宪法对公民人身自由等基本权利保障规范及法律适用的平等原则，对公务人员例外的正当性与合法性将持续受到质疑。二是留置同样适用于占较大比例的非公务人员的行贿犯罪人员以及职务犯罪的共犯等公民。如果未涉嫌犯罪，而对仅涉嫌行政违法的人员适用留置，与刑事诉讼法所规定的长期羁押性强制措施适用发生矛盾，也明显不符合法律适用的平等原则。[①]

---

① 参见龙宗智：《完善监察法中职务犯罪调查制度的八项建议》，载《政治与法律》2018年第1期。

3. 留置的期限。

对于留置期限理论上存在不同的观点。有学者提出，为了使留置措施不侵犯公民权利，行使主体必须限于各级监察委员会，法律必须明确行使公权力的范围，在行使期限范围宜分为短期、中期和长期三种留置期限。① 也有学者提出，立法需要科学设置留置期限，当前，以月计算留置的期限不够精确，可考虑按天计算。② 还有学者提出，留置期限的设置应当与刑事诉讼法的内在要求相衔接，且要注意职务犯罪案件调查取证的困难程度，其期限可以继续参考双规的期限，不超过3个月。③ 留置措施的实践不妨参照当前《刑事诉讼法》类似的羁押措施，对留置期限加以线索，并设置一般和最长期限。经上一级监察委员会批准，可对本级监察对象采取留置措施，一般期限为30天。符合法定延长情形者，经上一级监察委员会批准，可以延长一次30天；经省级监察委员会批准或决定，可以延长一次60天；非经国家监察委员会提请全国人大常委会批准，不得继续延期。就一般案件而言，120天最长留置期限或许是可行的。④ 留置措施的时间可以区分为两档，形成级差、区别对待，最好不一律规定为3个月，可考虑为初次3个月，经报批延长一次时间也为3个月的方案，省级以下的改为初次30日，经报批延长一次时间为30日的做法，否则对于民营企业这种主体，对地方经济发展负面影响较大；留置措施的适用主体限于涉嫌职务犯罪的被调查对象，其他的一般性违法犯罪不应适用。另外，如果留置的时间超过了《刑事诉讼法》规定的刑事拘留时间，必须报检察院批准。⑤

《规则（试行）》第二十八条规定："审查组可以依照相关法律法规，经审批对相关人员进行调查谈话，查阅、复制有关文件资料，查询有关信息，暂扣、封存、冻结涉案款物，提请有关机关采取技术调查、限制出境等措施。""审查时间不得超过90日。在特殊情况下，经上一级纪检机关批准，可以延长一次，延长时间不得超过90日。""需要提请有关机关协助的，由案件监督管理部门统一办理手续，并随时核对情况，防止擅自扩大范围、延长时限。""使用留置措施时间不得超过90日，特殊情况下经批准可延长一次，时间不得超过90日。"《山西省纪委监委机关审查措施使用规范》对于留置措施时间的规定与之相同。《刑事诉讼法》第七十七条规定："监视居住最长不得超过6个月。"监察委员的留置期

---

① 参见王晓：《监察委员会的留置措施论要》，载《北京联合大学学报》（人文社会科学版）2017年第2期。

② 参见阳平：《论我国香港地区廉政公署调查权的法律控制——兼评中华人民共和国监察法草案》，载《政治与法律》2018年第1期。

③ 参见汪海燕：《监察制度与刑事诉讼法的衔接》，载《政法论坛》2017年第6期。

④ 参见秦前红、石泽华：《监察委员会留置措施研究》，载《苏州大学学报》（法学版）2017年第4期。

⑤ 参见童之伟：《国家监察立法预案仍须着力完善》，载《政治与法律》2017年第10期。

限不同于公安机关的留置盘问期限，仅仅依靠24~48小时难以满足监察委员会的办案需要。确定监察委员会的留置措施期限应当结合《规则（试行）》延长不得超过90日、试点地区的实际做法和《刑事诉讼法》监视居住最长不得超过6个月的规定。《监察法》第四十三条规定："留置时间不得超过三个月。在特殊情况下，可以延长一次，延长时间不得超过三个月。""省级以下监察机关采取留置措施的，延长留置时间应当报上一级监察机关批准。监察机关发现采取留置措施不当的，应当及时解除。"有学者提出，留置措施的时间不应超过三个月，而且采取留置措施需要监察委员会集体讨论决定，另外，采取留置措施时必须全程录音录像、收集保存证据、接受监督，这样才能使留置措施不侵犯人权。① 也有学者提出，如果监察委员会可以采取长达6个月的留置措施的话，那其实质上与《刑事诉讼法》中的逮捕无异。

《监察法》第四十三条规定："留置时间不得超过三个月。在特殊情况下，可以延长一次，延长时间不得超过三个月。省级以下监察机关采取留置措施的，延长留置时间应当报上一级监察机关批准。监察机关发现采取留置措施不当的，应当及时解除。"留置的三个月属于固定期限，不因案件情况的变化而变化，也不能因发现新的职务犯罪而重新计算，是基于职务犯罪人而确定的期限，而非基于"案数"或者"罪数"来确定。

4. 留置的告知程序。

《监察法》第四十四条规定："对被调查人采取留置措施后，应当在24小时以内，通知被留置人员所在单位和家属，但有可能毁灭、伪造证据，干扰证人作证或者串供等有碍调查情形的除外。"监察机关在对被调查对象采取留置措施后，应当在24小时以内告知所在单位和家属。监察机关应当向被调查人的所在单位和家属一起告知，并非是选择性地告知。但是，对于应当告知的内容需要明确，应当包括留置的事由、期限以及地点。对于有碍调查除外的情况，《监察法》尽管明确为"被调查人可能毁灭、伪造证据，干扰证人作证或者串供等情形"，对于这些情形仍然需要有证据证明或者说明理由，不得仅仅引用法条作笼统性备注。

5. 留置的救济程序。

《监察法》第六十条规定："监察机关及其工作人员有下列行为之一的，被调查人及其近亲属有权向该机关申诉：（一）留置法定期限届满，不予以解除的；（二）查封、扣押、冻结与案件无关的财物的；（三）应当解除查封、扣押、冻结措施而不解除的；（四）贪污、挪用、私分、调换以及违反规定使用查封、扣

---

① 参见马怀德：《国家监察法的立法思路和立法重点》，载《环球法律评论》2017年第2期。

押、冻结的财物的；（五）其他违反法律法规、侵害被调查人合法权益的行为。""受理申诉的监察机关应当及时处理。申诉人对处理不服的，可以向上一级监察机关申请复查，上一级监察机关应当及时处理，情况属实的，予以纠正。"申诉是宪法规定的公民的基本权利。监察机关采取相关调查措施过程中，侵害被调查人的人身、财产权等合法权益的，被调查人及其被调查人的夫、妻、父、母、子、女、同胞兄弟姊妹有权申诉。被调查人及其近亲属对于监察机关及其工作人员具有前述情形之一的，可以向该机关提出申诉。受理申诉的监察机关应当在受理申诉之日起一个月内作出处理决定。上一级监察机关领导下级监察机关的工作，申诉人对受理申诉的监察机关作出的处理决定不服的，可以在收到处理决定之日起一个月内向上一级监察机关申请复查，上一级监察机关应当在收到复查申请之日起二个月内作出处理决定情况属实的，予以纠正。由于监察机关不是行政机关，被调查人及其近亲属对于上一级监察机关复查结果不服的不能提起行政复议或者行政诉讼。①

三、留置的场所

《监察法》第四十三条第三款规定："留置场所的设置、管理和监督依照国家有关规定执行。"对于留置的场所，中共中央纪律检查委员会、监察部《关于纪检监察机关依法采用"两指""两规"措施若干问题的通知》曾要求，"两规"场所不能设置在司法机关的办公、羁押场所和行政部门的收容遣送场所，且不能修建用于"两指"和"两规"的专门场所。从各地试点情况看，一般无外乎两种：一是看守所；二是监察机关自行设置的场所。对于监察委员会的留置是否需要独立设立留置场所存在不同的观点。一种观点认为，建立专门场所用于执行包括留置在内的执纪执法措施，可以借鉴检察机关办理职务犯罪案件指定居所监视居住的方式；另一种是在看守所执行，交由公安机关具体执行。②也有学者提出，考虑到司法资源的有效性及羁押场所的中立性要求，应将留置场所设立于看守所。③另有学者提出，对于留置措施的场所不宜在监察委员会决定留置后放置看守所内执行，有必要建立监察委员会专用的类似于指定居所监视居住的留置场所，专用的留置场所有助于保密、有利于制度化，也有利于保障被调查人的合法

---

① 参见中央纪委国家监委法规室编：《〈中华人民共和国监察法〉释义》，中国方正出版社2018年版，第262页、263页。
② 参见郭华：《监察委员会与司法机关的衔接协调机制探索——兼论刑事诉讼法的修改》，载《贵州民族大学学报》2017年第2期。
③ 参见汪海燕：《监察制度与刑事诉讼法的衔接》，载《政法论坛》2017年第6期。

权益。① 留置措施的行使场所上应综合利用现有的办案场所和其他场所。② 监察委员会的监督执法和查办案件毕竟不同于犯罪案件的侦查，对违法违纪的询问、留置场所等不宜与作为涉嫌犯罪的羁押场所混用，目前可以通过改造行政拘留场所作为留置场所，以便为被留置人与律师会见提供适宜的空间。③

从《监察法》规定的"留置场所的设置、管理和监督依照国家有关规定执行"来看，这个特定场所既可以为公安机关管理的看守所专门设置的场所，也可能为纪检监察机关原有办案场所。基于监察委员会办案的常态化和反腐法治化的需要，有必要建立监察委员会专用留置场所。况且，纪委在案件审查时也需要专门的执行审查措施的场所，专业化留置场所更有利于制度化，也有利于保障被调查人的合法权益。留置不仅需要安全，也需要保密，还需要提供医疗，况且在调查期间被采取留置措施的对象尚未进入司法程序，其原有身份依然保留，建成类似于指定居所监视居住的场所作为专门的留置场所更符合监察委员会办案的常态化、制度化和法治化。监察委员会享有的留置权具有综合性权力的属性，其目的不仅是对被调查人自由的约束，而且是要通过留置措施实现对涉及职务犯罪问题的多方面调查，对留置措施设置执行法定场所也有利于规范化、公开化。为了预防被留置人员出现疾病死亡等情形时，避免留置期间死因鉴定异议等纠纷问题，对留置场所实行24小时的全方位视频监控，讯问过程也应当实行全程同步录音录像，为案件后续进入刑事诉讼程序尤其是非法证据排除程序适用奠定坚实的证据基础。而从上述讨论的问题来看，建议应将留置的场所统一规定在看守所设立的留置室作为留置的执行场所为多数，以保障被留置人员的合法权利。将留置场所确定在看守所更有利于保障被调查人的权利，避免调查过程中的不当行为。④ 另有学者认为，关于留置地点，应统一规定为在24小时内可以在办公区留置，但超过24小时必须将被调查人送至看守所，讯问必须在看守所内进行，确保被调查人的合法权益。⑤

但是，建立监察委员会专用留置场所还会带来补充调查的困难。留置与逮捕或者拘留毕竟不在一个场所，不像公安机关与检察机关之间的批捕仅仅变换一下换羁手续，其犯罪嫌疑人依然在同一看守所。检察机关退回监察机关补充调查，

---

① 参见郭华：《监察委员会留置措施的立法思考与建议》，载《法治研究》2017年第6期。
② 参见王晓：《监察委员会的留置措施论要》，载《北京联合大学学报》（人文社会科学版）2017年第2期。
③ 参见郭华：《监察委员会与司法机关的衔接协调机制探究——兼论刑事诉讼法的修改》，载《贵州民族大学学报》（哲学社会科学版）2017年第2期。
④ 参见马怀德：《对监察法草案的七点看法》，政府法治网，http://fzzfyjy.Cupl.edu.cn/info/1021/7785.htm，访问时间：2018年12月28日。
⑤ 参见王迎龙：《监察委员会权利运行机制若干问题之省略——以〈国家监察法〉（草案）为分析蓝本》，载《湖北社会科学》2017年第12期。

因适用不是同一个法律，且又不在同一的诉讼程序，退回补充调查是否包括案卷和人员，由于监察机关除了留置还没有其他替代措施，退回补充调查时，对于检察机关已采取强制措施，如拘留、逮捕或者取保候审、监视居住的，可仅退卷，而人员因已进入刑事诉讼程序，不宜退回。监察机关应当保障被调查对象的饮食、休息和安全，提供医疗服务。在此方面，特别强调"安全"。被调查对象的饮食、休息和安全，提供医疗服务如何进行保障？如果被调查对象身患严重疾病不适合留置，应当如何处置？监察机关对被调查对象的讯问时间和讯问时长并没有进行强制性规定，何时是合理的讯问时间？需要在实施监察法中予以明确，在没有明确规定的情况下，可以比照刑事诉讼中逮捕等羁押的强制措施执行。

四、留置期间的律师介入

在纪委或者原监察机关调查期间，律师是不能介入的。而检察机关侦查职务犯罪期间，律师是可以介入的。那么，监察委员会调查期间，尤其是对调查对象采取留置措施时，律师能否介入呢？有学者建议："监察委的监察权从权力性质上看，是兼有司法性质的行政权，在职能上看，是二元化的行政监察和刑事监察的结合。""可以从二元化的角度出发，解决实务中反腐败查案要保密和律师要行使辩护权的冲突。也就是说，可以通过区分违纪监察和违法监察，让律师能够在监察委进行留置等措施的调查过程中，依据具体情况和案件的介入，实现对被调查人的人权保障，而不是'一刀切'地拒绝律师介入。"① 然而，实践中有些探索和尝试的做法值得吸收与借鉴。例如，2005 年浙江省杭州市下城区党纪案件公开审理的观摩，曾为被审查者提供"助辩人"，类似于刑事案件中被告人的辩护律师。② 2006 年陕西省纪委下发"陕纪发〔2006〕2 号"文件也规定，可以在不影响办案的情况下，允许被"两规"者和家属通信、通电话甚至会面。为了更好地保护人权、促进依法治国，监察机关调查期间允许律师介入，时间节点可以参照刑事诉讼的介入节点，即监察委员会第一次讯问或者采取留置措施之日起，被留置人可以委托律师，律师可以法律帮助人的身份参与调查程序，但不具有刑事辩护人的法律身份与权利。同时 2018 年修正《刑事诉讼法》确立的值班律师制度，利用值班律师制度改革的时机，通过值班律师制度的完善，建立与监察制度改革相配套的律师参与制度。

---

① 参见吴尧：《陈光中：监察制度改革不能忽视程序法治》，中国改革论坛网，http：//www. chinareform. org. cn/gov/system/Practice/201704/t20170410_263662. htm，访问时间：2018 年 3 月 28 日。
② 参见罗昌平、张洪凯：《中纪委下发双规指导性文件力保被查者五项权利》，载《新京报》2006 年 5 月 9 日。

另外,《监察法》还规定了留置措施的解除制度。监察机关发现采取留置措施不当的,应当及时解除。如果留置法定期限届满,监察机关不予解除的,被调查人及其近亲属有权向监察机关申诉。受理申诉的监察机关应当及时处理。申诉人对处理不服的,可以向上一级监察机关申请复查,上一级监察机关应当及时处理,情况属实的,予以纠正。但对何种主体监督解除还有待于完善,在程序上可以按照《刑事诉讼法》对逮捕的必要性审查制度来完善。

五、留置的监督机制

党的十八届四中全会决定要求"完善对涉及公民人身、财产权益的行政强制措施实行司法监督制度"。"信任不能替代监督"。有观点认为,加强对监察委员会的有效监督,促进留置场所规范化建设,防止发生留置权不规范使用,需要特别关注。这种监督,既要设置监察委员会自行综合监督机制,又要设置检察机关对住所留置室是否规范的检察监督,还可设置人大常委会的专门机关监督。① 留置作为一种约束人身自由的调查措施,如果没有严格的程序限制以及有效监督制约机制,极易出现不规范使用或者滥用情形,进而影响监察委员会执法的严肃性。因此,留置措施的监督制度和制约机制应当从尊重和保障留置人人权的视角出发,为了保障留置措施开始适用就纳入规范的轨道,在强化内控机制与外在监督机制的同时,还要建立相应的救济程序,保障不正确或者不适当的留置得到及时纠正。

另外,留置如何折抵刑期问题。有学者提出,留置措施属于剥夺、限制公民人身自由的强制措施,需要折抵刑期,可以视被调查人员的强制程度、影响程度、执行方式等参照指定居所监视居住折抵刑期的相关规定予以认定,如被判处管制的,留置一日折抵刑期一日;如被判处拘役和有期徒刑的,留置二日折抵刑期一日。② 也有学者提出,留置对人身自由的限制强度相当于羁押,可以考虑参照《刑法》中关于羁押的规定加以折抵。③ 还有学者提出,留置措施限制了被调查人的人身自由,当然应该折抵刑期。具体方法可参考刑拘,留置一日折抵刑期一日。④ 留置措施作为限制公民人身自由的程度至少不会低于指定居所监视居住,折抵刑期当属应由之义,基于留置限制公民人身自由的实际程度,留置一日折抵

---

① 参见韩大元:《论国家监察体制改革中的若干宪法问题》,载《法学评论》2017年第3期。
② 参见王晓:《监察委员会的留置措施论要》,载《北京联合大学学报》(人文社会科学版)2017年第2期。
③ 参见陈光中、邵俊:《我国监察体制改革若干问题思考》,载《中国法学》2017年第4期。
④ 参见高鑫:《北京"留置首案"释放哪些反腐新动向?》,载《京华时报》2017年6月5日第3版。

一日是合理的。① 留置措施限制和剥夺了被调查人的人身自由，应当予以折抵刑期。具体方法可以参照目前的指定居所居住，留置一天折抵刑期一天或者两天折抵刑期一天。② 从性质上来看，留置措施限制和剥夺了被调查人的人身自由，应当予以折抵刑期。检察机关原查办职务犯罪案件的拘留、逮捕以及指定监视居住，对犯罪嫌疑人可折抵刑期，而监察委员会查办职务犯罪案件，其留置与指定监视居住等同，均具有限制人身自由的功能，因此，也应当折抵刑期。试点地区也存在类似的做法。③ 对此参照指定居所监视居住，留置一天折抵刑期一天或者两天折抵刑期一天。《监察法》第四十四条第三款规定："被留置人员涉嫌犯罪移送司法机关后，被依法判处管制、拘役和有期徒刑的，留置一日折抵管制二日，折抵拘役、有期徒刑一日。"

在实践中，监察机关对于留置措施的程序控制发挥了一定的效果。例如，重庆市纪委监委通过统一把握留置措施的适用条件、尺度和标准，防止滥用，最大限度体现审查调查工作的政治效果、社会效果和法治效果。重庆市纪委监委案件指导室提出了暂缓启动留置的建议，在重新选定留置点并落实安全责任后，才对该案作出了批复。截至2008年5月31日，市纪委监委案件指导室已审批区县留置案件52件，否决7件。④ 对于留置措施，除以上需要关注的探讨问题外，严格遵循《监察法》的规定，还需要总结实践中成功的经验，研究留置措施实施过程中出现的新问题，对下列问题需要持续关注。

一是监察委员会在限制人身自由方面仅仅拥有留置措施，一旦移送检察机关而未被批准或者移送依法审查起诉而被退回补充调查的，监察委员会应当在一个月内补充调查完毕。补充调查以二次为限。那么，在退回补充调查期间是否还能够采取留置就成为需要问题。由于监察委员会限制人身自由的措施不同于刑事诉讼存在多种措施可以变换，如侦查机关侦查的案件未能获得批准，可以采取取保候审措施进行补充侦查。而监察委员会补充调查如果不能采取留置，其调查是否能够达到目的存在疑虑。如果允许再次采取留置措施，不仅留置最长6个月可以突破，在实践中也会因监察委员会在6个月内不能调查完毕，通过移送审查起诉退回补充调查的方式，再次留置，导致留置措施在退回"补充调查以两次为限"的规定中，留置被适用三次，长达18月。如果在退回补充调查中，不能再适用留置措施，就必然不能限制人身自由，没有其他限制人身自由的替代措施。我们

---

① 参见秦前红、石泽华：《监察委员会留置措施研究》，载《苏州大学学报》（法学版）2017年第4期。
② 参见郭华：《监察委员会留置措施的立法思考与建议》，载《法治研究》2017年第6期。
③ 山西省夏县人民法院刑事判决书【2017】晋0828刑初字45号。"判决执行以前先行留置或者羁押的，留置或者羁押一日折抵刑期一日。"
④ 参见赵兵、何清平：《重庆严格留置措施审批程序》，载《人民日报》2018年6月5日第18版。

认为,退回补充调查的,被调查人已转变为犯罪嫌疑人,程序不能回流。留置是不是能被慎用,还需在实践中进一步观察。

二是我国《监察法》坚持保障当事人的合法权益原则,规定了对所有涉案人员均"严禁以威胁、引诱、欺骗及其他非法方式收集证据,严禁侮辱、打骂、虐待、体罚或者变相体罚",被调查人合法权益受到侵害时,其本人或家属可以申诉;公民、法人和其他组织的合法权益造成损害的,依法给予国家赔偿。纪委根据《执纪工作规则(试行)》第二十六条、第二十八条的规定,"对严重违纪涉嫌犯罪人员采取审查措施,""审查时间不得超过90日。""在特殊情况下,经上一级纪检机关批准,可以延长,延长时间不得超过90日。"由于留置权完全掌控在监察委员会之下,而与纪委合署办公,一套人马,在实践中是否会存在先行对调查人采取"审查措施",然后再采取"留置措施",导致监察委员会限制被调查人的时间几乎不再受到限制。例如,在纪委查处案件的通报中,对查处人员采用接受纪委审查和监察调查成为常态,如何对审查和调查予以区分是一个较为艰难的事情。

三是《监察法》第二十二条、第四十三条规定采取留置措施须"经监察机关依法审批""由监察机关领导人员集体研究决定""设区的市级以下监察机关采取留置措施要报上一级监察机关批准,省级监察机关决定留置的要报国家监察委备案。"这种内部研究和审批制度表明了法律对留置措施的慎重态度和程序控制严格。实施留置措施需要经过两次监察委员会集体研究。在立案时,经过初查,已掌握被调查人部分涉嫌职务违法或者职务犯罪的事实和证据,需要追究刑事责任的,调查部门应当制作《立案调查请示报告》报监察委主任批准并提请监察委委务会议集体研究决定。在立案后,需采取留置措施的,制作《留置措施采取审批表》和相关证据材料报本级监察委委务会议集体研究决定,然后报上一级监察委批准,不需要再开委务集体会议,可由相关分管领导审批。如果被调查人是本级党委管理对象的,应向本级党委主要领导报告,报告包括书面和口头两种形式。同时,还要求对被调查人采取留置措施后,应当在24小时以内通知被留置人所在单位和家属。尽管这些程序是严格的,但是,任何一个调查机关,如此封闭的调查,如何体现程序正义,甚至能不能做好自我监督、接受各种监督,也是值得思考与反思的。

四是留置作为一项限制人身自由的强制措施,在设置其适用规则的时候,既要考虑到授权的正当性,也要注重限权的程度性。如果不加区分地将"两指"和逮捕统一转化为留置规则以及有选择地吸收《刑事诉讼法》的部分内容,看似是为建立"集中统一权威高效"反腐机制而随机应变,实际上却产生了严重的规则内外部冲突问题,导致留置规则运行的过程中始终面临难以自我证成的逻辑错误以及法法衔接不畅的困境。① 对于如何保障留置措施设置的科学性仍是一个亟待解决的问题。

　　监察委员会的留置措施与目前刑事诉讼法规定的指定监视居住措施在适用强度上具有类似性，因此，安排留置措施在实体上需要考虑"双规"适用条件，同时，也应当按照指定监视居住措施的要求进行规范，进而与刑事诉讼的逮捕措施保持衔接，实现办案程序的相互衔接以及权力之间的相互制衡。留置作为监察委员会开展监察活动所使用的带有人身强制的约束措施，监察委员会依照程序的规定可以适用此措施，但纪委查办违纪案件不可借用监察委员会的名义适用留置措施。纪委对涉嫌违反党纪的党员进行组织谈话、约谈时，发现涉嫌职务犯罪时应当移交监察委员会进行调查处理，只有案件进入监察委员会的调查程序且被调查人涉嫌职务犯罪，才能启动留置程序。同时，监察委员会应当确定或建立专门实施留置的机构，负责留置措施的执行，实行留置的决定与执行相分离的制度，不可基于效率而将决定、执行机构合二为一，使之失去程序应有的制约功能，以免再次出现检察机关自侦案件在程序安排上的正当性质疑与诘问。

---

① 参见刘艳红：《程序自然法作为规则自洽的必要条件》，载《华东政法大学学报》2018 年第 3 期。

第七章

监察制度与司法制度的程序衔接

监察机关依法独立行使监察权，应当排除行政机关、社会团体和个人对其的非法干扰，同时，还需要建立监察机关与审判机关、检察机关和执法部门等在办理职务违法犯罪过程中相互配合、相互制约的工作关系。监察体制改革除了明晰纪委与监察委员会之间的纪法关系外，还应当厘清其与公安机关、检察机关、审判机关等在诉讼中的法权关系。监察制度与刑事诉讼衔接的关键问题在于对人身自由、对人的尊严维护有一些共同的要求、共同的规则。监察机关与司法机关、执法部门在追究职务违法犯罪过程中，通过程序上的制约，防止监察权滥用和及时纠正错误，以保证办案质量，正确应用法律惩罚违法犯罪。刑事诉讼法修改应当完善与监察法的衔接机制，明确监察机关在办理涉嫌职务犯罪案件的权力界限、权力配合与相互制约等机制，确保监察机关在职务犯罪的特殊调查程序中能够尊重和保障人权，并充分体现"依法反腐"的制度价值和程序正义的要求，推进全面依法治国目标的实现。

国家监察体制改革试点作为"重大政治改革"是我国推进全面深化改革的重要事项，也是实现全面从严治党的重要举措，还是反腐败工作走向制度化、法制化的重要标志。面对监察机关在试点履行反腐职能以及对腐败案件实施的调查行为，人们依然忧心忡忡，监察机关与公安机关、检察机关、审判机构在刑事诉讼中究竟是何等关系？监察机关在试点中如何与司法机关在刑事诉讼程序上保持协调衔接？在《决定》暂停检察机关反腐职能而未涉及辩护律师在此类案件权利的框架下，辩护律师附在原来检察机关反腐案件上的权利如何在试点中得到体现以及未来的监察委员会调查反腐案件对律师保持何种的态度与姿态？《监察法》作为国家反腐败法，赋予了监察机关反腐败所需要的权限，纪委和监察委员会合署办公促使了执纪审查与依法调查的优化和顺畅对接，也有利于建立监察机关与检察机关、审判机关、执法部门互相配合、互相制约的体制机制，推动监督执纪在法治轨道上前行。我国《宪法》第一百二十七条规定："监察委员会依照法律规定独立行使监察权，不受行政机关、社会团体和个人的干涉。""监察机关办理职务违法和职务犯罪案件,应当与审判机关、检察机关、执法部门互相配合,互相制约。"《监察法》第四条规定:"监察委员会依照法律规定独立行使监察权,不受行政机关、社会团体和个人的干涉。""监察机关办理职务违法和职务犯罪案件,应当与审判机关、检察机关、执法部门互相配合,互相制约。""监察机关在工作中需要协助的,有关机关和单位应当根据监察机关的要求依法予以协助。"2018年修正的《刑事诉讼法》对此作出了回应。那么,审判机关、检察机关、执法部门如何与监察机关办理违法犯罪案件上相互配合、相互制约,如何保障其不出现公安机关、监察机关和审判机关进行刑事诉讼配合有余而制约不足的问题值得研究,希冀为监察制度改革、《监察法》的实施以及我国《刑事诉讼法》修改后的执行提供建议。

第一节 《监察法》与《刑事诉讼法》的衔接

监察机关通过整合政府部门的行政监察机关和转隶检察机关反贪反渎以及预防职务犯罪部门的职能、机构和人员,建立了集中统一、权威高效的"依法反腐"的监察体系。"一个新的超级机构的身影已然开始变得清晰,这无疑从现实和法理双重角度为中国的反腐大业做了强大的组织安排。"①《关于在北京市、山西省、浙江省开展国家监察体制改革试点方案》要求:"党的纪律检查委员会、监察委员会合署办公,建立健全监察委员会组织架构,明确监察委员会职能职责,建立监察委员会与司法机关的协调衔接机制"。《决定》规定:"试点地区监察委员会按照管理权限,对本地区所有行使公权力的公职人员依法实施监察;""对涉嫌职务犯罪的,移送检察机关依法提起公诉。"由于"国家监察委员会不行使司法机关的权力,只行使执法监督机关的监督、调查、处置权。""应当严格划分国家监察委员会和司法机关的权力边界,做好相应权力的衔接协调工作。"监察委员会"在顶层设计时,必须处理好国家监察委员会与司法机关相互监督制约协调的关系。"②那么,监察机关如何在行使职权上,尤其是采取以上十二项监察调查措施时与司法机关保持程序上的协调衔接?其中的司法机关应当包括哪些机关?只有厘清了监察委员会与司法机关的关系,才有可能建立起符合我国政治体制和司法体制的"协调衔接机制"。否则,其关系不清或者制度架构混乱会导致其机制难以有效运行,最终有可能影响整个监察体制改革的进程。

---

① 参见覃爱玲:《监察改革试点开启"重大政治改革"》,载《南方风》2016年第24期。
② 参见马怀德:《国家监察体制改革的重要意义和主要任务》,载《国家行政学院学报》2016年第6期。

一、对于监察机关与司法机关等相互配合和相互制约的理解

监察体制改革不仅涉及监察委员会的机构设立、职能调整以及权力配置，还涉及《宪法》《刑事诉讼法》等相关法律的修改与调整。我国《宪法》第一百二十七条规定："监察机关办理职务违法和职务犯罪案件，应当与审判机关、检察机关、执法部门互相配合，互相制约。"无论是《监察法》还是《刑事诉讼法》均是"根据宪法制定"的，对于《宪法》的这一规定应当具体落实。为此，《监察法》第四条规定："监察委员会依照法律规定独立行使监察权，不受行政机关、社会团体和个人的干涉。""监察机关办理职务违法和职务犯罪案件，应当与审判机关、检察机关、执法部门互相配合，互相制约。""监察机关在工作中需要协助的，有关机关和单位应当根据监察机关的要求依法予以协助。"其基本含义为：审判机关是指各级人民法院，检察机关是指各级人民检察院，执法部门是指公安机关、国家安全机关、审计机关以及质检部门、安全监管部门等行政执法部门。这里执法部门的表述与宪法的相关表述一致。监察机关履行职责离不开这些机关的协助、配合，同时，也需要这些机关的监督制约。在实际工作中，纪检监察机关不仅同审判机关、检察机关形成了互相配合、互相制约的关系，同执法部门也形成了互相配合、互相制约的工作联系。《监察法》对此作出了明确规定，是将客观存在的工作关系制度化、法律化，有利于监察权依法正确行使。

一是"互相配合"主要是指监察机关与司法机关、执法部门在办理职务违法犯罪案件方面，要按照法律规定，在正确履行各自职责的基础上，互相支持，不能违反法律规定，各行其是，互不通气，甚至互相扯皮。在监察机关工作过程中，遇到超出监察机关职权范围或者其他紧急、特殊情况，需要公安、司法行政、审计、税务、海关、财政、工业信息化、价格等机关以及金融监督管理等机构予以协助的时候，有权要求其予以协助。只要是监察机关依法提出的协助要求，有关机关和单位应当在其职权范围内依法予以协助。例如，监察机关进行搜查时，可以根据工作需要提请公安机关配合，公安机关应当依法予以协助；监察机关采取留置措施，可以根据工作需要提请公安机关配合，公安机关应当依法予以协助。

二是"互相制约"主要是指监察机关与司法机关、执法部门在追究职务违法犯罪过程中，通过程序上的制约，防止和及时纠正错误，以保证案件质量，正确应用法律惩罚犯罪。监察机关与司法机关、执法部门互相配合、互相制约的机制在本法中许多具体程序的设置上均有体现。例如，监察机关决定通缉的，由公安机关发布通缉令，追捕归案。对于监察机关移送的案件，检察机关经审查后，认

为需要补充核实的,应当退回监察机关补充调查,必要时可以自行补充侦查;对于有刑事诉讼法规定的不起诉情形的,经上一级检察机关批准,依法作出不起诉的决定等。①

三是无论是相互配合还是相互制约均应当保持职权独立行使,其独立行使职权是前提。监察机关作为行使国家监察职能的专责机关,履行职责必须遵循社会主义法治原则的基本要求,必须严格依照法律进行活动,依法独立行使监察权,既不能滥用或者超越职权,违反法定的程序或者异化程序,也不能不担当、不作为或者消极作为,更不允许利用职权徇私枉法,放纵职务违法犯罪。监察机关在依法行使监察权时,行政机关、社会团体和个人不得利用职权、地位或者采取其他不正当手段干扰、影响监察人员依法行使职权的行为,如利用职权阻止监察人员开展案件调查,利用职权威胁、引诱他人不配合监察机关工作等。监察机关依法独立行使监察权,绝不意味着监察机关可以不受任何约束和监督。对于监察机关不依法行使监察权均有权不予配合,相反,应当依法通过制约机制予以阻止,监察机关不得以不配合为由对其他机关施加影响或者打击报复。

二、《刑事诉讼法》与《监察法》的衔接

《监察法》对监察机关与审判机关、检察机关、执法部门互相配合、互相制约作出了规定。《刑事诉讼法》的修改如何作出回应?《刑事诉讼法》与《监察法》应当在哪些方面进行衔接,至少要在以下几个方面予以考虑。

1. 公安机关、人民检察院、人民法院、执法部门与监察委员会关系再续的问题。

我国《宪法》第一百三十五条规定:"人民法院、人民检察院和公安机关办理刑事案件,应当分工负责,互相配合,互相制约,以保证准确有效地执行法律。"为此,我国《刑事诉讼法》第七条规定:"人民法院、人民检察院和公安机关进行刑事诉讼,应当分工负责,互相配合,互相制约,以保证准确有效地执行法律。"党的十八届四中全会通过的《中共中央关于全国推进依法治国若干重大问题的决定》又进一步提出了"健全公安机关、检察机关、审判机关、司法行政机关各司其职,侦查权、检察权、审判权、执行权相互配合、相互制约的体制机制。""司法权力运行机制是对司法权配置、运行及其相互关系的制度性安排。""决定首次明确提出'四机关'各司其职,相互配合、相互制约,反映了

---

① 中央纪委国家监委法规室编:《〈中华人民共和国监察法〉释义》,中国方正出版社2018年版,第65~67页。

新中国成立以来特别是改革开放三十多年来司法实践形成的重要制度成果，体现了我国社会主义司法制度的鲜明特色，是对我国司法管理体制的重大发展和完善。"① "而监察委员会入宪后，宪法关于人民法院、人民检察院办理刑事案件应当分工负责、互相制约等原则，必然延伸到这个新的国家机关。"② 基于优化司法职权配置的要求和监察体制改革的方向，我国宪法并没有明确公安机关、监察机关、检察机关、审判机关、执法机关"五机关"之间的关系，规定了"监察机关办理职务违法和职务犯罪案件，应当与审判机关、检察机关、执法部门互相配合，互相制约。"形成了办理刑事案件的两个路径：一是监察机关办理职务违法和职务犯罪案件，应当与审判机关、检察机关、执法部门互相配合，互相制约。二是人民法院、人民检察院和公安机关办理刑事案件互相配合，互相制约。前者不仅限于犯罪，还包括违法；后者仅限于刑事案件。

　　基于反腐集中、高效的要求以及调查权与侦查权性质界分的需要，监察机关对职务犯罪的调查不适用《刑事诉讼法》，不属于刑事诉讼活动。由于监察机关职务违法犯罪调查权与刑事侦查权高度相似，为了确保监察机关调查权能够与检察机关公诉权有效衔接，必须保证监察机关调查权与职务犯罪侦查权在运行机制上的一致性或高度相似性，这就意味着《监察法》中涉及职务犯罪调查的部分需要借鉴《刑事诉讼法》中有关职务犯罪侦查的规定。③ 强调监察机关依法独立行使监察权，绝不意味着监察机关可以不受任何约束和监督，特别是对职务犯罪的调查结果仍应接受刑事诉讼程序的审查与裁判。

　　2. 监察机关直接受理案件的管辖与检察机关、公安机关管辖案件调整问题。

　　中共中央办公厅《关于在北京市、山西省、浙江省开展国家监察体制改革试点方案》要求，"实施组织和制度创新，整合反腐败资源力量，扩大监察范围，丰富监察手段，实现对行使公权力的公职人员监察全面覆盖。""实现对所有行使公权力的公职人员监察全覆盖，具体包括六大类人员：国家公务员法所规定的国家公职人员；由法律授权或由政府委托来行使公共事务职权的公务人员；国有企业的管理人员；公办的教育、科研、文化、医疗、体育事业单位的管理人员；群众、自治组织中的管理人员；其他依法行使公共职务的人员。"④ 基于这种全覆盖的要求，监察委员会管辖的案件不仅包括"检察机关直接受理的案件"，也包

---

　　① 参见孟建柱：《完善司法管理体制和司法权力运行机制》，载《人民日报》2014 年 11 月 7 日第 6 版。
　　② 参见童之伟：《将监察体制改革全程纳入法治轨道之方略》，载《法学》2016 年第 12 期。
　　③ 参见刘艳红：《监察委员会调查权运作的双重困境及其法治路径》，载《法学论坛》2017 年第 6 期。
　　④ 参见龚亮、王昊魁：《深入推进纪检和国家监察体制改革》，载《光明日报》2017 年 2 月 14 日第 15 版。

括行政监察办理的"违法违纪案件",还包括公安机关办理的有关国有企业等案件以及其他需要监察委员会管辖的案件。"从监察体制改革的初衷考虑,似应当不限于原由检察机关管辖的刑法第八章、第九章等所涉及58个职务犯罪罪名,对原由公安机关管辖的非法经营同类营业罪,为亲友非法牟利罪,签订、履行合同失职被骗罪,国有公司、企业、事业单位人员失职罪,国有公司、企业、事业单位人员滥用职权罪,徇私舞弊低价折股、出售国有资产罪以及涉及村民委员会等基层组织人员的非国家工作人员受贿罪、对非国家工作人员行贿罪、挪用资金罪、职务侵占罪等,也应一并调整由监察机关管辖。"[①] 2018年4月17日,中央纪委、国家监委发布了《国家监察委员会管辖规定(试行)》。该规定列举了国家监委管辖的六大类88个职务犯罪案件罪名。由于这些案件管辖不仅仅涉及《刑事诉讼法》的修改,还包括修改《刑事诉讼法》如何与《人民检察院组织法》等的协调。对监察委员会的管辖案件可作以下探讨。

一是《刑事诉讼法》与《人民检察院组织法》的协调问题。《刑事诉讼法》的规定以及《人民检察院组织法》规定的检察机关"直接受理的案件"。《人民检察院组织法》在修改时曾第五条将"直接受理的案件"与"叛国案、分裂国家案以及严重破坏国家的政策、法律、法令、政令统一实施的重大犯罪案件"作了分项规定,于是产生了"对叛国案、分裂国家案以及严重破坏国家的政策、法律、法令、政令统一实施的重大犯罪案件"是否也一并由监察机关管辖的疑问。《人民检察院组织法》将人民检察院"对于直接受理的刑事案件,进行侦查"的职权修改为"依照法律规定对有关刑事案件行使侦查权"。这表明人民检察院侦查权并未完全被监察机关调查权所取代,但限于"有关刑事案件"。这类案件不同于腐败案件或者也不完全是职务犯罪,对此仍由检察机关行使检察权更为适宜。

二是《刑事诉讼法》自身案件管辖的调整问题。我国2012年《刑事诉讼法》第十八条第二款规定:"贪污贿赂犯罪,国家工作人员的渎职犯罪,国家机关工作人员利用职权实施的非法拘禁、刑讯逼供、报复陷害、非法搜查的侵犯公民人身权利的犯罪以及侵犯公民民主权利的犯罪,由人民检察院立案侦查。对于国家机关工作人员利用职权实施的其他重大的犯罪案件,需要由人民检察院直接受理的时候,经省级以上人民检察院决定,可以由人民检察院立案侦查。"这类案件由监察机关管辖。2018年修改《刑事诉讼法》删去人民检察院对贪污贿赂等案件行使侦查权的规定,保留人民检察院在诉讼活动法律监督中发现司法工作

[①] 参见沈思:《国家监察体制改革中法治保障初步思考》,载《中国纪检监察报》2017年2月15日第8版。

人员利用职权实施的非法拘禁、刑讯逼供、非法搜查等侵犯公民权利、损害司法公正的犯罪的侦查权。这类案件大约包括 14 个罪名,其中也包括检察机关对这类案件的侦查权主要是针对现实由公安机关等侦查机关不宜管辖的案件。我们认为,对于监察机关内部人员的职务犯罪案件不宜由监察机关自己调查,否则有制度不公正的嫌疑。这类案件由检察机关侦查不仅可以保证立案侦查的客观性,也有利于消除社会对监察机关在这类案件立案调查上的疑虑,更能体现程序的正当性。

3. 监察机关的调查与刑事诉讼侦查的关系问题。

《决定》规定:"监察委员会可以采取谈话、讯问、询问、查询、冻结、调取、查封、扣押、搜查、勘验检查、鉴定、留置等措施。"学界对监察机关采取这些措施的性质存在不同的观点。有学者认为,"国家监察委员会应当定位为执法监督机关,而非司法机关。国家监察机关行使监督、调查、处置等权力。检察院拥有的侦查权、批捕权、公诉权,国家监察委员会并不继受行使。监察委员会的调查权不会取代检察院的侦查权,性质上也不同于侦查权。国家监察委员会应该拥有调取资料和证据、勘验、扣押、查封、进入场所或驻地等调查权,以便充分发挥监察和反腐败的职能。《行政监察法》以及纪委的相关规则中也赋予了纪检监察机关调查的职能。在制定《监察法》时,应当整合调查措施并使其法律化,将调查权统一赋予国家监察委员会。"[①] 也有学者认为,《决定》规定的调查"既包含针对违反中共党纪和行政法规的一般调查,也包含针对腐败犯罪的特殊调查,相当于此前检察机关针对腐败犯罪的刑事侦查。""随着检察机关侦查部门及其职权的转隶,上述两种不同性质的调查统称为'调查'。但由于特殊调查程序特点鲜明,需要接受《刑事诉讼法》的规范,在试点过程以及正式修法后,不应将一般调查和特殊调查完全混同,而应当予以区分,或者进一步将特殊调查改为侦查。"[②] 究其实质而言,监察委员会采取谈话、讯问、询问、查询、冻结、调取、查封、扣押、搜查、勘验检查、鉴定、留置等措施是全国人大常委会《决定》对试点地区的特别授权,试点地区因《决定》的规定获得采取以上这些措施的权力,其他地区不拥有此项权力。随着《监察法》的实施和全国监察改革试点,上述问题有些得到解决,有些依然没有得到解决,有些权力可由未来的《国家监察委员会法》作出明确规定,然后根据案件的性质分别规定在拟制定的《监察委员会监督执法程序规则》和专门的《职务犯罪案件调查法》,保持这些不同法律规范的位阶之间在制度上的协调以及在程序上的衔接。

---

① 参见马怀德:《国家监察体制改革的重要意义和主要任务》,载《国家行政学院学报》2016 年第 6 期。

② 参见林子桢:《陈光中:监察体制改革需启动系统修法工程》,载《联合早报》2017 年 1 月 17 日。

4. 监察机关调查获得证据材料与刑事诉讼法定证据种类对接问题。

我国《刑事诉讼法》第五十二条第二款规定:"行政机关在行政执法和查办案件过程中收集的物证、书证、视听资料、电子数据等证据材料,在刑事诉讼中可以作为证据使用。"这种规定相对于原监察行政机关而言,在行政监察查办过程中获取的实物证据材料可以直接作为刑事诉讼的证据,无须经过转化,但不包含言词证据材料。对于行政监察机关获取的被审查人、证人的谈话笔录等言词证据材料则需要转化为检察机关的讯问、询问笔录,才能作为刑事诉讼的证据使用。有观点认为,"纪委在查处违纪过程中只有党内的手段措施,虽然也能收集一些证据,但笔录、口供等要想成为司法程序中的证据都要经过检察院的二次转化。在这个过程中,不仅可能出现问题,还可能出现变数,造成无用功。监察委员会如果享有反贪反渎案件的侦查权,就大大减少了转化的必要性。这不仅解决了限制违法违纪嫌疑人人身自由的合法性问题,还能填补纪检机关与司法机关在衔接、协调过程中的障碍、漏洞,同时,也会在法律上受到更大约束。"① 由于试点地区的监察机关与原监察行政机关和纪检在性质上不同,作为法定的查办腐败案件专门机关,其收集的证据应当与公安机关侦查获得的证据一样,无论是实物证据还是言词证据,均可直接作为刑事诉讼证据使用,但非法获取的证据除外,遵守获取证据的程序规范也应当一样,检察机关对其拥有审查权。因此,《监察法》第三十三条规定:"监察机关依照本法规定收集的物证、书证、证人证言、被调查人供述和辩解、视听资料、电子数据等证据材料,在刑事诉讼中可以作为证据使用。"这种将证人证言、被调查人供述和辩解等言词证据也作为证据材料在刑事诉讼中可以作为证据使用,与《刑事诉讼法》仅限行政机关和查办案件部门的实物证据相比存在扩大的趋势,况且2018年修改的《刑事诉讼法》对此未作变动,如果按其执行,也存在行政执法与监察机关执法在主体待遇上的不公平。

对于非法证据排除尤其是重复性供述的使用应当满足刑事诉讼的要求。针对涉嫌职务犯罪的关键案件事实,监察机关通常采取多次、重复性讯问谈话来加强被调查人供述和辩解的证明力。2017年6月,"两高""三部"《关于办理刑事案件严格排除非法证据若干问题的规定》第五条规定了原则上对重复性供述进行排除以及例外规则。也就是说,在被调查人提出存在非法取证辩解后,只有在纪检监察机关采取充分告知了诉讼权利、变更谈话场所或谈话人员等例外措施后,才能确认重复性供述的有罪证明力,从而增强审判人员的内心确信,否则重复性供

---

① 参见滑璇:《法定职责必须为,法无授权不可为——马怀德解读国家监察委员会》,载《南方周末》2016年11月23日。

述同样存在被排除的风险。2018年修改的《刑事诉讼法》增加了"认罪认罚从宽制度",突出强调了调查、审判环节不仅要告知被调查人、犯罪嫌疑人享有的诉讼权利,也要告知认罪认罚可能导致的法律后果,这充分说明告知享有的权利对于印证被调查人供述自愿性的重要意义。况且《监察法》第三十一条也规定了涉嫌职务犯罪的被调查人主动认罪认罚,可以在移送人民检察院时提出从宽处理的建议,其中的"主动"也是自愿性的形式。因此,认罪认罚可能导致的法律后果的告知,既不能象征性地进行,更不能选择性告知或不告知。监察机关立案调查后,对于重要案件事实的多次供述中,可以采取部分笔录更换调查人员,或者是案件审理部门提前介入重要案件事实的审理谈话,这不仅能够有效增强供述的自愿性,也是监察机关主动预防和纠正可能出现的被调查人事后翻供的有效措施。根据《规定》第五条的规定:侦查期间,侦查机关更换侦查人员;或者在审查逮捕、审查起诉和审判期间,转换讯问情境后,改由检察人员、审判人员讯问犯罪嫌疑人、被告人时,若履行了相应的告知义务,则重复性供述获得自愿性保障,不被排除。监察机关案件调查模式与以往相比也发生了较大转变,缺少了反贪部门侦查以排除非法取证这一环,纪检监察机关在案件调查过程中,务必根据规则进行相应地转变,采取变换调查人员,让被调查人在不同情境下供述重要事实,主动增强被调查人供述的自愿性。同时,在监察机关调查、审理环节就注重衔接,在提前介入审理中注重对被调查人重复性供述的审查,发现瑕疵及时补救,从而主动适应《关于办理刑事案件严格排除非法证据若干问题的规定》的要求。① 为此,《监察法》第三十三条规定:"监察机关在收集、固定、审查、运用证据时,应当与刑事审判关于证据的要求和标准相一致。""以非法方法收集的证据应当依法予以排除,不得作为案件处置的依据。"其中,非法方法主要包括威胁、引诱、欺骗及其他非法方式收集证据。那么,是否包括侮辱、打骂、虐待、体罚或者变相体罚被调查人而收集的证据似乎没有明确的规定。从"侮辱、打骂、虐待、体罚或者变相体罚"与"威胁、引诱、欺骗及其他非法方式"相比来看,前者对被调查人权利的侵害重于后者,对于采用侮辱、打骂、虐待、体罚或者变相体罚被调查人而收集的证据也应当作为非法证据排除之一。

第二节 监察机关与其他机关在办案上的衔接

《监察法》赋予了监察机关可以行使调查权和处置权,实现对国家机关及其

---

① 参见程宏:《从五个方面强化重复性供述的证明力》,载《中国纪检监察报》2018年5月23日第8版。

公职人员的全覆盖，为了保障其行使监督权，不仅不受行政机关的干涉，还不能受司法机关的干涉。宪法上"干涉"一词，是指运用权力干预其他机关职能的行使，损害其宪法地位的独立性。司法机关依照宪法和法律的规定制约监察机关的行为，不属于"干涉"的范围；人民代表大会及其常委会依照宪法和法律的规定监督其产生的国家机关的行为，也不属于"干涉"的范围。因此，"干涉"与监督和制约存在明显的区别。"干涉"是指运用宪法和法律规定以外的手段与方式，干预其他机关独立办理案件，侵犯其他机关的独立意志；而监督和制约是指运用宪法和法律规定的手段与方式，监督其他国家机关权力的行使，并不干预其他机关依照法律独立办理案件。另外，"干涉"是将本机关的意志强加给其他国家机关，侵犯国家机关之间权力的分工原则；监督和制约是一种外部的监督制度，一般通过法定程序对其他国家机关的司法或执法活动予以制约。如人民法院审查行政行为的合法性就不属于"干涉"的范围，而属于监督和制约的范围；人民检察院批准逮捕也不属于"干涉"的范围，属于制约的范围。所以，监察机关不受司法机关干涉，但应受到司法机关的制约，这是我国权力分工与制约的宪法原则的体现。①

《方案》要求："党的纪律检查委员会、监察委员会合署办公，建立健全监察委员会组织架构，明确监察委员会职能职责，建立监察委员会与司法机关的协调衔接机制"。对司法机关而言，国外仅仅指法院，而我国不仅包括法院，还包括检察机关以及特定语境下的公安机关等。例如，我国《刑事诉讼法》第四十八条规定："辩护律师对在执业活动中知悉的委托人的有关情况和信息，有权予以保密。但是，辩护律师在执业活动中知悉委托人或者其他人，准备或者正在实施危害国家安全、公共安全以及严重危害他人人身安全的犯罪的，应当及时告知'司法机关'。""这里所规定的'司法机关'，是泛指侦查机关、人民检察院和人民法院等。"② 也就是说，我国的司法机关除检察机关、审判机关外，还包括作为侦查机关的"公安机关""国家安全机关"等。《监察法》第四条规定："监察委员会依照法律规定独立行使监察权，不受行政机关、社会团体和个人的干涉。""监察机关办理职务违法和职务犯罪案件，应当与审判机关、检察机关、执法部门互相配合，互相制约。""监察机关在工作中需要协助的，有关机关和单位应当根据监察机关的要求依法予以协助。"基于此，对上述问题有必要从最广泛的意义上对监察机关与其他机关的关系予以探讨。

---

① 参见朱福惠：《监察体制改革与宪法修改之学理阐释》，载《四川师范大学学报》（社会科学版）2017年第3期。
② 参见朗胜主编：《中华人民共和国刑事诉讼法释义》，法律出版社2012年版，第95页。

一、监察委员会与公安机关的关系

从《监察法》第四十五条"对涉嫌职务犯罪的,监察机关经调查认为犯罪事实清楚,证据确实、充分的,制作起诉意见书,连同案卷材料、证据一并移送人民检察院依法审查、提起公诉"的规定内容来看,监察机关与公安机关似乎不存在直接的关联,因其调查结束后对涉嫌职务犯罪的案件直接移送检察机关依法提起公诉。但是,从监察机关履行的职权与采取的措施来观察,其中的"讯问""搜查""鉴定""留置""技术调查""限制出境""通缉"等措施需要公安机关的配合才能完成。于是,监察委员会与公安机关就产生了配合关系。对此可作以下简要分析。

一是监察委员会的监察人员作为讯问、搜查、留置等的决定主体,其讯问、留置的场所是其新建的场所还是利用公安机关的看守所,抑或惯习于原来纪检部门临时指定的办案地点。基于试点地区的纪检和监察委员会合署办公以及"两个牌子、一套人马"的现状,以目前对纪检的规定来分析监察委员会具有一定的逻辑自洽性。《规则(试行)》第三十五条规定:"未经批准并办理相关手续,不得将被审查人或者其他谈话调查对象带离规定的谈话场所,不得在未配置监控设备的场所进行审查谈话或者重要的调查谈话,不得在谈话期间关闭录音录像设备。"根据上述规定,谈话是存在"规定"场所的,其场所是监察委员会或者纪检自行"规定"场所还是原来带有神秘色彩的"两规""两指"的办案场所值得深思。由于监察委员会作为国家机关不同于党的机构,其依法办案场所应当固定化,其各种设施也应当符合保障人权的基本要求。监察机关尽管在办公问题上与纪检部门合署,但因履行执纪与执法在职能性质上存在较大差异,作为监督执法的监察委员会的讯问、留置等场所应当法定化。那么,监察机关是另行建立一套不同于公安机关提供的讯问、留置等场所还是对"两规""两指"场所法制化,是目前试点亟待解决的。就投入的成本与办理涉嫌职务犯罪案件的性质而言,将监察机关办理涉嫌职务犯罪案件的场所纳入刑事诉讼法的调整范围可能更为简洁,尤其是能够保障被监察人的"饮食、休息,提供医疗服务"等相关权利。《监察法》第二十八条规定:"监察机关调查涉嫌重大贪污贿赂等职务犯罪,根据需要,经过严格的批准手续,可以采取技术调查措施,按照规定交有关机关执行。"第二十九条规定:"依法应当留置的被调查人如果在逃,监察机关可以决定在本行政区域内通缉,由公安机关发布通缉令,追捕归案。通缉范围超出本行政区域的,应当报请有权决定的上级监察机关决定。"第三十条规定:"监察机关为防止被调查人及相关人员逃匿境外,经省级以上监察机关批准,可以对被调查人及相关人员采取限制出境措施，由公安机关依法执行。"然而，监察机关的监督执法和查办案件毕竟不同于犯罪案件的侦查，对违纪违法的询问、留置等场所不宜与作为犯罪的羁押场所混用，目前可以通过改造公安机关的行政拘留场所作为留置场所还是设立专门的留置场所，需要保障被留置人的通信与交流权。

二是监察机关采取相应的措施是否需要公安机关配合。《规则（试行）》第二十八条规定："审查组可以依照相关法律法规，经审批对相关人员进行调查谈话，查阅、复制有关文件资料，查询有关信息，暂扣、封存、冻结涉案款物，提请有关机关采取技术调查、限制出境等措施。"就上述规定来看，纪检办案"提请有关机关采取技术调查、限制出境等措施"，其中的"有关机关"主要是指公安机关。公安机关拥有技术调查的能力和采用限制出境等措施的权力。如果监察机关比照该规定，而公安机关在其工作中扮演角色是刑事诉讼活动中相互配合还是非诉讼活动的警务协助？如果是警察协助监察机关办理违纪违法案件，对其使用"警种"的性质尚需探讨。这些问题需要通过修改《人民警察法》与制定《国家监察委员会法》来确定，但应区分查办案件的不同性质，同时，还应保障这些法律之间的协调。

二、监察机关与检察机关的关系

监察机关与检察机关的关系在监察体制改革中既是热点、焦点问题，也是亟待厘清且颇具复杂的问题。其复杂性不仅仅在于《决定》将"人民检察院查处贪污贿赂、失职渎职以及预防职务犯罪等部门的相关职能整合至监察委员会，"更为重要的是，检察机关作为国家的法律监督机关与监察机关作为国家监督执法机关在"监督"上如何界分以及在职务犯罪处理上如何衔接问题。需要讨论的问题不仅是监察委员会在查办案件中拥有的是调查权还是刑事诉讼的侦查权，即检察机关反腐机构等转隶到监察机关的侦查权是否变成了调查权？根据《监察法》的规定和监察机关的职权，其调查涉及职务违法犯罪案件大约包括88个罪名。

一是监察机关监督执法与检察机关法律监督的问题。监察委员会由本级人民代表大会产生，对本级人民代表大会及其常务委员会和上一级监察委员会负责，并接受监督。监察机关作为监督执法机关的国家机关和检察机关作为司法机关的法律监督机关在履行职能上需要厘清。从监察机关作为监督执法行使的职能来看，其性质具有监督和执法的双重特点。从试点地区停止适用的相关法律条文来看，监察机关对职务犯罪拥有调查权，其中的留置措施似乎取代了检察机关侦查职务犯罪案件中的拘留、逮捕等强制措施。也就是说，试点的监察机关并未行使检察机关原有的侦查权，特别是实施拘留、逮捕等强制措施的权力。职务犯罪侦查、预防部门转隶后，检察机关原有的职权依然存在，仅仅是暂停，其诉讼监督职能也依然如故。检察机关作为国家法律监督机关的属性并未因国家监察体制改革而改变，需要追究刑事责任的仍然需要移送检察机关依法提起公诉。除非政治体制和司法体制还需进一步的变革，否则，检察机关作为国家的法律监督机关的性质不会改变。但是，监察机关的监督执法和检察机关的法律监督机关在监督上的职能以及运行机制应当各有侧重。前者，重点是监督执法主体；后者，侧重诉讼活动监督。

二是监察机关与检察机关在审查起诉程序上的问题。《决定》规定："对涉嫌职务犯罪的，移送检察机关依法提起公诉，"却未规定"移送检察机关审查起诉"。其中的"依法"是指《监察法》还是《刑事诉讼法》或者兼而有之。依据《刑事诉讼法》，监察机关不受刑事诉讼法的调整，使之依据刑事诉讼法则没有意义；而适用《监察法》，监察法规定的内容不属于刑事诉讼。在一定意义上，在程序上应当适用刑事诉讼法，在实体上刑事诉讼法和监察法兼而有之。《规则（试行）》第四十二条规定："被审查人涉嫌犯罪的，应当由案件监督管理部门协调办理移送司法机关事宜。执纪审查部门应当在通知司法机关之日起7个工作日内，完成移送工作。"基于以上规定，是否意味着检察机关不能对监察机关移送的案件进行审查，仅仅履行"依法提起公诉"手续。有观点认为，"检察院对监察委员会移送的案件，如果认为不构成犯罪，能否撤案或者不批捕？从法理上讲，检察院有这个权力。因为权力有分工，要相互监督制约。"① 北京市人民检察院将在"北京市三级院拟统一设立'职务犯罪检察部'，专门与监察委员会进行办案衔接，负责对监察委员会调查案件进行立案审查，衔接完善刑事诉讼程序。"从目前改革呈现的动向来看，检察机关对监察机关移送的案件拥有实质的审查权。我们认为，《决定》在暂停检察机关对反贪反渎等案件的立案侦查权和技术侦查权，检察机关在审查起诉中讯问犯罪嫌疑人等核实证据、补充证据的权力并未暂停。"可考虑职务犯罪案件调查终结移送检察机关监督审查追诉前，建立由监察机关案件审理部门统一审核、统一出口的工作机制，并由案件审理部门统一对口检察机关职务犯罪检察部门，以统一监察机关对职务犯罪案件的处置标准。"② 并规定监察机关调查终结的案件移送检察机关公诉部门的程序，以及必要时退回补充调查的程序。《监察法》第四十七条规定："对监察机关移送的案件，人民检察院依照《中华人民共和国刑事诉讼法》对被调查人采取强制措施。""人民检察院经审查，认为犯罪事实已经查清，证据确实、充分，依法应当

---

① 参见陈光中：《监察体制改革需启动系统修法工程》，载《联合早报》2017年1月17日。
② 参见沈思：《国家监察体制改革中法治保障初步思考》，载《中国纪检监察报》2017年2月15日第8版。

追究刑事责任的，应当作出起诉决定。""人民检察院经审查，认为需要补充核实的，应当退回监察机关补充调查，必要时可以自行补充侦查。对于补充调查的案件，应当在一个月内补充调查完毕。补充调查以二次为限。""人民检察院对于有《中华人民共和国刑事诉讼法》规定的不起诉的情形的，经上一级人民检察院批准，依法作出不起诉的决定。监察机关认为不起诉的决定有错误的，可以向上一级人民检察院提请复议。"第四十八条规定："监察机关在调查贪污贿赂、失职渎职等职务犯罪案件过程中，被调查人逃匿或者死亡，有必要继续调查的，经省级以上监察机关批准，应当继续调查并作出结论。被调查人逃匿，在通缉一年后不能到案，或者死亡的，由监察机关提请人民检察院依照法定程序，向人民法院提出没收违法所得的申请。"2018年修改的《刑事诉讼法》第一百七十条规定："人民检察院对于监察机关移送起诉的案件，依照本法和监察法的有关规定进行审查。人民检察院经审查，认为需要补充核实的，应当退回监察机关补充调查，必要时可以自行补充侦查。对于监察机关移送起诉的已采取留置措施的案件，人民检察院应当对犯罪嫌疑人先行拘留，留置措施自动解除。人民检察院应当在拘留后的十日以内作出是否逮捕、取保候审或者监视居住的决定。在特殊情况下，决定的时间可以延长一日至四日。"就试点和推进监察体制改革中还有必要在检察机关审查监察委员会移送案件中将《刑事诉讼法》第一百七十五条对公安机关的补充侦查权作有益的扩充，从而解决检察机关在审查监察机关移送起诉案件中核实证据、补充证据的手段不足问题。

三是监察机关留置权的监督问题。《决定》规定了监察机关的留置措施，因这种措施不曾在行政监察和纪检的规范性文件中出现过，可视为查办案件的新型措施，这种新型措施与公安机关行政执法所享有的留置盘查不具有相同的意义。那么，检察机关对公安机关留置盘查不予监督，是否意味着对监察机关的留置也不予干预，检察机关能否因其反腐职能的转隶而对监察机关行使涉嫌职务犯罪的调查权予以监督，对于监察委员会留置违反条件、超越时限以及违反留置规定的，有权要求监察机关予以纠正。对此问题需要在监察机关与检察机关的关系上予以明确。我们认为，监察机关的留置措施与公安机关的留置盘查虽然性质不同，如果不涉猎刑事诉讼活动，检察机关不宜予以干预；如果在审查起诉程序辩护律师对其提出异议，检察机关基于公诉的地位依然需要对其审查并作出判断，有权对监察机关不规范的留置提出检察建议，从而发挥法律监督的作用。

三、监察机关与审判机关的关系

监察机关与审判机关的关系基于检察机关的中间阻隔似乎与之也不存在直接

的关系,然因推进以审判为中心的诉讼制度改革以及监察机关调查人员的出庭作证等问题,又使得它与审判机关的关系相当紧张,与公安机关相比又表现得较为微妙。《监察法》第三十三条规定:"监察机关依照本法规定收集的物证、书证、证人证言、被调查人供述和辩解、视听资料、电子数据等证据材料,在刑事诉讼中可以作为证据使用。""监察机关在收集、固定、审查、运用证据时,应当与刑事审判关于证据的要求和标准相一致。""以非法方法收集的证据应当依法予以排除,不得作为案件处置的依据。"

一是监察机关因承接转隶而来的检察机关反腐职能,其监督执法"对所有行使公权力的公职人员监察全覆盖",尤其是作为监督执法机关与纪委合署办公,致使审判机关原有在检察机关因反贪反渎等职权犯罪侦查权对审判"强制"的压力或者构成"威胁"非但不减,反而增加了一定的强度,这种极易影响到审判机关审判的中立。这种权力结构会使得原有的审判机关因检察机关侦查权的"强制"不敢判决无罪以及不敢排除非法证据等问题恐怕依然存在。就目前的体制来看,监察机关的监督执法权不仅包括原来检察机关侦查职务犯罪的侦查权,还有行政处置权,在这一点上,其拥有的权力明显大于检察机关,如果再加上合署办公的纪检,审判机关面对执掌有过之而无不及权力的监察委员会,在审判其调查的案件就会承受着巨大的心理压力,担心监察机关借助于纪检查办违纪违法对出不同意见的法官予以"报复",最终使得监察机关办理的案件在审判程序中走过场,甚至出现监察机关"调查错",检察机关"跟着错",审判机关"一错到底"的"梦魇"依然保留。如何解决这些问题不仅需要安排正当程序予以遏制,也需要制度设置屏蔽予以避免。

二是监察机关的调查人员出庭作证问题。最高人民法院、最高人民检察院、公安部、国家安全部、司法部《关于推进以审判为中心的刑事诉讼制度改革的意见》要求:"落实证人、鉴定人、侦查人员出庭作证制度,提高出庭作证率。"根据上述规定,对监察机关移送的案件提供的证据,如果公诉人、当事人或者辩护人、诉讼代理人提出异议,需要监察机关调查人员出庭作证或者作出解释、说明的,监察机关的调查人员应当依法出庭,对于不出庭的,审判机关应当按照对侦查人员出庭的要求处理,让其承担不利的法律后果。由于监察委员会对调查(包括讯问)的录音录像不随案移送,如何在待查中解决这一问题值得探讨。

三是对于监察机关移送的涉嫌职务犯罪的案件,审判机关在审理过程认为仅仅涉嫌违法而不构成犯罪,检察机关撤诉作为非刑事案件退回监察机关的,应当允许被调查人或者当事人向法院起诉,由法院依法对监察机关行为是否合法作出裁判。由于监察机关不属于行政机关,这类案件不属于行政诉讼,而监察机关又不属于党的组织,而是国家机关,应当允许被监察人或者当事人向法院起诉,采用司法审查的方式予以监督。否则，此类案件就不存在相应的救济程序，有悖于法律的公正性。

《监察法》第三十三条规定："监察机关在收集、固定、审查、运用证据时，应当与刑事审判关于证据的要求和标准相一致。""以非法方法收集的证据应当依法予以排除，不得作为案件处置的依据。"监察体制改革是一项庞大的工程，需要完成既有反腐机构、制度、资源的整合，借助于党的执纪力量、行政监察执法力量以及检察机关职务犯罪预防、侦查力量的有机融合，建立集中统一的依法反腐监察体系，能够有效提高反腐工作效率，增强反腐力度。为了实现改革目标，形成有序、高效的反腐败体系，监察制度建设需要考虑更多与现有机制衔接、协调的问题。内部衔接方面，监察委员会与纪委合署办公，如何实现两者的"有分有合"，保证实践中职务犯罪调查的依法规范进行；外部衔接方面，《试点方案》要求"建立监察机关与司法机关的协调衔接机制"。在监察体制的顶层设计中，应当明确监察机关和司法机关各自的权责，同时建立不同权力之间的协调制衡机制，从而保证职务犯罪案件的刑事诉讼程序顺利有效进行。因此，在理论研究和试点实践中，需要进一步厘清监察机关与纪检部门、司法机关之间的关系，探索不同机构协调衔接的有效路径。

监察机关与司法机关的关系不仅限于以上问题，在试点中还会出现一些新的问题，但上述问题是试点地区目前需要重点关注的，如果对此处理不当或者运行机制存在问题则会导致类似"侦查中心主义"的"纪委中心主义"出现，继而造成推进以审判为中心的诉讼制度改革在实践中的效果不佳，影响刑事诉讼制度改革的效果。

四、监察机关与执法部门等关系

《监察法》第四条规定："监察机关办理职务违法和职务犯罪案件，应当与审判机关、检察机关、执法部门互相配合，互相制约。""监察机关在工作中需要协助的，有关机关和单位应当根据监察机关的要求依法予以协助。"其他执法部门还包括公安机关、国家安全机关、审计机关以及质检部门、安全监管部门等行政执法部门。这里执法部门的表述与宪法的相关表述一致，但与《刑事诉讼法》规定的不尽相同，审计机关等不属于执法部分，严格意义属于查办案件的部门。

监察机关履行职责离不开这些机关或部门的协助、配合，同时，也需要这些机关的监督制约。《监察法》第三十四条规定："人民法院、人民检察院、公安机关、审计机关等国家机关在工作中发现公职人员涉嫌贪污贿赂、失职渎职等职务违法或者职务犯罪的问题线索，应当移送监察机关，由监察机关依法调查处置。""被调查人既涉嫌严重职务违法或者职务犯罪,又涉嫌其他违法犯罪的,一般应当由监察机关为主调查,其他机关予以协助。"监察机关是行使国家监察职能的专责机关,对所有行使公权力的公职人员进行监察,调查职务违法和职务犯罪。因此,审判机关、检察机关、公安机关、审计机关等国家机关,在审判、审查起诉、刑事侦查、治安行政管理、审计等工作中,发现公职人员涉嫌职务违法犯罪问题线索的,应当及时移送监察机关。此处规定的公职人员是指本法第十五条规定的六大类人员。此处规定的职务违法或者职务犯罪的问题线索,除了本法第十一条第二项规定的七类职务违法或者职务犯罪的问题线索,还包括其他职务违法或者职务犯罪问题线索。为加强协调配合,监察机关与审判机关、检察机关、公安机关、审计机关等国家机关应当建立问题线索移送机制。[1]

五、监察机关与纪委执纪的分工、衔接机制

在我国,执政党是国家和社会各项事业的领导力量,属于"党领导下的国家体制"。这种执政党和国家、社会之间的关系极为特殊,不同于绝大多数国家。在这种背景下,经过监察体制改革,我国的监督体系将是党内监督(或执政党权力监督)和国家监察(或国家权力监督)并行分设的结构。[2] 所以,中国特色的反腐应当是党纪与国法相辅相成的共同之治。在我们国家,党内法规制度也是社会主义法治体系的重要组成部分,而且是我们较之西方国家更有特色的部分。党纪对党员的要求在很多方面比法律更严格,对违反道德、纪律的不廉洁或腐败行为进行规范,采取党内警告直至开除党籍等处分。充分发挥党纪的约束作用,对提升社会道德水平、形成守法护法意识有着重要意义。国法是对全体公民的要求,主要是对违反行政法律法规的行为以及构成犯罪的腐败行为进行查处。在反腐败斗争中,应当充分发挥党纪的先导、核心作用,同时,确保正确有效地适用法律,实现党内监督与国家监察的衔接,不断提高反腐败斗争的法治化水平。[3]

监察反腐与党纪反腐合署运行具有一定的正当性,有利于实现依规治党和依法治国的有机统一,以及严格治权、纪法合力的目标。但是,虽然监察委员会和纪委"合署办公",仍然应当在职权行使上进行明确分工。执纪部门始终以党的纪律检查委员会的名义行事,只负责"监督执纪问责";而执法部门(监察部门)则始终以监察委员会的名义行事,负责依法监察。对于非党员公务人员,只

---

[1] 参见中央纪委国家监委法规室编:《〈中华人民共和国监察法〉释义》,中国方正出版社2018年版,第172页。
[2] 参见任建明、杨梦婕:《国家监察体制改革:总体方案、分析评论与对策建议》,载《河南社会科学》2017年第6期。
[3] 参见吴建雄:《培植国家监察体制改革新理念》,载《中南大学学报》2017年第4期。

存在依法监察问题而不存在依规执纪问题。在实践中，党员干部的违纪行为与违法行为往往会发生重叠，导致执纪与执法的"竞合"问题。党员干部违纪不一定违法，但违法一定意味着违纪，党内法规要求党组织和党员模范遵守国家法律法规。违纪行为与违法犯罪行为的重叠部分，既需要予以党纪处理，也需要予以国法处置。在实行分工的同时，还需要做好执纪与执法的衔接协调，《监察法》与《规则（试行）》形成阶梯式的递进关系，保障纪委与监察委在办案程序上的前后续接并有所界分。执纪与执法不分，在业务上必然以纪委审查为主、以监察调查为辅，就会使得原本属于法律范畴的监督执法行为变成了政治行为，这也是有些学者或者实务部门一直主张监察机关为政治机关的根源。

在传统纪检监察向现代国家监察转型之后，原来隶属于政府内部的行政监察机构转变为独立于政府的监察委员会，其地位、职权和功能已经得到了极大的强化，覆盖的监督范围扩大，而且监察委员会的监督属于国家法律监督，其监督效果对于法治反腐、法治发展具有无可替代的作用。监察委员会应当在合署办公体制中发挥主导作用。① 合署办公是执纪与执法的有机结合，而不是职责权限的错位和混用。合署办公内部应当实行明确的执纪与执法事务分工。执纪人员与监察人员应当分属不同部门，进行部门事务分工。纪检执纪与监察执法在调查手段、调查依据、调查程序、处置结果等方面都存在差异，应当分类对待；建立专门的职务犯罪调查部门，与一般监察进行部门职能分工。办案过程中，执纪与执法还要将审查与调查中的手段措施予以适当分开。由于党内纪律检查的对象属于违纪违规性质，尚未触犯国家刑事法律，只能采取一般调查手段，不能使用限制或者剥夺被调查人人身自由、财产自由、通信自由等强制性措施。只有确定涉嫌职务犯罪并进行立案，按程序进入职务犯罪调查环节后，才能采取留置等措施。

为了实现"纪法衔接"的衔接，还需要选择科学、适当的衔接模式。一种是执纪完成后再移送法律处理，或者法律处理完成后再移送纪委处理。目前的党员干部涉及职务犯罪的案件处理便是采用这种模式，即纪委立案审查完成后再移送监察机关依法进行调查。这种模式容易造成重复工作，而且会使检察机关的侦查工作长期处于被动地位，过于依赖纪委审查，导致职务犯罪侦查的规范性受到争议。② 另一种是当纪委发现违纪案件，如果涉嫌违法犯罪，纪委应将相关线索及时移交监察委员会处理，待调查结束后再研究是否需要进行党内处分；反之，案件涉嫌违法但情节轻微，不需要追究刑事责任或者免于追究刑事责任，可考虑按照违纪处理，监察委员会则将相关线索移交纪委处理。第二种模式更利于提高打

---

① 参见李红勃：《迈向监察委员会：权力监督中国模式的法治化转型》，载《法学评论》2017年第3期。
② 参见宋小海、孙红：《国家监察体制改革试点的初步研究》，载《观察与思考》2017年第2期。

击腐败效率,既保证监察委和纪委分工明确、职责分离,又能促进监督执纪与监督执法的有机衔接,实现合作共赢,发挥所谓的"1+1>2"的效果。① 建立完善的纪检执纪与监察执法的分工协调机制,有利于实现党中央"把纪律和规矩挺在前面"的要求,保证制度之间在衔接中各自发挥作用,体现多层次的腐败体制的防控优势,从而实现依规治党和依法治国的有机统一和全面推进依法治国。

第三节 完善监察机关与司法机关、执法部门的衔接机制的建议

监察机关的职务违法犯罪调查活动与检察机关、审判机关的关系密切,当监察机关对职务犯罪的调查活动终结,需依法移送检察机关审查起诉,最终是否犯罪依然由法院审判。检察机关的逮捕权、审查起诉职能会在一定程度上对监察委员会的调查活动产生制度上的制衡效果,法院审判中的非法证据排除、调查人员出庭作证等程序会对监察机关调查活动产生较为深刻的影响。因此,监察体制改革应当厘清其与检察机关、审判机关等在诉讼中的关系,实现我国政治体制与司法体制的协调衔接。

一、监察机关与检察机关的衔接

监察委员会与检察机关之间在试点期间保障了相关人员的有序转隶和办理案件的顺畅衔接。一是在推进检察机关反贪等部门的转隶工作方面做到了明确转隶人员范围、确保人员身份按时转变、强化统筹安排,确保转隶人员及时到位;二是在业务衔接、办案程序和操作规程等方面形成基本共识,并逐步探索建立线索移送机制、案件移送受理衔接机制,案件调查、审查办理衔接机制,强制性措施衔接机制,办案协助配合机制等。

首先,试点解决了留置与逮捕等刑事强制措施的衔接问题。根据《刑事诉讼法》的规定,对符合逮捕条件的,检察院依法决定逮捕;对有证据证明有犯罪事实,案件情节尚达不到逮捕条件的,检察院可以依法转为取保候审或者监视居住;对移送的证据材料达不到逮捕标准的,检察院可以决定不予逮捕,同时,通

---

① 笔者认为,"1+1=2"属于正常现象,达到何种程度就等于达到了最佳目标。如果追求所谓"1+1>2"或者所谓"1+1=3"是否正常或者过于理想无法论证,是否会导致其他应当达到"1+1=2"的制度不能达到"1+1=2",影响其他制度功能的发挥,最终达到了"1+1>2"吗?这种数值算法也是值得怀疑的。

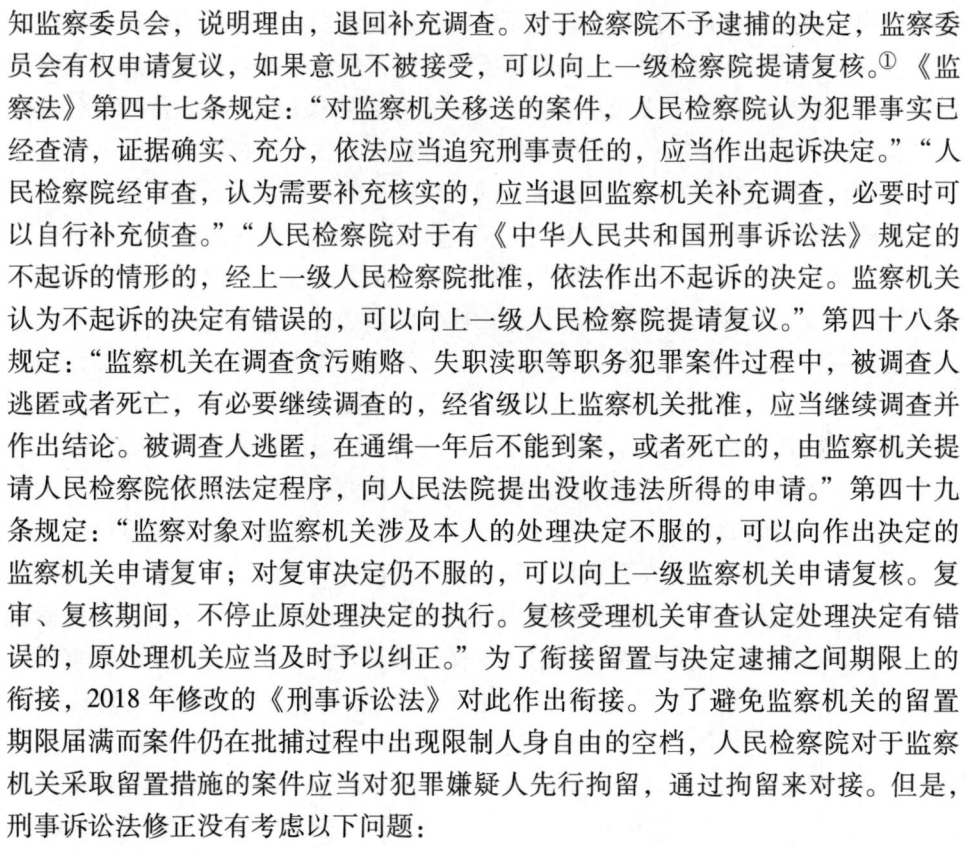

知监察委员会，说明理由，退回补充调查。对于检察院不予逮捕的决定，监察委员会有权申请复议，如果意见不被接受，可以向上一级检察院提请复核。①《监察法》第四十七条规定："对监察机关移送的案件，人民检察院认为犯罪事实已经查清，证据确实、充分，依法应当追究刑事责任的，应当作出起诉决定。""人民检察院经审查，认为需要补充核实的，应当退回监察机关补充调查，必要时可以自行补充侦查。""人民检察院对于有《中华人民共和国刑事诉讼法》规定的不起诉的情形的，经上一级人民检察院批准，依法作出不起诉的决定。监察机关认为不起诉的决定有错误的，可以向上一级人民检察院提请复议。"第四十八条规定："监察机关在调查贪污贿赂、失职渎职等职务犯罪案件过程中，被调查人逃匿或者死亡，有必要继续调查的，经省级以上监察机关批准，应当继续调查并作出结论。被调查人逃匿，在通缉一年后不能到案，或者死亡的，由监察机关提请人民检察院依照法定程序，向人民法院提出没收违法所得的申请。"第四十九条规定："监察对象对监察机关涉及本人的处理决定不服的，可以向作出决定的监察机关申请复审；对复审决定仍不服的，可以向上一级监察机关申请复核。复审、复核期间，不停止原处理决定的执行。复核受理机关审查认定处理决定有错误的，原处理机关应当及时予以纠正。"为了衔接留置与决定逮捕之间期限上的衔接，2018年修改的《刑事诉讼法》对此作出衔接。为了避免监察机关的留置期限届满而案件仍在批捕过程中出现限制人身自由的空档，人民检察院对于监察机关采取留置措施的案件应当对犯罪嫌疑人先行拘留，通过拘留来对接。但是，刑事诉讼法修正没有考虑以下问题：

一是检察机关的"拘留"情形相当狭窄，与现有拘留的七种情形是否相当，是否符合拘留的紧急措施的性质，均是值得研究的问题。否则，就破坏了拘留作为紧急措施的制度建设以及拘留与逮捕之间在强制措施上的逻辑结构。

二是如果将"对于监察机关采取留置措施的案件"作为"先行拘留"新的情形，则需要在刑事诉讼法中限定"现行犯或者重大嫌疑分子"，否则就会与《刑事诉讼法》规定的内容出现冲突。

三是没有考虑特殊情况，如涉嫌职务犯罪的人属于人大代表，其应当对犯罪嫌疑人先行拘留，致使特殊批准程序不再适用或者成为摆设。对于词条可将"应当"修改为"可以"，并保证其符合《刑事诉讼法》规定的拘留的条件。

监察机关应当在留置到期10日前将案件移送检察机关，检察机关接受移送的案件之日起7日内决定是否逮捕。之所以规定10日是将公安机关提请检察机关审查批捕3日和检察机关7日内批准逮捕并加而得，为检察机关决定逮捕或采

---

① 参见陈光中：《关于我国监察体制改革的几点看法》，载《环球法律评论》2017年第2期。

取其他强制措施提供足够的期限。但不同的是，监察委员会移送案件不是申请批准逮捕，也不是批准逮捕后，而是移送案件后，案件与被调查人完全脱离监察调查程序进入刑事诉讼的审查起诉阶段，完全由检察机关决定采取何种强制措施。与公安机关报捕程序中案件与犯罪嫌疑人依然在侦查程序存在性质上的不同。

其次，监察机关与检察机关在审查起诉程序上的衔接。为了保障监察机关移送案件的决定逮捕和提起公诉的无缝衔接，试点工作中，北京三级检察院统一设立了"职务犯罪检察部"，专门与监察机关进行办案衔接，负责对监察机关调查案件进行审查，完善其刑事诉讼程序。山西省的做法是，各级监察机关对职务犯罪案件调查终结移送后，由各级检察机关的案管中心受理分流案件，侦监部门审查决定是否采取强制措施，公诉部门审查起诉和提起公诉。对监委移送的案件，如果检察机关认为案件事实不清、证据不足的，可以退回监察机关补充调查，并拥有决定不起诉的权力。试点期限的两种做法谁优谁劣，如何选择还有待于试点效果的检验，但因监察制度改革全面推行监察试点，等待实践的检验似乎不可能。有观点认为，可考虑在监察机关和检察机关设置专门的职务犯罪案件对接部门，监察机关调查终结，由监察机关内部的案件审理部门统一审核后移送检察机关职务犯罪检察部门或其他对口部门，这样能够有效提高职务犯罪案件刑事诉讼的效率，同时，有利于统一监察机关和检察机关对职务犯罪案件的处置标准，[①] 实践中检察机关进行的"捕诉合一"就是这种衔接的结果。同时应当在《监察法》《刑事诉讼法》中具体规定监察机关调查终结的职务犯罪案件移送检察机关的程序。

另外，《决定》暂停了检察机关对反贪反渎等案件的立案侦查权和技术侦查权，但其在审查起诉中讯问犯罪嫌疑人等核实证据、补充证据的权力并未暂停。检察机关对监察机关移送的案件拥有实质的审查权，如果认为移送案件事实不清、证据不足的，可以退回监察机关补充调查，以两次为限。相应的退回监察机关补充调查的程序应当建立。由于试点中的"职务犯罪检察部"存在"捕诉一体化"问题，致使目前检察机关在检察制度改革中将试点中仅仅适用监察机关移送案件的"捕诉合一"机制作为普遍推进的改革措施，似乎存在检察机关重蹈审判机关"案件移送"反复的覆辙，继而引发了理论界的争议。[②] 由于逮捕和公诉具有各自独立的诉讼功能，具有各自独立的程序构造，对于保障嫌疑人诉讼权利、防止冤假错案具有各自独立的意义。多年来，我国刑事司法制度逐渐形成了

---

① 参见沈思：《国家监察体制改革中法治保障初步思考》，载《中国纪检监察报》2017年2月15日第8版。
② 参见陈瑞华：《异哉，所谓"捕诉合一"者》，载《中国法律评论》2018年5月29日；邓思清：《捕诉合一是中国司法体制下的合理选择》，载《中国法律评论》2018年6月5日，等等。

这种逮捕与公诉相互独立的诉讼构造，也形成了这种捕诉分离的检察职能格局。既具有现实的合理性，也具有历史的必然性。

检察机关对监察机关调查获得的证据材料进行审查，决定是否逮捕还是采取监视居住、取保候审等强制措施与提起公诉。如果认为犯罪嫌疑人的犯罪事实已经查清，证据确实、充分，依法应当追究刑事责任的，应当作出起诉决定；如果被调查人没有犯罪事实，或者有《刑事诉讼法》第十六条规定的情形之一，检察机关应当作出不起诉决定；如果检察机关认为移送案件事实不清、证据不足的，可以退回监察机关补充调查，若经过两次补充调查，仍认为事实不清、证据不足的，应当作出不起诉决定；如果检察机关认为犯罪情节轻微，依照《刑法》规定不需要判处刑罚或者免除刑罚的，检察机关可以作出不起诉决定。决定不起诉，检察机关应当将不起诉决定书送达监察机关，监察机关有权申请复议，如果意见不被接受，可以向上一级检察机关提请复核。

最后，建立监察机关与检察机关的联系常态化机制。监察机关与检察机关的联系常态化机制需要进行智能化合作，通过可联席会议、信息共享、资源共享等科技手段予以完善。通过联席工作会议通报办案情况、交流工作经验，研究、协调有关政策和法律问题，建立信息共享机制和技术资源共享机制。

二、监察机关与审判机关的衔接

监察机关与审判机关从程序上看似乎并没有明显的连接，但是，在以审判为中心的诉讼制度改革下，监察机关调查获得证据材料与刑事诉讼法定证据种类如何对接，监察机关调查获得的证据材料如何经法庭质证，以及调查人员在某些情况下出庭作证等问题都需要妥善解决。

第一，由于监察机关与原监察行政机关和纪检在性质上不同，其作为法定的查办腐败案件专责机关，其收集的证据应当与公安机关侦查获得的证据一样，无论是实物证据还是言词证据，均可直接作为刑事诉讼证据使用，但非法获取的证据除外。《监察法》第三十三条规定："监察机关依照本法规定收集的物证、书证、证人证言、被调查人供述和辩解、视听资料、电子数据等证据材料，在刑事诉讼中可以作为证据使用。""监察机关在收集、固定、审查、运用证据时，应当与刑事审判关于证据的要求和标准相一致。"因此，监察委员会证据收集、调取的程序规范也应当像《刑事诉讼法》规定的一样，审判机关对其不仅适用《刑事诉讼法》的规定，还应当适用《监察法》的规定，监察机关对证据收集、调取等程序和方法均是按照《监察法》的规定进行的，法官应当依据监察法对其进行审查决定是否排除适用。

第二，监察机关调查获得的证据材料应当同样适用非法证据排除规则，调查所得的证据材料要经过法庭质证才能最终成为定案依据，监察机关调查中的证据收集、调取应当要向法庭审判的认定标准看齐。《监察法》第三十三条规定："以非法方法收集的证据应当依法予以排除，不得作为案件处置的依据。"在职务犯罪案件庭审中被告人翻供的情况下，庭审应当调查检察院在审查起诉阶段讯问时是否告知主体更换、相应的诉讼权利和继续认罪的法律后果；如果没有告知，法庭就应当直接排除监察委员会取得的被调查人的有罪供述；在审判阶段，检察院对职务犯罪调查证据收集的合法性负有举证责任，证明的方法包括出示监察委员会的讯问笔录、播放留置期间的录音录像，提请法院通知监察机关调查人员出庭说明情况等。

第三，监察机关调查人员出庭作证问题。对监察机关移送的案件提供的证据，如果公诉人、当事人或者辩护人、诉讼代理人提出异议，需要监察机关调查人员出庭作证或者作出解释、说明的，监察机关的调查人员应当依法出庭，对于不出庭的，审判机关应当按照对侦查人员出庭的要求处理，让其承担不利的法律后果。另外，在证人出庭方面，以往贪污贿赂类案件的证人出庭率是"低中之低"。监察体制改革后，监察机关应当同法院、检察院一道，提升贪污贿赂类案件证人出庭率，因为这些证人证言一般是由监察机关最早调查取得的。[①]

第四，监察机关的认罪认罚的适用问题。《监察法》第三十二条规定："职务违法犯罪的涉案人员揭发有关被调查人职务违法犯罪行为，查证属实的，或者提供重要线索，有助于调查其他案件的，监察机关经领导人员集体研究，并报上一级监察机关批准，可以在移送人民检察院时提出从宽处罚的建议。"为了保障被调查人员认罪认罚在审判阶段适用，2018年修改的《刑事诉讼法》增加一条作为第十五条："犯罪嫌疑人、被告人自愿如实供述自己的罪行，承认指控的犯罪事实，愿意接受处罚的，可以依法从宽处理。"第一百六十二条第二款规定："犯罪嫌疑人自愿认罪的，应当记录在案，随案移送，并在起诉意见书中写明有关情况。"第一百七十四条："犯罪嫌疑人自愿认罪，同意量刑建议和程序适用的，应当在辩护人或者值班律师在场的情况下签署认罪认罚具结书。"对于监察机关移送人民检察院时提出从宽处罚的建议，没有律师在场，检察机关是否还需要转化还是直接移送有待于研究，研究的关键是在程序上有无律师帮助。其内容将在有关律师介入中予以论述。

---

① 参见陈光中：《关于我国监察体制改革的几点看法》，载《环球法律评论》2017年第2期。

三、监察机关与公安机关的衔接

根据《监察法》的规定，结合监察部、公安部《关于监察机关在查办案件中公安机关予以协助配合的问题的通知》的有关规定，监察机关查办监察范围的投机倒把、走私、诈骗等案件，需要公安机关予以协助时，公安机关应当积极给予协助；必要时，经两机关领导研究决定也可以联合办案。监察机关在查办案件中，为了查清事实和取得证据，需要对与案件直接有关的或者同案的非国家机关工作人员进行询问时，经县级以上监察机关的负责人批准，可以要求有管辖权的公安机关协助进行。对已构成犯罪需要由公安机关查办的，监察机关应当及时移交公安机关。监察机关查办的案件如涉及公安机关在押的人犯或者收容审查人员时，可以将需要调查的问题书面告知公安机关，由公安机关对其进行讯问，并将取得的证据材料及时送交监察机关。

监察机关认为与查办的案件直接有关的人员出境（包括去港澳地区）可能对国家安全造成危害，或者给国家利益造成重大损失的，经省级监察机关审核同意并出具公函，省级公安机关可不批准其出境；对已经领取护照的，可以予以吊销或者宣布作废；紧急情况下经省级以上监察机关商得同级公安机关的同意，由同意的公安机关发出查控通知单，边防检查机关要积极查控阻止其出境。

监察机关在查办案件中，需要解决与审查和判断证据有关的技术鉴定问题，公安机关的技术鉴定部门可以接受聘请，按照有关规定协助解决。监察机关在查办具有严重犯罪性质的大案要案中确需公安机关采取专门工作手段协助取证时，经省级以上监察机关和公安机关协商同意，严格按照有关审批权限和程序报送有关领导机关审批后，通知有关公安机关予以协助执行。监察机关查办案件遇有拒绝、阻碍监察人员依法执行职务，围攻、殴打、威胁监察人员和检举人、证人以及冲击监察机关的情况时，应当及时通知公安机关，公安机关应当依法保护并及时查处。

第四节　律师应否介入监察机关的调查程序

作为"重大政治改革"设置监察委员会是对国家权力尤其是反腐职权的重新配置与调整。这种配置与调整必然会对诉讼活动的辩护产生较大的影响。这种影响主要涉及律师在检察机关反贪反渎案件的辩护权能否一并转隶到监察委员会反腐案件上。由于《决定》暂停的检察机关反腐职能却未涉及辩护律师在此类案件上的权利，产生的疑问是，律师在原来检察机关反腐案件的权利是基于检察机关职务犯罪侦查权的暂停而暂时休眠，还是基于反腐案件转隶到监察机关反腐案件上继续行使？对此问题特别需要作出解释与说明，以免反腐犯罪案件律师介入权在未被法律限制情形下无故被放逐。

一、律师介入监察机关调查案件问题

监察制度改革因检察机关职务犯罪权力的暂停是否暂时休眠律师提供法律帮助权问题。我国《刑事诉讼法》规定了律师在侦查阶段可以作为当事人的辩护人，且《决定》没有暂时停止执行《刑事诉讼法》关于转隶职务犯罪职能在侦查阶段律师辩护人的规定。党的纪律检查委员会和监察委员会合署办公架构造就了党纪检查、廉政调查和反腐调查相互衔接和相互配合的格局。这种格局又有可能导致监察委员会成为纪检附属机构，继而显示出政治机关的色彩。如果监察机关在调查时比照原来的纪委监察"双规"对待律师的做法，律师则难以介入监察机关调查的反腐案件。对此问题需要作以下讨论。

一是根据我国《刑事诉讼法》第三十九条的规定，"辩护律师持律师执业证书、律师事务所证明和委托书或法律援助公函要求会见在押的犯罪嫌疑人、被告人，看守所应当及时安排会见，至迟不得超过四十八小时。"但是，辩护律师在侦查"特别重大贿赂犯罪案件"期间会见在押犯罪嫌疑人，应当经侦查机关许可。监察委员会在查办腐败案件不限于"特别重大贿赂犯罪案件"，对于案件性质未发生变化，仅仅变换了查处机关，不宜终止律师介入查办的相同案件提供法律帮助。从逻辑的演进来看，既然检察机关反腐职能转隶监察委员会，依附检察机关办理案件上的相关权利也应当随之一并移转到监察委员会的反腐案件上，不应仅仅转隶"职权"而将相应的"权利"予以抛弃，使赋予的职权与保障权利之间出现失衡。有学者认为，"既然调查活动包含了侦查，并且在程序上与检察院的审查起诉阶段相衔接，那么公职人员接受调查时就应当允许辩护律师介入。不能让腐败犯罪案件成为例外，当然在这个基础上可以适当作一些调整，"[①] 不宜弃置被调查人享有的宪法性权利。

监察机关对于职务犯罪案件的调查在本质上与侦查没有区别。监察机关的调查既包含针对违反党纪和行政法规的一般调查，也包含针对腐败犯罪的特殊调查。《刑事诉讼法》规定侦查的目的是为了查明犯罪事实和犯罪嫌疑人，监察机关对于职务犯罪案件的调查目的也是为了查明犯罪嫌疑人的违法行为是否存在，

[①] 参见陈光中：《监察体制改革需要启动系统修法工程》，载《联合早报》2017年1月17日。

调查具体的情形以及危害性的大小，进而作出处置决定。在具体的手段上，调查措施中的讯问、询问、查询、冻结、查封、扣押、搜查、勘验检查、鉴定同样也是侦查措施。调查和调查结束后均需要移送检察院提起公诉。两者的目的相同、内容相类似，最终的处理结果又殊途同归。对于非职务类案件，调查期间，被调查人在采取限制自由的措施之日起有权聘请律师，对于职务犯罪案件，被调查人同样有权聘请律师，否则有违《监察法》规定的"法律面前人人平等"和"保障当事人的合法权益"的原则。

二是《规则（试行）》未对"双规"作出规定，却规定了"对严重违纪涉嫌犯罪人员采取审查措施，应当在二十四小时内通知被审查人亲属"。"新规则的上述变化，意味着不再采用'双规'表述。与以往的'双规'表述相比，规则既限定审查谈话的地点，还要求谈话全程都要录音录像，体现出更加依规依纪依法开展立案审查的特点，""原来的'双规'表述，对被审查人的要求相对较多。而新规则，对审查人的要求则远大于被审查人，这是重大进步"。① 上述规定体现了纪检执纪对被审查人权利的保护。对于监察机关而言，监督执法不应低于监督执纪对被监察人的保护，在办案程序中不仅应当通知被监察人的亲属和单位，还应当允许其亲属委托律师为其提供法律帮助，以体现监督执法的公正性。有观点认为，监察委员会作为国家机构应当按照"法治反腐"的内在要求进行，在办案过程中尊重和保障人权，给予被监察人相应的程序性权利，充分体现了"依法反腐"的法治本质，不仅应当允许律师介入，还应当完善为被监察人提供法律帮助程序以及赋予其相应的救济措施。

三是从监察机关行使的职权性质来看，监察机关采用的多种措施带有强制性且涉及被调查人的人身权利，当被调查人的人身自由被限制时，应当为其提供交流的通道，允许其委托律师提供法律帮助。鉴于监察委员会与纪检合署办公且集违纪、违法与涉嫌犯罪调查权由"一套人马"执掌的现实，在监察实践中难免会出现监察执纪和监督执法之间的权力混用，通过律师介入促进其内部将执纪与执法在制度上予以分离，从而实现依法反腐的制度目标。如果监察机关将律师拒之查办案件门外，对被留置的调查人员的权利保障不够充分。因此，监察制度改革应与《规则（试行）》形成阶梯式的递进关系，保障纪检与监察机关在办案程序上的前后续接。

我国《刑事诉讼法》第三十四条规定了犯罪嫌疑人自被侦查机关第一次讯问或者采取强制措施之日起，有权委托辩护人。即便检察院的自侦部门转隶到监察

---

① 参见王姝：《中国共产党纪律检查机关监督执纪工作规则（试行）全文发布》，载《新京报》2017年1月27日。

委员会，被调查对象基本的接受律师帮助的权利不应被剥夺。律师介入监察机关调查职务犯罪案件，具有以下意义。

第一，监察机关调查期间准许律师参与是对被调查人人权保障的体现。监察机关行使的调查职能或多或少与侦查职能交叉，被调查者与调查者之间地位极其不平等，在此期间确保对被调查者主体地位的尊重。因此，此阶段律师的积极主动介入有利于打破这种不平等的壁垒，从而保障处于弱势地位的被调查者的合法权益，又符合人权保障的目的。况且，《关于在部分地区开展刑事案件认罪认罚从宽试点工作的办法》第五条第三款规定："犯罪嫌疑人、被告人自愿认罪认罚，没有辩护人的，人民法院、人民检察院、公安机关应当通知值班律师为其提供法律咨询、程序选择、申请变更强制措施等法律帮助。"而《监察法》第三十二条规定："职务违法犯罪的涉案人员揭发有关被调查人职务违法犯罪行为，查证属实的，或者提供重要线索，有助于调查其他案件的，监察机关经领导人员集体研究，并报上一级监察机关批准，可以在移送人民检察院时提出从宽处罚的建议。"从刑事诉讼法对认罪认罚从宽制度的规定来看，特别值班律师制度，监察机关对职务犯罪调查尤其是采取留置措施由律师参入更符合刑事政策的要求，也符合正当程序的需要。

第二，监察机关调查期间准许律师参与是刑事诉讼构造之平衡的现实需要。监察机关设查办职务犯罪的力度与检察机关相比力度较大，特别是纪委和监察委员会合署办公，更有利于重创职务违法犯罪行为，有利于形成公务人员不敢腐、不能腐、不愿腐的局面，把制度优势转化为治理效果。但是，这种调查权可能会有无限扩大滥用的可能，而律师参与的平衡机制引入，可以牵制公权力潜在的任意性及其滥用，保障权力受到制度的制约。基于程序正义和依法反腐的要求，监察机关调查期间律师的参与至少应与《刑事诉讼法》第三十八条规定的侦查阶段律师所拥有的权利相一致，标准决不能降低。《监察法》第三十三条规定："监察机关在收集、固定、审查、运用证据时，应当与刑事审判关于证据的要求和标准相一致。"这种要求不仅仅限于实体，也应当在程序上保持一致，表明以法治思维和法治方式开展反腐工作的态度，彰显全面依法治国的决心和自信，巩固国家监察体制改革成果，保障反腐败工作在法治轨道上行稳致远。① 否则，依法反腐难以令人信服。

---

① 2018 年 3 月 13 日全国人大常委会副委员长李建国向十三届全国人大一次会议作关于《中华人民共和国监察法（草案）》的说明。

二、律师参与的必要性与程序安排

有学者认为,"《决定》并没有暂时停止执行《刑事诉讼法》关于原职务犯罪侦查阶段律师提供法律帮助的规定。目前需要进一步规定:律师可以在监察委员会的调查哪个阶段开始介入;如何向监察委员会了解被调查人所涉及的罪名和案件情况,向监察委员会提出律师意见;在被调查人被'留置'后如何申请到留置场所会见被调查人,以及《刑事诉讼法》第三十七条第三款规定的重大贿赂案件会见需经许可的规定如何在监察委员会程序中体现;律师如何申请变更'留置'措施,如何代理被调查人提出申诉和控告。"① 有部分学者指出,由于监察委员会设立的特殊性,调查对象被调查期间,律师没有参与的权利。有观点认为,对监察委员会办理涉嫌职务犯罪的案件,律师介入是为了给被监察人提供法律帮助,其介入程序可比照我国《刑事诉讼法》有关检察机关办理案件的规定以及《人民检察院办理刑事案件程序规则(试行)》的有关规定执行,但提供法律帮助人仅限于律师。如果允许律师介入监察机关查办的案件为被调查人提供法律帮助,应当对律师何时参与、参与的程度以及权利义务等问题作出规定。

1. 律师介入调查程序的时间。

我国《刑事诉讼法》规定,犯罪嫌疑人自被侦查机关第一次讯问或被采取强制措施之日起,有权委托律师作为辩护人。监察机关调查违法犯罪尤其是与纪委合署办公,有时很难厘清线索查办的过程究竟是纪委的纪律审查还是监察委的职务犯罪侦查,更何况,一些违纪行为与违法犯罪行为的界限本身就难以区分。这就给了纪委、监察委员会更大的自由裁量权,同时,为律师及时介入、为当事人提供高效法律服务带来了障碍。如纪委以违反中央八项规定精神为由启动立案调查程序,但是,在调查过程中发现违纪对象还有贪污等违法犯罪行为,那么,律师介入的时间应该如何确定是值得讨论的。律师介入案件的时间可以不同于刑事诉讼法的制度安排。有学者认为,在这种情况下,应将纪检监察机关的调查分为两个阶段:第一个阶段是对违纪线索的查办阶段;第二个阶段则是对违法线索的调查,律师在第二个阶段才能介入调查。我们认为,未来律师介入监察机关调查阶段仅限于采用留置措施之日起,不采取刑事诉讼的讯问之日,也非调查的整个阶段。

---

① 参见余知越:《监察委员会改革试点亟待解决的法律问题》http://www.houqilawyer.com/view702.htm,访问时间:2018年3月31日。

2. 纪委监察机关审查与调查中的律师介入问题。

在纪检监察机关查办案件的路径下，纪检和监察机关因合署办公特别是办案分工不分家的背景下，一般是将违纪问题的审查和违法犯罪的调查合二为一，即使监察机关调查职务犯罪允许律师介入，在这样的情况下，律师何时介入调查活动，为调查对象提供法律帮助依然成为需要探讨的问题。

对纪检监察工作来说，违纪行为的调查和违法行为的调查实际上是不可能进行分割的。纪检监察机关应以为社会公众所知悉的方式将被调查人可能涉嫌违法犯罪的情况向社会公开，公布接受组织审查和调查。基于此，从公开被采取留置措施之日起，监察机关可以告知被调查人可以聘请律师提供法律帮助；被留置人员的近亲属也可以代为委托律师。在此点问题上，应当处理好与《规则（试行）》之间的关系，甚至在此方面找到契合点。《规则（试行）》第二十六条第四款规定："对于严重违纪涉嫌犯罪人员采取审查措施，应当在24小时内通知被审查人亲属。严重违纪涉嫌犯罪接受组织审查的，应当向社会公开发布。"监察机关采取留置措施之日起，告知留置并通知近亲属和单位的同时，应当告知聘请律师提供法律帮助。律师介入监察机关对涉嫌职务犯罪的调查，在程序上应当从严掌握，需要经监察机关许可；对于不予许可的，监察机关应当说明理由；律师对其有异议的，有权向上一级监察机关申请复议。

3. 律师介入享有的权利。

在现代法治国家，刑事诉讼活动最基本的要求之一是，凡受指控者在未依法证实有罪之前，应有权被视为无罪。而在审判机关对他提出任何刑事指控时，其完全平等地享受的最低限度的保证之一是，有相当时间和便利准备辩护并与自己选择的律师联系。《刑事诉讼法》第三十八条规定，辩护律师在侦查期间可以为犯罪嫌疑人提供法律帮助；代理申诉、控告；申请变更强制措施；向侦查机关了解犯罪嫌疑人涉嫌的罪名和案件的有关情况，提出意见。参考上述规定，结合监察机关调查的特点，律师介入监察机关对职务违法犯罪案件的调查至少应当拥有以下权利。

（1）约见权。对于被留置的被调查人而言，约见是律师接触被调查人的唯一途径，律师行使约见权是保障被调查人权利的重要基础。一方面，只有当律师及时见到被调查人时，才能更详尽地了解案情，才能在后续的审查起诉和审判程序中充分行使辩护职能；另一方面，对于被调查人而言，律师的约见能保证其基本的知情权，对于维持程序的平衡起着重要作用。

（2）提供法律帮助权。律师在会见被调查人之后，可以向其提供一些法律帮助，如解答被调查人对于法律的疑问；有关人员回避的法律规定；告知被调查人对调查人员的相关权利等。

(3) 代理申诉控告权。律师通过会见被调查人，对案情进行分析，认为被调查人不构成职务违法犯罪的，或者不符合留置情形的，可以代理被调查人向有关机关提出申诉，要求予以纠正或者及时变更。如果存在暴力取证等违法调查行为的，律师也可以代为控告，保障被调查人员的合法权利不被侵犯。

(4) 申请变更、解除留置措施。留置的性质和强制措施一致，是一种对于人身自由的限制或者剥夺，对于严重的刑事犯罪方可适用该措施。对于采取留置措施不合理时，律师应当能够申请变更留置措施，留置期限届满，申请解除。

(5) 意见表达权。对于调查终结的案件，在移送检察机关依法审查起诉之前，监察机关应当给予律师发表意见的权利。监察机关对律师提出要求的，调查机关应当听取律师的意见，并且记录在案。

监察机关必须充分保证律师的参与调查权利，不得擅自剥夺律师参与的权利或者无端限制律师行使合法权利提供法律帮助的空间。

对于监察机关与司法机关和执法部门办案的衔接机制，除了需要关注上述讨论的问题外，我们认为，还需要深入讨论以下问题。

一是纪委与监察委员会合署办公体现了中国共产党对国家监察工作进行全面和直接的领导，保障国家监察工作始终坚持正确的政治方向，不仅将提高监察机关的权威性，而且对监察机关独立行使职权的保障力度高于司法机关。我国《宪法》第一百三十五条规定："人民法院、人民检察院和公安机关办理刑事案件，应当分工负责，互相配合，互相制约，以保证准确有效地执行法律。"《监察法》第四条规定："监察委员会依照法律规定独立行使监察权，不受行政机关、社会团体和个人的干涉。""监察机关办理职务违法和职务犯罪案件，应当与审判机关、检察机关、执法部门互相配合，互相制约。"从上述规定可以发现，《监察法》的规定缺少了"分工负责"，在要求上还存在监察机关对所办案件的起诉、审判等跟踪。这样难免会影响或者会威胁到检察权、审判权的独立行使，不利于防止违法办案。因此，对于如何协调好监察机关监督执法全覆盖与司法机关、执法部门等之间办理监察机关移送的案件之间的关系，还需要进一步研究。

二是无论是检察机关还是审判机关对于监察机关移送的案件和证据材料，是依照刑事诉讼法的规定予以审查和判断，还是依照监察法的规定予以审查。在上述内容中对此已作了讨论，这里不再赘述。《监察法》将《刑事诉讼法》仅仅规定的物证、书证、视听资料、电子数据等证据材料扩大到"证人证言、被调查人供述和辩解"等言词证据。就监察机关移送的实物类证据而言，直接用作刑事诉讼证据使用具有一定合理性。然而，对于包括被调查人供述和辩解在内的言词类证据而言，在律师和司法机关无法介入监察程序的情况下，其内容的真实性和收集程序的合法性难免遭受质疑。基于《关于推进以审判为中心的刑事诉讼制度改革的意见》的要求，特别是贯彻证据裁判原则，落实直接言词原则，确保证人、鉴定人出庭作证，确保庭审在查明案件事实等方面的关键性作用，其移送的"证人证言、被调查人供述和辩解"作为证据使用存在疑问的，应当与证人出庭、被调查人供述和辩解的真实性配合使用，不能也不应直接作为证据使用。

另外，《监察法》规定："检察机关收集、固定、审查、运用证据时，应当与刑事审判关于证据的要求和标准相一致。""以非法方法收集的证据应当依法予以排除，不得作为案件处置的依据。"其中，"以非法方法"是指《刑事诉讼法》第五十六条规定的"采用刑讯逼供等非法方法收集的犯罪嫌疑人、被告人供述和采用暴力、威胁等非法方法收集的证人证言、被害人陈述，应当予以排除。收集物证、书证不符合法定程序，可能严重影响司法公正的，应当予以补正或者作出合理解释；不能补正或者作出合理解释的，对该证据应当予以排除。"还是仅仅指《监察法》规定"以威胁、引诱、欺骗及其他非法方式收集证据，严禁侮辱、打骂、虐待、体罚或者变相体罚被调查人和涉案人员"。如果从审判的角度来看，需要考虑宪法规定的"尊重和保障人权"，特别是程序权利的保障，如广东省广州中级人法院审理的被告人郑某某，当庭提出侦查办案人员以取保候审相利诱和以抓捕其子女相威胁获取其有罪供述被排除案件；公诉机关未能提出有罪供述系合法取得的相关证据，故相关有罪供述依法应当排除。[1] 同时，也要考虑推进以审判为中心的诉讼制度改革，遵循最高人民法院、最高人民检察院、公安部、国家安全部、司法部《关于办理刑事案件严格排除非法证据若干问题的规定》，充分体现正当程序的价值。在此方面，我国香港地区《关于检察官作用的准则》第十六条规定，在监督调查的合法性方面，"当检察官根据合理的原因得知或认为其掌握的不利于嫌疑犯的证据是通过严重侵犯嫌疑犯人权的非法手段，尤其是通过拷打、残酷的、非人道的或有辱人格的待遇或处罚或以其他违反人权办法而取得的，检察官应拒绝将此类证据用于采用上述手段者之外的任何人，或将此事通知法院，并应采取一切必要的步骤确保将使用上述手段的责任者绳之以法"。如果律政司的检察官发现香港廉署人员存在非法取证的情形，可通过审查检控不采

---

[1] 该案广州市中级人民法院认为，郑祖文提出侦查办案人员以取保候审相利诱和以抓捕其子女相威胁获取其有罪供述，公诉机关未能提出有罪供述系合法取得的相关证据，故相关有罪供述依法应当排除。综合全案，在无其他证据佐证的情况下，公诉机关指郑祖文收受贿罪的证据不足，故有关郑祖文收受贿罪的指控不能成立。一审宣判后，广州市人民检察院提出抗诉，广东省人民检察院支持抗诉，认为本案在侦查过程中虽然存在侦查机关威胁被告人郑祖文要抓捕其女儿、女婿和以取保候审相利诱等情形，但这种情况是否属于刑事诉讼法规定的威胁、欺骗情形，目前，尚无明确的认定标准。侦查机关没有严重侵犯郑祖文的基本权利，郑祖文仍有选择余地，不能因为侦查部门的审讯策略而排除其认罪供述。广东省高级人民法院经审理认为，检察机关的相关抗诉意见不能成立，不予采纳。据此，广东省高级人民法院依法裁定驳回抗诉，维持原判。黄建屏、林恒春：《郑祖文贪污、受贿、滥用职权案［第1140号］——如何处理以威胁方法收集的被告人供述及司法实践中对"重复供述"如何采信》，载《刑事审判参考——办理贪污贿赂刑事案件专刊》（总第106集），法律出版社2017年版，第29页。

纳非法取得的证据、告知法院、起诉该人员的方式予以制裁。检察官在调查犯罪、监督调查的合法性、监督法院判决的执行和作为公众利益的代表行使其他职能做法，也值得借鉴和参考。

三是2018年修改的《刑事诉讼法》第三十六条规定了"法律援助机构可以在人民法院、看守所等场所派驻值班律师"。其中"人民法院、看守所等"可以解释包括"留置所"，为被留置人的律师介入提供了空间。

结　语

　　监察委员会作为监察制度改革在新时代出现的崭新国家机构，由于试点的时间短暂，而诞生的相对急促，在一些制度安排和规则设计上难免有些分歧，仅在其国家机构的地位上依然存在需要深入研究的方面。即使我国台湾地区与香港地区尝试时间较长的监察院和廉政公署，也存在不断完善的地方。[①] 例如，台湾地区的监察部门也历经了不同性质变化。民国时期与我国台湾地区宪法视监察权的性质类同欧美各国参议院，故民国宪法以之为民意机关，或曰政权机关。[②] 而在"宪法"第四次（1997年）增修后，监察院成为裁判官吏的机关。基于增修后"宪法"将体现民意机关的弹劾权移除，监察委员已非由选举产生，只有国民大会为政权机关，其余立法院与监察院皆为治权机关。[③] 我国监察委员会作为"重大政治改革"的产物，尽管在制度上破解了检察机关自侦体制的弊端，也从实践中解决了行政监察不力的问题。然因监察委员会拥有最具有刚性、最为重要的监督执法权，再加上与纪检的合署办公，还拥有对公职人员违纪与违法犯罪的调查权，取得了远远超过原来检察机关和行政监察拥有的权力。据统计，截至2018年5月31日，1~5月全国查处违反中央八项规定精神问题数近1.9万起，处理人数2.7万余人，给予党纪政务处分人数1.9万余人。各项数据相比去年同期增长幅度均较大，分别增长了25.8%、24.9%、29%。[④] 2018年上半年，全国纪检监察机关共接受信访举报168.3万件次，处置问题线索74万件，谈话函询15.4万件次，立案30.2万件，处分24万人（其中，党纪处分20.1万人）。处分省部级及以上干部28人，厅局级干部1500余人，县处级干部1万人，乡科级干部3.7万人，一般干部4.5万人，农村、企业等其他人员14.6万人。全国纪检监察机关运用监督执纪"四种形态"处理68.4万人次。其中，第一种形态44.2万人次，占"四种形态"处理总人次的64.6%；第二种形态18.9万人次，占

---

① 本书第三章对我国香港的廉政公署已经进行讨论，这里仅仅对台湾地区的监察院作一说明。
② 参见张世荧：《中华民国宪法与宪政》，五南图书出版公司2001年版，第201页。
③ 参见郑贤君：《试论监察委员会之调查权》，载《中国法律评论》2017年第4期。
④ 参见李贞：《上半年反腐败成绩亮眼》，载《人民日报海外版》2018年7月12日第2版。

27.7%；第三种形态 3.2 万人次，占 4.7%；第四种形态 2.1 万人次，占 3%。① 随之而来的问题是，纪检与监察委员会"两块牌子""一套人马"模式是否能够纾解原来检察机关存在的"谁来监督监督者"追问以及如何防止"灯下黑"的疑虑？如何"监督"监察委员会？这些问题尽管可以通过坚持党的领导以及监察委员会严格的内部控制和审批机制，特别是实行决策、执行、监督分开制度予以消解，通过人大监督等监督来约束，但这种制度安排依然无法从制度上和程序上完全消除已有追问和应然性的质疑，况且现有的实然性的例证又使得追问和质疑无法释怀。例如，江苏宿迁法院终审判决沈某职务侵占 20 多万元，挪用公款 150 万元，而纪委却扣缴了沈友金财产 1007 万余元。法院判决前，江苏宿迁市宿城区纪委仅仅对开据发票查扣沈某 1007 万元财产，退还 68 万余元。对此，沈某的家人提出复查，要求纪委将法院判决外的近 800 万元财产退还。纪委此举在合法性上有待商榷。② 对监察委员会的监督仍然需要顶层设计，将检察机关的"人民监督员"制度和行政监察的"特邀监察员"制度进行整合，构建起新型的具有中国特色的"人民监督员制度"。2018 年修改的《人民检察院组织法》明确规定了"人民监督员制度"。因此，"可借鉴检察机关实行的人民监督员制度，研究探索进一步发挥好特邀监察员作用的可行性，比如，对断崖式处理案件，为防止适用法律纪律的随意性，防止产生不良的政治效果、法律效果和社会效果，可考虑由特邀人民监察员介入监督，"并通过来自社会公众的异体监督破解"同体监督"的难题。

此外，监察制度改革不仅涉及程序问题，还涉及实体问题。《刑事诉讼法》的修改无疑会解决监察委员会监察权在国家权力运行中的问题，但从目前有关《刑事诉讼法》与《监察法》的对接来看，依然不太乐观。即使《刑事诉讼法》的修改达到了预期的目标，仅仅依靠刑事诉讼法的程序设计而没有相应的实体法规定，依然不能很好地解决这些问题，还需要《刑法》对有关问题重新予以审视并作出修改。"为加强对监察机关工作人员的监督，建议通过刑法修正案的形式，修订刑法第二百四十五条第二款，增加规定监察机关工作人员滥用职权非法搜查他人身体、住宅，或者非法侵入他人住宅的，从重处罚；修订刑法第二百四十七条，增加一款作为第二款，明确规定监察机关工作人员对职务犯罪被调查人实行刑讯逼供或者使用暴力逼取人证言的，依照第一款规定处罚；修订刑法第三百九十九条第一款、第四款，将监察机关工作人员增加规定为徇私枉法罪的犯罪主体，明确规定监察机关工作人员收受贿赂，构成徇私枉法罪，同时又构成受贿罪

---

① 参见姜洁：《上半年全国纪检监察机关处分 24 万人》，载《人民日报》2018 年 7 月 20 日第 4 版。
② 参见王巍：《一男子涉案赃款 170 万被收缴 939 万元》，载《新京报》2017 年 2 月 26 日。

的，依照处罚较重的规定定罪处罚。"① 这些问题也是监察制度架构在法律层面需要细心考虑和认真对待的，也是监察制度建设需要特别关注和充分体现的。另外，国家还需要创设监察官制度，制定专门的监察官等级设置、评定和晋升办法，通过制度的不断完善来进一步丰富和发展监察制度，绝不可固守现实和坚守疆域而不接受其他制度的制约和程序上对调查权的严格控制。

---

① 参见沈思：《国家监察体制改革中法治保障初步思考》，载《中国纪检监察报》2017年2月15日第8版。

参 考 文 献

[1] 陶百川：《比较监察制度》，三民书局股份有限公司1978年版。
[2] 王晖：《香港廉政制度体系》，中国方正出版社2005年版。
[3] 邱永明：《中国古代监察制度史》，上海人民出版社2006年版。
[4] 段龙飞、任建明：《香港反腐败制度体系研究》，中国方正出版社2010年版。
[5] 杨先恒：《香港刑事侦查程序与人权保障》，承法数位文化有限公司2015年版。
[6] 监察部法规司编：《〈中华人民共和国行政监察法〉释义》，中国方正出版社2010年版。
[7] 秦前红、叶海波等：《国家监察制度研究》，法律出版社2018年版。
[8] 中央纪委国家监委法规室编：《〈中华人民共和国监察法〉释义》，中国方正出版社2018年版。
[9] 杨建安：《香港与内地贿赂犯罪之比较研究》，载《中国刑事法杂志》1998年第5期。
[10] 单民：《香港与内地反贪污贿赂若干问题比较》，载《中国刑事法杂志》1999年第6期。
[11] 陈永革：《论香港廉政公署制度的特色及其对内地廉政法治的启示》，载《清华法学》2003年第2期。
[12] 宋卫国：《公开高效，全民参与——香港行政监督监察工作见闻》，载《中国监察》2003年第18期。
[13] 王金贵：《"双规"与自首：合宪性问题研究》，载《法学》2005年第8期。
[14] 王洪祥：《香港廉政公署的内外监督制约机制》，载《人民检察》2005年第11期。
[15] 石东坡、石东伟：《香港廉政公署的组织法分析》，载《法治研究》2009年第5期。
[16] 刘书祥：《香港廉政公署反贪污贿赂运行机制及其启示》，载《求知月

刊》2010年第8期。

[17] 卞建林：《职务犯罪侦查权的配置与规制》，载《河南社会科学》2011年第4期。

[18] 郭华：《检察机关技术侦查权限的界限与规范》，载《人民检察》2013年第3期。

[19] 王元：《香港廉政公署建设经验对大陆行政监察制度改革的启示》，载《行政与管理》2014年第12期。

[20] 马怀德：《国家监察体制改革的重要意义和主要任务》，载《国家行政学院学报》2016年第6期。

[21] 秦前红：《我国监察体系的宪制思考：从"三驾马车"到国家监察》，载《中国法律评论》2017年第1期。

[22] 童之伟：《对监察委员会自身的监督制约何以强化》，载《法学评论》2017年第1期。

[23] 何家弘：《论反腐败机构之整合》，载《中国高校社会科学》2017年第1期。

[24] 丘川颖：《赋权与规制：国家监察体制改革之法治路径》，载《法治社会》2017年第1期。

[25] 施鹏鹏：《国家监察委员会的侦查权及其限制》，载《中国法律评论》2017年第2期。

[26] 刘松山：《对推进监察体制改革的一些建议》，载《中国法律评论》2017年第2期。

[27] 陈光中：《关于我国监察体制改革的几点看法》，载《环球法律评论》2017年第2期。

[28] 熊秋红：《监察体制改革中职务犯罪侦查权比较研究》，载《环球法律评论》2017年第2期。

[29] 姜明安：《国家监察法立法应处理的主要法律关系》，载《环球法律评论》2017年第2期。

[30] 张建伟：《法律正当程序视野下的新监察制度》，载《环球法律评论》2017年第2期。

[31] 陈越峰：《监察措施的合法性研究》，载《环球法律评论》2017年第2期。

[32] 蔡乐渭：《国家监察机关的监察对象》，载《环球法律评论》2017年第2期。

[33] 李忠：《国家监察体制改革与宪法再造》，载《环球法律评论》2017

年第 2 期。

[34] 秦前红：《监察体制改革的逻辑与方法》，载《环球法律评论》2017 年第 2 期。

[35] 蒋来用：《国家监察体制改革的史鉴与对策》，载《国家行政学院学报》2017 年第 2 期。

[36] 吴建雄：《监察委员会的职能定位与实现路径》，载《中国党政干部论坛》2017 年第 2 期。

[37] 李永忠：《制度监督与设立监察委员会》，载《中国党政干部论坛》2017 年第 2 期。

[38] 宋小海、孙红：《国家监察体制改革试点的初步研究》，载《观察与思考》2017 年第 2 期。

[39] 江国华：《国家监察立法的六个基本问题》，载《江汉论坛》2017 年第 2 期。

[40] 郭华：《监察委员会与司法机关的衔接协调机制探索》，载《贵州民族大学学报》2017 年第 2 期。

[41] 魏昌东：《国家监察委员会改革方案之辨正：属性、职能与职责定位》，载《法学》2017 年第 3 期。

[42] 胡勇：《监察体制改革背景下检察机关的再定位与职能调整》，载《法治研究》2017 年第 3 期。

[43] 李红勃：《迈向监察委员会：权力监督中国模式的法治化转型》，载《法学评论》2017 年第 3 期。

[44] 叶青、王小光：《检察机关监督与监察委员会监督比较分析》，载《中共中央党校学报》2017 年第 3 期。

[45] 张瑜：《从"应然"层面解释国家监察体制相关概念及内涵》，载《行政法学研究》2017 年第 4 期。

[46] 焦洪昌、古龙元：《从全国人大常委会授权看监察体制改革》，载《行政法学研究》2017 年第 4 期。

[47] 陈光中、邵俊：《我国监察体制改革若干问题思考》，载《中国法学》2017 年第 4 期。

[48] 吴建雄：《培植国家监察体制改革新理念》，载《中南大学学报》2017 年第 4 期。

[49] 刘振洋：《论国家监察体制重构的基本问题与具体路径》，载《法学》2017 年第 5 期。

[50] 郭华：《人民监督员制度的创新发展与改革完善》，载《中国司法》

2017 年第 5 期。

[51] 陈光中、姜丹:《关于〈监察法(草案)的八点修改意见〉》,载《比较法研究》2017 年第 6 期。

[52] 薛彤彤、牛朝辉:《建立专业化导向的国家监察官制度》,载《河南社会科学》2017 年第 6 期。

[53] 任建明、杨梦婕:《国家监察体制改革:总体方案、分析评论与对策建议》,载《河南社会科学》2017 年第 6 期。

[54] 秦前红:《监察委员会调查活动性质研究——山西省第一案为研究对象》,载《学术界》2017 年第 6 期。

[55] 杨晓楠:《国家机构现代化视角下之监察体制改革——以香港廉政公署为借鉴》,载《浙江社会科学》2017 年第 8 期。

[56] 夏金莱:《论监察体制改革背景下的监察权与检察权》,载《政治与法律》2017 年第 8 期。

[57] 王立峰、吕永祥:《权力监督视角下国家监察体制改革的实践需要与现实意义》,载《南京社会科学》2017 年第 8 期。

[58] 刘艳红:《监察委员会调查权运作的双重困境及其法治路径》,载《法学论坛》2017 年第 6 期。

[59] 徐汉明:《国家监察权的属性探究》,载《法学评论》2018 年第 1 期。

[60] 左卫民、安琪:《监察委员会调查权:性质、行使与规制的审思》,载《武汉大学学报》(哲学社会科学版)2018 年第 1 期。

[61] 龙宗智:《监察与司法协调衔接的法规范分析》,载《政治与法律》2018 年第 1 期。

[62] 陈卫东:《职务犯罪监察调查程序若干问题研究》,载《政治与法律》2018 年第 1 期。

[63] 阳平:《论我国香港地区廉政公署调查权的法律控制》,载《政治与法律》2018 年第 1 期。

[64] 李宏勃:《香港廉政公署的廉洁社会改造运动》,载《中国政法大学学报》2018 年第 1 期。

[65] 纵博:《监察体制改革中的证据制度问题探讨》,载《法学》2018 年第 2 期。

[66] 叶青:《监察机关调查犯罪程序的流转与衔接》,载《华东政法大学学报》2018 年第 3 期。

[67] 刘艳红:《程序自然法作为规则自治的必要条件》,载《华东政法大学学报》2018 年第 3 期。

［68］魏昌东：《〈监察法〉与中国特色腐败治理体制更新的理论逻辑》，载《华东政法大学学报》2018年第3期。

［69］陈瑞平：《论监察委员会的调查权》，载《中国人民大学学报》2018年第4期。

［70］王玄玮：《挑战与机遇："监察委员会"时代的检察机关》，载《民主与法制时报》2017年1月5日，第7版。

［71］沈思：《国家监察体制改革中法治保障初步思考》，载《中国纪检监察报》2017年2月15日。

［72］王少伟：《北京开展国家监察体制改革试点工作纪实（上）》，载《中国纪检监察报》2017年6月1日。

［73］王少伟：《北京开展国家监察体制改革试点工作纪实（下）》，载《中国纪检监察报》2017年6月2日。

［74］张磊：《拿出高质量试点"样品"——山西开展国家监察体制改革试点工作纪实（上）》，载《中国纪检监察报》2017年6月7日。

［75］张磊：《做好深度融合大文章——山西开展国家监察体制改革试点工作纪实（下）》，载《中国纪检监察报》2017年6月8日。

［76］张磊：《努力向党中央交出高质量答卷——浙江开展国家监察体制改革试点工作纪实（上）》，载《中国纪检监察报》2017年6月13日。

［77］张磊：《改革，不止于挂牌——浙江开展国家监察体制改革试点工作纪实（下）》，载《中国纪检监察报》2017年6月14日。

［78］姜洁：《确立中国特色监察体系的创制之举》，载《人民日报》2017年10月7日。

［79］彭飞：《为国家监察体系筑牢法治根基》，载《人民日报》2018年3月16日。

后　　记

　　本书是基于对监察法制定过程中的关注、认识和颁布实施后的理解、讲座的内容而形成的。本人在监察法的制定过程中发表了"监察委员会与司法机关的衔接协调机制探索"（《贵州民族大学学报》2017 年第 2 期）、"监察委员会留置措施立法思考与建议"（《法治研究》2017 年第 6 期）以及《监察委员会及其职务犯罪调查权的属性及监督机制》等论文。在 2018 年 5 月刑事诉讼法修正草案征求意见以及《刑事诉讼法》修正案中又对"关于刑事诉讼法修改与监察法衔接问题"发表了个人建议和意见。本书在写作过程中不仅引用学者们的建议和观点，而且我的博士研究生茹克亚和硕士研究生陈春琪、张彦婕在部分章节中提供了资料和内容。在此，对于学者成果和观点引用以及研究生们付出的辛苦予以衷心的感谢！

　　本书对监察法内容的认识、理解和解读难免存在一些疏漏和不足，敬请专家学者以及读者提出宝贵意见。

2018 年 11 月 9 日于北京：中央财经大学